Maximilian Nutz

Wie schreibe ich einen Aufsatz?

11. – 12./13. Schuljahr

Bange Verlag

Über den Autor

Dr. Maximilian Nutz war langjähriger Seminarleiter an einem Gymnasium in München und in der Lehrerfortbildung tätig. Er ist Verfasser zahlreicher Deutschbücher für die Oberstufe und wirkte in einer Kommission des Arbeitskreises Gymnasium und Wirtschaft zur Festlegung von Eingangstandards für das Germanistik- und Mathematikstudium mit.

1. Auflage 2009
ISBN 978-3-8044-1463-1

Lektorat: Michael Banse, Leipzig
Umschlagfoto: Fotostudio Maurer, Bamberg
Herstellung: imprint, Zusmarshausen
Druck und Weiterverarbeitung: Finidr, s. r. o., Český Těšín

Inhalt

Vorwort

Liebe Schülerin, lieber Schüler,

in Prüfungssituationen zu schreiben, ob Klausur oder Abitur, ist eine besondere Herausforderung, weil Sie in einer vorgegebenen Zeit ganz auf sich gestellt Ihr fachliches Wissen und Können und die erworbenen Schreibfähigkeiten möglichst optimal bei der Bewältigung der gestellten Aufgaben einsetzen müssen. Die Lernhilfe möchte Sie während der ganzen Oberstufe dabei unterstützen,

- sich langfristig und gut organisiert **auf Prüfungssituationen vorzubereiten,**
- Anforderungen von **Aufgabenstellungen** zu erkennen und eigene Fähigkeiten richtig einzuschätzen,
- alle wichtigen **Aufsatzarten** durch methodische Schritte systematisch einzuüben,
- Ihre **Schreibfähigkeiten** gezielt zu verbessern.

Den Schwerpunkt des Bandes bildet ein klar aufgebautes **Trainingsprogramm für alle Aufsatzarten**, die für alle Bundesländer für die Abiturprüfung verbindlich festgelegt sind:

- Erschließen und Interpretieren literarischer Texte (Lyrik, Epik, Drama)
- Analysieren von Sachtexten
- Erörterndes Schreiben (Texterörterung, materialgestützte Erörterung und Essay, literarische Erörterung, freie Erörterung)
- adressatenbezogenes Schreiben und gestaltendes Interpretieren.

Bei der Auswahl der Aufgabenstellungen wurden meist Original-Prüfungsaufgaben aus verschiedenen Bundesländern berücksichtigt, die thematisch die wichtigsten Sachgebiete des Deutschunterrichts der Oberstufe abdecken.

Kern des **Trainingsprogramms** ist die Einübung der für die jeweilige Aufsatzart notwendigen **Arbeitsschritte**, die vom Erfassen der Aufgabenstellung über die Anwendung von Erschließungs- und Analyseverfahren und die Konzeption eines Schreibplans zum Schreiben und Überarbeiten des Textes führen. An exemplarischen Texten und Materialien können Sie die Schritte systematisch einüben, viele Schaubilder vermitteln einen Überblick über die wesentlichen Aspekte und bieten eine Gedächtnisstütze in Prüfungssituationen. In der Bearbeitung der Aufgaben trainieren Sie

- den kompetenten **Umgang mit Klausur- und Prüfungsaufgaben,**
- die Auswahl **ergiebiger Aspekte** beim Analysieren und Interpretieren von Texten und bei der Auseinandersetzung mit Problemen,
- Techniken der **Sammlung, Strukturierung und Auswertung** von Erschließungsergebnissen,
- die Anfertigung von **Schreibplänen und Gliederungen**.

Für alle Aufsatzarten brauchen Sie **Schreibfähigkeiten**, die Sie mit der Lernhilfe durch die Arbeit an zahlreichen Ausschnitten aus Original-Schüleraufsätzen langfristig und gezielt verbessern können. Beim Untersuchen und Überarbeiten von Beispielen können Sie trainieren, wie Sie beim Schreiben an den Leser denken, den adäquaten Stil wählen, Gedanken klar entwickeln, Argumente entfalten und Aussagen durch Zitate und Belege stützen. Und Sie bekommen Tipps und Techniken für die Überprüfung und Überarbeitung Ihrer eigenen Texte.

Erfolg in Klausuren und beim Abitur setzt voraus, dass Sie sich **auf Prüfungen zielstrebig und langfristig vorbereiten**. Die Lernhilfe unterstützt Sie durch viele praktische Tipps und methodische Anregungen dabei,

- Ihr fachliches Wissen zu reorganisieren, zu strukturieren und zu erweitern,
- Ihre Fähigkeiten bei der Bearbeitung von Prüfungsaufgaben gezielt zu trainieren,
- die Prüfungsvorbereitung effektiv zu organisieren.

Detaillierte Hinweise im **Lösungsteil** unterstützen Sie bei der Bearbeitung der Übungen, so dass Sie Ihr fachliches Wissen und Können in den wichtigen Themenbereiches des Faches vertiefen und erweitern. Sie regen auch zu einer engagierten und differenzierten Beschäftigung mit den Texten und Themen an, welche die Voraussetzung für eine auch inhaltlich überzeugende Prüfungsleistung darstellt.

Legende

Diese Logos helfen Ihnen, sich besser in der Lernhilfe zurechtzufinden.

Info Schritt Übung

▶ Querverweis auf Lösungen

1 Mit Klausur- und Abituraufgaben kompetent umgehen

Bei Klausuren und in der schriftlichen Abiturprüfung des Faches Deutsch wird Ihnen eine Reihe von verschiedenen Aufgabenarten vorgelegt, aus der Sie eine auswählen und bearbeiten. Die Kenntnisse und Fähigkeiten, die Sie dazu brauchen, sind abhängig von der Aufgabenart und spezifischen Anforderungen der Aufgabenstellung. Eine gute Klausur- und Prüfungsleistung setzt damit voraus, dass Sie

- klar erkennen, was von Ihnen verlangt wird,
- Ihre Kenntnisse und Fähigkeiten für die Bewältigung der Aufgabe richtig einschätzen.

Das notwendige fachliche Wissen, Erschließungs-, Analyse-, Interpretations- und Argumentationsfähigkeiten erwerben Sie im Unterricht der Oberstufe und üben dies bei der Vorbereitung von Klassenarbeiten bzw. Klausuren. Aufgabenarten- und Anforderungen sind Ihnen bekannt. Im Unterschied zu Klassenarbeiten und Klausuren können **zentral gestellte Abituraufgaben** allerdings weniger auf die im jeweiligen Unterricht behandelten Texte und Themen sowie die Schwerpunktsetzungen Rücksicht nehmen. Sie verlangen deshalb

- einen größeren **fachlichen Überblick** (Orientierungswissen),
- eine **selbstständige Anwendung** von erworbenen Fähigkeiten im Umgang mit Texten auf möglicherweise Ihnen nicht bekannte Ausschnitte aus literarischen und pragmatischen Texten,
- eine Flexibilität bei der **Verknüpfung von Fähigkeiten** (z. B. analysieren und erörtern) durch Aufgabenstellungen, die Sie in dieser Form nicht eingeübt haben,
- eine Bereitschaft, sich auf zunächst möglicherweise fremd erscheinende Texte, nicht genauer behandelte Themen, Probleme und Fragestellungen einzulassen.

Info

Wenn Sie im Unterricht und bei den Klassenarbeiten bzw. Klausuren vielleicht die Erfahrung machen, dass Sie mit bestimmten Aufgabenarten besser zurecht kommen, können Sie diese bei der **Vorbereitung** auf die Abiturprüfung gezielt und intensiviert einüben und damit Ihre Erfolgschancen erhöhen. Eine solche Schwerpunktsetzung sollte aber einhergehen mit einer breiter angelegten Vorbereitung. Hilfen dazu bietet Ihnen Kapitel 7.

1.1 Aufgabenstellungen untersuchen und erfassen

1.1.1 Die Aufgabenart erkennen

Aufgabenstellungen lassen sich durch den Schwerpunkt der Anforderungen drei Grundtypen zuordnen. Dabei können die verschiedenen Grundtypen auch in einer Aufgabenstellung verbunden werden.

Info

Untersuchen	– Erschließen und Interpretieren von poetischen Texten (Lyrik, Epik, Drama) = **Textinterpretation** – Analysieren von pragmatischen Texten = **Textanalyse**
Erörtern	– von literaturbezogenen Themen = **literarische Erörterung** – Auseinandersetzung mit pragmatischen Texten = **Texterörterung** – Auseinandersetzung mit kulturellen u.a. Problemen (auch materialgestützt) = **freie Erörterung, Problemerörterung**
Gestalten	– Gestaltendes Erschließen literarischer Texte = **gestaltende Interpretation** – Gestaltendes Erschließen pragmatischer Texte = **adressatenbezogenes Schreiben**

Übung

Übung 1

Ordnen Sie die folgenden Aufgabenstellungen den Grundtypen zu. Klären Sie, wo Kombinationen von Anforderungen vorliegen.

Aufgabenstellung 1:

Gemeinsam mit anderen Autoren arbeiten Sie an der Erstellung eines Schülerlexikons zur Literaturgeschichte mit. Verfassen Sie zu diesem Zweck einen informativen Text über das Menschenbild der Klassik! Beziehen Sie Ihre literaturgeschichtlichen Kenntnisse und ein Werk der Klassik in die Darstellung ein und verwenden Sie die Informationen aus den folgenden Materialien!
– Herder, Über den Charakter der Menschheit
– Schiller, Über das Erhabene

Musterabitur Bayern 2011. http://www.isb.bayern.de/isb/index.aspx?MNav=6&QNav=11&TNav=0&INav=0&VTyp=26&Fach=12&VJg=38

Aufgabenstellung 2:

1. Analysieren Sie das Gedicht von Hans Sahl und berücksichtigen Sie dabei die Lebensdaten des Autors. *(57 Punkte)*
2. Setzen Sie sich, vor dem Hintergrund von Schlinks Roman „Der Vorleser", mit der Frage auseinander, unter welchen Bedingungen auch die Täter „als letzte Zeugen" für die Bewältigung der Vergangenheit zuständig sein können. *(30 Punkte)*

NRW Grundkurs 2007 http://www.standardsicherung.schulministerium.nrw.de/abitur/abitur-gymnasiale-oberstufe

Aufgabenstellung 3:

„Die Mehrzahl dieser modernen Bücher sind nur flackernde Spiegelungen des Heute. Das erlischt sehr rasch. Sie sollten mehr alte Bücher lesen. Klassiker. Goethe. Das Alte kehrt seinen innersten Wert nach außen – die Dauerhaftigkeit. Das Nur-Neue ist die Vergänglichkeit selbst."
Franz Kafka in einem Gespräch mit Gustav Janouch.

Setzen Sie sich mit dieser Auffassung auseinander. Beziehen Sie dabei eigene Leseerfahrungen ein.

Aufgabenstellung 4:

Blaise Pascal (1623 – 1662):
„Gerechtigkeit, Macht" aus „Gedanken" (e. 1670)

Heinrich von Kleist (1777 – 1811):
Michael Kohlhaas (1810)

Sophokles (um 497/496 v. Chr. bis ca. 406/405 v. Chr.):
Antigone (442 v. Chr.)

Gerechtigkeit, Macht. – Es ist gerecht, dass das, was gerecht ist, befolgt wird, und es ist notwendig, dass das, was am mächtigsten ist, befolgt wird. Die Gerechtigkeit ist ohnmächtig ohne die Macht; die Macht ist tyrannisch ohne die Gerechtigkeit. Die Gerechtigkeit erfährt viel Widerspruch, wenn sie keine Macht hat, weil es immer böse Menschen gibt; die Macht wird angeklagt, wenn sie nicht gerecht ist. Man muss also die Gerechtigkeit und die Macht vereinigen; und dazu muss man bewirken, dass das mächtig usei, was gerecht ist, oder dass gerecht sei, was mächtig ist.

Aus: 3. Kapitel: Die Natur des Menschen. 4. Abteilung: Die menschlichen Gesellschaftsformen. Pascal, Blaise: Gedanken. Leipzig: Dieterich'sche Verlagsbuchhandlung 1930, S. 112.

Erörtern Sie die Auffassung Pascals und beziehen Sie diese auf ausgewählte Aspekte aus Kleists Novelle „Michael Kohlhaas" und Sophokles' Tragödie „Antigone".

Sachsen: Leistungskurs 2007, www.sachsen-macht-schule.de/pruefungsaufgaben/17/07lkdeutetma.pdf

Aufgabenstellung 5:

Elisabeth Brock-Sulzer:
Stimmen zum Stück „Der Besuch der alten Dame"
Eine Rezension zur Uraufführung 1956 (Auszug)

Zunächst wird der Zuschauer einmal die Schicksalsspinne Claire Zachannassian als Hauptperson empfinden – sie ist es nicht. Sie ist nur Auslöserin des Geschehens. Die Hauptfiguren sind Ill und ihm gegenüber die Masse der Güllener. Alles Menschen. Die Zachannassian jedoch ist jenseits des Menschlichen, eine Irre, eine Verbrecherin – wie man will – es ist gleichgültig, sie ist absolut. Nicht mit psychologischen Einordnungen zu erfassen. Darum sind ihr auch alle scheinbar abstrusen, unwahrscheinlichen Züge des Stückes zugeordnet: der wartende Sarg, die ein- und abgesetzten Ehemänner Nummer 7 bis 9, die Kastraten, die ihre Sänfte tragenden Verbrecher aus Sing-Sing, die großartige Kitschigkeit ihres Gefühls. Sie ist absolut, und deshalb ebenso sehr tragisch wie komisch, wie grotesk, wie kitschig. Sie lebt in jener Sphäre, wo alles zugleich ist, da es der unterscheidenden, scheidenden Vernunft enthoben ist. Sie ist nicht gerecht, sie ist die Gerechtigkeit, ein Abstraktum, ein Roboter des Geistes – dies der Sinn ihres schon teilweise nur noch von Prothesen bewegten Leibes. – Ihr gegenüber der windige, kleinstädtische Don Juan III, der sie um die Aussicht, einen Spezereiladen zu erheiraten, schändlich preisgegeben hat, obwohl er sie liebte. Mit dem Alter hat er Fett und Ehrbarkeit, ja Ehrlichkeit angesetzt. Durch die Hölle der Angst hindurch, und nicht zuletzt durch das Wissen, dass er, wäre er nicht betroffen, nicht anders handeln würde als die Güllener, gewinnt er die Kraft, gerecht zu sein. Er hat nicht Gerechtigkeit, er ist nicht Gerechtigkeit, er ist nur gerecht, gerade nur für diesen einen Fall, ganz konkret, ein einsames Ich, zermalmt zwischen der Masse der Vielen und dem Gewicht des Absoluten.[…]

Aus: „Die Tat". Zürich, 1. Februar 1956; zitiert nach: Friedrich Dürrenmatt: Der Besuch der alten Dame. Unterrichtsmodell. Paderborn 2006, S. 37

Arbeiten Sie den argumentativen Aufbau der Textvorlage heraus und fassen Sie die Sicht der Autorin auf die Protagonisten des Dramas zusammen.

Setzen Sie sich mit dem Interpretationsangebot der Rezensentin auseinander.

Brandenburg Grundkurs 2008 www.bildung-brandenburg.de/fileadmin/bbs/unterricht_und_pruefungen/ pruefungen/abitur/.../2008/pdf/08_deu_GK_A.pdf

Aufgabenstellung 6:

1. Analysieren Sie, wie die Autorin Christine Brückner das literarische Vorbild Effi Briest in ihrem Monolog dem modernen Leser vorstellt!
2. Vergleichen Sie Ihr Ergebnis mit der Effi-Briest-Figur in Fontanes Roman!
3. Erörtern Sie abschließend die Berechtigung und die Problematik eines solchen Umgangs mit Literatur.

Christine Brückner:
Triffst du nur das Zauberwort.
Effi Briest an den tauben Hund Rollo (1983)

So hat Mutter mich erzogen: Jeder Mann ist der Richtige. Gutes Aussehen, Adel, gute Stellung. Als ich Instetten zum erstenmal sah, überfiel mich ein nervöses Zittern. Als ob mein Körper sich hätte wehren wollen. Aber ich kannte die Äußerungen meines Körpers nicht. Ich hatte immer ein wenig Angst, und das hat er wohl auch gewollt. Von dem Spuk auf dem Kessiner Hausboden will ich gar nicht reden. Das war nicht recht, und darum hat er auch Schuld. Und wenn Crampas mir nicht die Augen geöffnet hätte, dann wäre ich die Angst in mir nie losgeworden. Instetten wollte mich mit Furcht an das Spukhaus binden und mich erziehen. Aber er war ein Schulmeister und kein Erzieher. In Angst darf man auch so ein halbes Kind, das ich noch war, nicht halten.
Mach Platz, Rollo! Wir bleiben eine Weile sitzen auf der Gartenbank. (…)

Musterabituraufgabe Hamburg www.hamburg.de/contentblob/70120/data/abitur-deutsch.pdf

▶ Lösung Seite 186

1.1.2 Aufgabenspezifische Vorgaben genau beachten

Aufgabenstellungen unterscheiden sich durch die **Art** und **Genauigkeit** von Vorgaben beim Erschließen, Erörtern und Gestalten. Die Vorgaben können sich beziehen auf:

- konkrete Anweisungen, was Sie tun müssen, sog. „Operatoren"
- Aspekte der Erschließung, Analyse und Interpretation
- textüberschreitende Aufgabenteile (Vergleich mit Werken anderer Autoren, Epochenkontext usw.)
- thematische Aspekte beim Erörtern
- Textsorten bei gestaltenden Aufgaben

Vorgaben bedeuten zwar eine Einengung, bieten aber auch Hilfen von der Erschließung von Texten bis zur Strukturierung (Gliederung, Schreibplan).

Die Begriffe für die Anweisungen (Operatoren) kennen Sie bereits aus den Aufgabenstellungen von Klassenarbeiten (Klausuren). Sie lassen sich in drei Bereiche gliedern:

Operatoren

Analytische Kompetenz
- Zusammenfassen
- Erschließen
- Beschreiben
- Erläutern
- Analysieren
- Interpretieren
- Einordnen
- In Beziehung setzen
- Vergleichen

Urteils- und Wertungskompetenz
- Überprüfen
- Begründen
- Beurteilen
- Bewerten
- Stellung nehmen
- Erörtern

Gestaltungskompetenz
- Darstellen
- Entwerfen
- Gestalten

Übung 2

Stellen Sie die Operatoren zu den Aufgabenstellungen 5 und 6 (S. 10 f.) zusammen. Präzisieren Sie, welche Anforderungen damit verbunden sind.

Text: Friedrich Hebbel:
Judith, Ende des vierten Akts

a) **Erschließen** Sie den folgenden Szenenausschnitt, indem Sie Inhalt und Aufbau sowie die dramaturgischen und sprachlich-stilistischen Gestaltungsmittel **untersuchen**! **Arbeiten** Sie dabei vor allem die Gesprächsstrategie der Protagonistin **heraus**!

b) **Vergleichen** Sie die hier deutlich werdenden geschlechtsspezifischen Gegensätze mit deren Gestaltung in einem anderen literarischen Werk!

(Musterabitur Bayern)

Aspekte der Erschließung der Szene

Textüberschreitende Vorgaben:
- thematischer Aspekt
- Werk eigener Wahl

Operatoren: Erschließen, untersuchen, herausarbeiten, vergleichen

▶ Lösung Seite 186

Übung 3:

Untersuchen und vergleichen Sie Art und Genauigkeit der Vorgaben in den folgenden Aufgabenstellungen:

Übung

Aufgabenstellung 1:

1. Analysieren Sie den Auszug „Diesseits der Medien“ aus H. M. Enzensbergers Text „Das digitale Evangelium“. *(57 Punkte)*
2. Nehmen Sie anschließend in Form eines Leserbriefes persönlich Stellung zu Enzensbergers im „Spiegel“ veröffentlichten Essay. Gehen Sie dabei u. a. auf den Schlusssatz ein und beziehen Sie sich auf weitere Ihnen bekannte medienkritische Positionen bzw. Texte. *(30 Punkte)*

NRW Leistungskurs 2007 www.standardsicherung.schulministerium.nrw.de/abitur-bk/getfile.php?file= 649

Aufgabenstellung 2:

Erschließen und interpretieren Sie das folgende Gedicht von Ingeborg Bachmann! Arbeiten Sie – auch mit Hilfe der beigefügten Texte A und B – literarische Bezüge heraus und untersuchen Sie die dabei erkennbar werdende Auseinandersetzung mit traditionellen Motiven!

Bachmann: Früher Mittag

A: Müller: Der Lindenbaum

B: Goethe: Es war ein König in Thule

Bayern Leistungskurs 2006

Aufgabenstellung 3:

Christoph Meckel (geb. 1935): Rede vom Gedicht (1974)

Novalis (1772 – 1801): Wenn nicht mehr Zahlen und Figuren … (1802)

Interpretieren Sie das Gedicht „Rede vom Gedicht“ und vergleichen Sie es mit dem Gedicht „Wenn nicht mehr Zahlen und Figuren …“.

Sachsen: Leistungskurs 2008, http://www.sachsen-macht-schule.de/pruefungsaufgaben/18/08lkdeutetma.pdf

Aufgabenstellung 4:

a) Erschließen und interpretieren Sie den folgenden Textausschnitt! Berücksichtigen Sie dabei besonders die Gesprächs- und Handlungsstrategien der beiden Hauptfiguren!
b) Legen Sie, ausgehend von Ihren Ergebnissen, vergleichend dar, wie das Thema „Versuchung“ in einem anderen literarischen Werk gestaltet wird!

Text: Adelbert von Chamisso: Peter Schlemihl's wunderbare Geschichte (1814), Ausschnitt

Aus: Bayern Grundkurs 2008

▶ **Lösung Seite 186**

1.2 Anforderungen und die eigenen Fähigkeiten richtig einschätzen

Aus der Aufgabenart und den spezifischen Vorgaben ergeben sich die Anforderungen an

Info

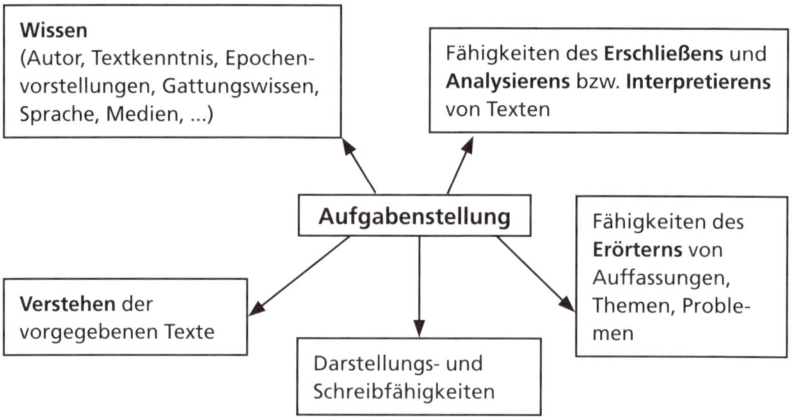

Bei der Auswahl von Abituraufgaben müssen Sie kritisch prüfen, ob Sie

- die **Aufgabenart** genügend vorbereitet haben,
- sich über die **Anforderungen** der Aufgabenstellung klar sind,
- einen **ersten Zugang** zu den vorgegebenen Texten, Materialien, Themen und Problemstellungen finden,
- genügend **fachliche Kenntnisse** haben (z. B. Merkmale von Epochen, Bauelemente von Gattungen, Einsicht in Problemzusammenhänge, ...),

Übung 4:

a) Wählen Sie zwei der in Übung 1 (S. 8 ff.) abgedruckten Aufgabenstellungen aus und überprüfen Sie, welche verschiedenen Anforderungen damit verbunden sind.

b) Rekapitulieren Sie Ihr Wissen, das Sie für die Bearbeitung der ausgewählten Aufgaben brauchen.

▶ **Lösung Seite 187**

2 Erschließen und Interpretieren literarischer Texte

Die schriftliche Interpretation ist die zusammenhängende Darlegung der Deutung eines literarischen Textes, die durch eine genaue Erschließung und Beschreibung von Inhalt und Gestaltungsweise gestützt wird. Sie ist dann überzeugend, wenn die Aspekte der Erschließung für den jeweiligen Text ergiebig sind und **der Leser das Sinnverständnis nachvollziehen kann**.

Bei Klausuren und in der Abiturprüfung können Sie sich dabei stützen auf
- Ihre eigenen **Verstehensfähigkeiten und Lesekompetenzen**, die Sie im Umgang mit Texten erworben haben,
- die eingeübten **Methoden der Erschließung**,
- das **Instrumentarium der Beschreibung** von Gestaltungsmerkmalen,
- das im Unterricht und durch eine gezielte Vorbereitung erworbene **fachliche Wissen** (Gattungsmerkmale, Literaturepochen, wichtige Autoren usw.),
- eingeübte Fähigkeiten der **schriftlichen Darlegung** Ihrer Erschließung, Beschreibung und Deutung.

Der Interpretationsaufsatz ist das Ergebnis eines **Verstehensprozesses**, der sich in drei **Phasen** vollzieht:

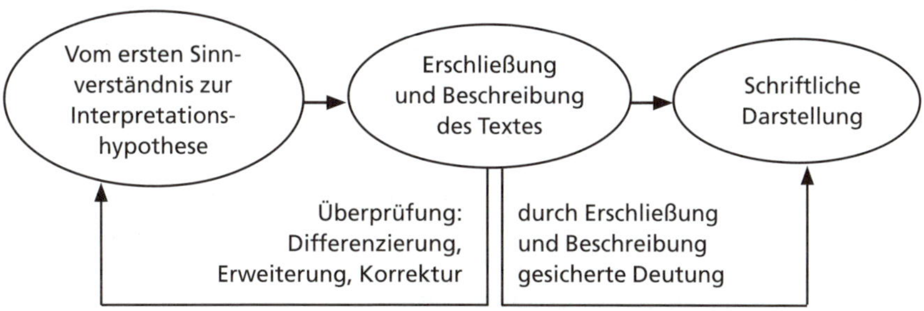

Info

Verstehen ist ein wechselseitiger Prozess zwischen dem **Erfassen des Textganzen** und der **Untersuchung der verschiedenen Elemente und Gestaltungsmittel**, in dem das erste Sinnverständnis ausdifferenziert, erweitert oder auch korrigiert wird. Damit gelangen Sie zu einer **abgesicherten Deutung**, die im Schreiben entfaltet und begründet wird.

Sie können sich dabei an folgenden **Arbeitsschritten** orientieren:

Arbeitsschritt	Verfahren und Methoden
1 **Spontaner, individuell geprägter Zugang: erstes Sinnverständnis, Interpretationshypothese**	• mehrmaliges, konzentriertes Lesen • erste Eindrücke notieren • Fragen notieren, die Sie sich beim Lesen stellen • erste Beobachtungen festhalten (Markieren im Text, Randnotizen, Stichpunkte auf Arbeitsblatt) → **erstes Sinnverständnis in Stichpunkten formulieren**
2 **Fragen an den Text stellen**	Fragen können sich ergeben aus • der Aufgabenstellung • dem Thema und Problemgehalt • Schlüsselstellen des Textes (Titel, Schlüsselwörter, Kernaussagen usw.) • Figurenkonstellationen, Situationen usw. • Komposition (linear, reihend, Hinführung auf eine Pointe usw.) • auffallenden Stilmerkmalen • dem eigenen Kontextwissen → **erste Ausdifferenzierung des eigenen Verstehens**
3 **Ergiebige Erschließungsaspekte auswählen Aufgabenstellung berücksichtigen**	Erweiterung der eigenen Fragen durch systematische Erschließungsaspekte: • Kenntnis der Aspekte (z. B. Überblick in einer Skizze) reaktivieren • vorgegebene Aspekte in der Aufgabenstellung • Ergiebigkeit der Aspekte überprüfen in Bezug auf – das eigene Sinnverständnis – die aufgeworfenen Fragen – besondere Merkmale des Textes → **ausgewählte Erschließungsaspekte übersichtlich fixieren**
4 **Aspektorientierte Erschließung des Textes und Beschreibung einzelner Elemente**	**Inhaltsbezogene Aspekte:** • Stoff, Motiv, Thema • Figuren (Konstellation, Verhalten, Motive, Eigenschaften) • Handlung (Situation, inneres und äußeres Geschehen, Entwicklung) • Raum- und Zeitverhältnisse **Darstellungsbezogene Aspekte** • Gattung, Genre • Gattungsspezifische Aufbaumuster und Bauelemente • Gattungsspezifische Gestaltungsmittel (Erzählperspektive, Dialog, Strophen usw.) • Sprachliche Gestaltung (rhetorisch-stilistisch, Bildlichkeit, Sprachebene usw.)

	Methoden • Markierungen im Text • Randnotizen • Festhalten von Ergebnissen – aspektbezogen in Stichpunkten – linear dem Text entlang – Visualisierung in Skizzen, Schaubildern → **Relevanz der Einzelergebnisse für das bisherige Sinnverständnis überprüfen**
5 Textüberschreitende Kontextuierung	**Einordnung** des Textes in • einen **Epochenzusammenhang** (epochenspezifische Themen, Probleme, Konflikte usw.) • die Entwicklung einer **Gattung**, eines Genres (bürgerliches Trauerspiel, Modernisierung des Erzählens, chiffrenhafte Bildlichkeit in der Lyrik usw.) • den Werkkontext eines **Autors** → **das Sinnverständnis durch historische Kontexte differenzieren**
6 Überprüfung der Interpretationshypothese	• Untersuchungsergebnisse ordnen • Zusammenhänge zwischen den einzelnen Untersuchungsergebnissen und der Bedeutung des Textes herstellen: – Funktion der Gestaltungsmittel – Zusammenspiel der einzelnen Elemente – Gewichtung der Untersuchungsergebnisse → **Interpretationskonzept entwickeln: Stützung und Begründung der überprüften Interpretationshypothese**
7 Schreibplan entwickeln	• Vorgaben der **Aufgabenstellung** berücksichtigen • Kenntnis von **Aufbaumustern** reaktivieren • Schreibplan entwickeln: – Bezug zur Aufgabenstellung – Umsetzung des eigenen → **Interpretationskonzepts**
8 Schreiben und überarbeiten	Orientierung an **Qualitätskriterien** • Sachliche Richtigkeit und Differenzierung • Begriffliche Präzision (Fachsprache) • Gedankliche Stringenz („roter Faden") • Begründung und Stützung der Aussagen am Text • Adäquates sprachliches Niveau (Wortwahl, Satzbau, Stil) • Sprachrichtigkeit

Übung 1:

a) Stellen Sie Methoden und Techniken des sinnerschließenden Lesens zusammen, die Sie im Unterricht kennen gelernt haben.
b) Vergleichen Sie das Schema der Arbeitsschritte mit Ihrer eigenen Vorgehensweise bei Interpretationsaufsätzen.
c) Schätzen Sie selbstkritisch Ihre Stärken und Schwächen in den verschiedenen Phasen ein. Machen Sie sich bewusst, welche Fähigkeiten Sie verbessern möchten.

▶ **Lösung Seite 187 f.**

2.1 Lyrische Texte

Lyrische Texte ermöglichen durch ihr Kürze und damit Überschaubarkeit ein spontanes Sinnverständnis, verlangen aber oft durch die Dichte und das **Zusammenspiel der poetischen Gestaltungsmittel** eine besonders **genaue Wahrnehmung** und eine **schrittweise Annäherung**. Gedichte, die sich scheinbar leicht verstehen lassen, werden damit differenzierter wahrgenommen, moderne Lyrik, die auf den ersten Blick hermetisch wirkt und sich einem Sinnverständnis zunächst zu verschließen scheint, wird durch Anwendung von Erschließungsverfahren überhaupt erst zugänglich. Sie sollten also auch bei zunächst schwer verständlich erscheinenden Gedichten in Prüfungssituationen auf Ihre Lesekompetenzen und das eingeübte **Handwerkszeug der Erschließungsmöglichkeiten** vertrauen.
Weil lyrische Texte oft durch gattungsspezifische Formelemente wie Strophe, Vers, Reim usw. geprägt sind, werden Schüler oft dazu verleitet, mit einer Formanalyse zu beginnen, die dann oft in einer bloß formalen Beschreibung stecken bleibt, statt die Gestaltungsmittel in ihrer Funktion für das Entstehen der Bedeutung zu erfassen. Eine zusammenhängende Interpretation fällt leichter, wenn Sie sich an dem **Dreischritt**

1. Eigenes Verständnis
2. Fragen- und aspektgeleitete Untersuchung
3. Begründete Deutung

orientieren und dabei immer den Blick für Ganze und die Wahrnehmung von Einzelelementen verschränken.

Das **Spezifische** eines lyrischen Textes wird oft leichter erfasst, wenn man nicht alle möglichen Erschließungsaspekte wie ein Raster systematisch abhakt, sondern nach bestimmten **„Türöffnern"** sucht. Diese können z. B. sein:

- ein zentrales Bild, eine Metapher oder Chiffre
- das Motiv

- die besondere Sprechhaltung des lyrischen Ich (Preis, Klage, Reflexion usw.)
- eine auffallende Struktur (Reihung von Bildern, antithetischer Aufbau, Komposition auf eine Pointe hin usw.)
- die besondere Klanggestalt

In Klausuren und Abiturprüfungen wird oft eine **vergleichende Erschließung und Interpretation** von zwei Gedichten verlangt, bei der der Blick für das Spezifische und damit die Unterschiede in der Gestaltung von Themen, Motiven usw. besonders wichtig ist. **Aufgabenstellungen** geben dabei meist vor

- unter welchen Aspekte die Gedichte verglichen werden sollen,
- ob beide Texte gleich ausführlich interpretiert werden,
- ob ein Text genauer erschlossen wird und damit den Ausgangspunkt für einen Vergleich bildet.

2.1.1 Arbeitsschritte

Schritt 1: Erstes Sinnverständnis, Interpretationshypothese

Aufgabenstellung:

1. Analysieren Sie das Gedicht „Vergänglichkeit der Schönheit“ von Christian Hoffmann von Hoffmannswaldau unter Beachtung seiner Epochenzugehörigkeit.
2. Vergleichen Sie anschließend die Thematik des Gedichts und ihre Gestaltung mit Brechts Gedicht „Entdeckung an einer jungen Frau“.

Christian Hoffmann von Hoffmannswaldau:
Vergänglichkeit der Schönheit (1695)

Es wird der bleiche Tod mit seiner kalten Hand
Dir endlich mit der Zeit um deine Brüste streichen.
Der liebliche Korall der Lippen wird verbleichen;
Der Schultern warmer Schnee wird werden kalter Sand.

Der Augen süßer Blitz, die Kräfte deiner Hand,
Für welchen solches fällt, die werden zeitlich weichen.
Das Haar, das itzund kann des Goldes Glanz erreichen,
Tilgt endlich Tag und Jahr als ein gemeines Band.

Der wohlgesetzte Fuß, die lieblichen Gebärden,
Die werden teils zu Staub, teils nichts und nichtig werden.
Dann opfert keiner mehr der Gottheit deiner Pracht.

Dies und noch mehr als dies muss endlich untergehen.
Dein Herze kann allein zu aller Zeit bestehen,
Dieweil es die Natur aus Diamant gemacht.

Aus: Karl Otto Conrady: Das Buch der Gedichte. Deutsche Lyrik von den Anfängen bis zur Gegenwart.
Eine Sammlung für die Schule. Neu hrsg. v. Hermann Korte, Berlin 2006, S. 94

Bertolt Brecht:
Entdeckung an einer jungen Frau (1925/1926)

Des Morgens nüchterner Abschied, eine Frau
Kühl zwischen Tür und Angel, kühl besehn
Da sah ich: eine Strähn in ihrem Haar war grau
Ich konnt mich nicht entschließen mehr zu gehn

Stumm nahm ich ihre Brust, und als sie fragte
Warum ich Nachtgast nach Verlauf der Nacht
Nicht gehen wolle, denn so war's gedacht
Sah ich sie unumwunden an und sagte

Ist's nur noch eine Nacht, will ich noch bleiben
Doch nütze deine Zeit, das ist das Schlimme
Daß du so zwischen Tür und Angel stehst

Und laß uns die Gespräche rascher treiben
Denn wir vergaßen ganz, daß du vergehst
Und es verschlug Begierde mir die Stimme

Aus: Bertolt Brecht: Werke. Große kommentierte Berliner und Frankfurter Ausgabe.
Bd. 13, S. 312

NRW Leistungskurs 2007

Übung 2:

a) Untersuchen Sie die Aufgabenstellung:
   - Art des Gedichtvergleichs
   - vorgegebene Aspekte und Anforderungen
   - Vorgehensweise beim Erschließen und beim Aufbau des Aufsatzes
b) Lesen Sie den Text von Hoffmannswaldau mehrmals genau und formulieren Sie eine Interpretationshypothese
   - Notieren Sie erste Eindrücke, halten Sie Beobachtungen fest.
   - Lesen Sie „mit dem Stift", z.B.

Personifikation des Todes als Liebhaber

Was sein wird; Unentrinnbarkeit

Es wird der bleiche Tod mit seiner kalten Hand
Dir endlich mit der Zeit um deine Brüste streichen.
Der liebliche Korall der Lippen wird verbleichen;
Der Schultern warmer Schnee wird werden kalter Sand.

Antithetik: Jetzige körperliche Schönheit ⇕ Verfall, Vergänglichkeit

- Formulieren Sie eine Interpretationshypothese.

c) Überprüfen Sie folgende Verstehensweisen:
- A: drastische Darstellung der Vergänglichkeit der Schönheit des Körpers, um die Unvergänglichkeit des Herzens (innere Werte) bewusst zu machen ⇒ Orientierung an wahren Werten
- B: Der nicht erhörte Liebhaber stellt der Frau die Vergänglichkeit ihrer Schönheit vor Augen.

► **Lösung Seite 188**

Schritt 2: Fragen an Texte stellen

Übung 3:

a) Stellen Sie Fragen an die beiden Texte und überlegen Sie geeignete „Türöffner".

b) Beurteilen Sie, inwieweit folgende Fragen für ein differenzierteres Sinnverständnis hilfreich sein können:
- Welche Eigenschaften des „Herzens" werden mit der Metapher „Diamant" ausgedrückt?
- Wie hängen die Eigenschaften des Herzens mit dem Erreichen der ewigen Seligkeit im Jenseits zusammen. Geht es überhaupt um eine „memento mori"-Botschaft?
- Warum wird gleich am Anfang der Tod als „Liebhaber" ins Bild gesetzt? Signal für Thematik des „carpe diem"?

► **Lösung Seite 188 f**

Schritt 3: Ergiebige Erschließungsaspekte auswählen

Ein **systematisches Raster** von Erschließungsaspekten kann Ihnen dabei helfen, die eigene Wahrnehmung des Textes zu erweitern und zu differenzieren. Schon aus Zeitgründen können Sie in einer Klausur oder Abiturprüfung ein Gedicht nicht unter allen Aspekten gleichermaßen genau und detailliert untersuchen und beschreiben, sondern müssen **Schwerpunkte** setzen. Diese können sich ergeben aus:

- der Aufgabenstellung
- Ihrer Interpretationshypothese

- auffälligen Merkmalen des Textes
- epochenspezifischen Themen, Motiven, Sprechhaltungen des lyrischen Ich usw.

Aspekte und Kategorien der Erschließung sind ein **Instrumentarium**, das Sie auf alle lyrischen Texte anwenden können. Textüberschreitende Aspekte (Autor, Genre, Epochen, usw.) werden dabei zunächst noch nicht berücksichtigt. Die „textimmanenten" Aspekte und Kategorien lassen sich folgenden Bereichen zuordnen:

Lyrische Texte erschließen

Lyrische Texte

Dargestellte „Wirklichkeit"
- Wirklichkeitsbereiche: Liebe, Natur, Kunst, Gesellschaft usw.
- Stoff: Mythos, Geschichte, Alltag usw.
- Themen, Motive: Jahreszeiten, Glückserfahrung usw.
- Situation: Abschied, Trennung usw.
- Inneres und äußeres Geschehen usw.
- Raum- und Zeitverhältnisse

Aufbau:
- reihend (Bildfolge)
- thematisch entfaltend
- steigernd (Pointe)
- antithetisch
- kreisförmig

Formelemente der Lyrik
- Gedichtarten, Genres: Ode, Hymne, Volkslied, Sonett
- Strophenformen: Volksliedstrophe, Terzine, Odenstrophen usw.
- Metrum: Jamben, Trochäen, Daktylen usw.
- Reimschemata: Endreim, Binnenreim, Kreuzreim usw.
- Klanggestalt: Lautmalerei, Lautsymbolik

Lyrisches Ich
- Sprechsituation: Abschied, Trennung, Erinnerung usw.
- Sprecherrolle: erlebendes Ich, Rollenlyrik usw.
- Sprechhaltung: Preis, Klage, Reflexion usw.
- Perspektive: unmittelbarer Gefühlsausdruck, reflexive Distanz

Sprachliche Gestaltung
- Bildlichkeit: Vergleich Metapher, Chiffre, Symbol
- Wortwahl: Sprach- und Stilebene, Wortarten, Fremdwörter usw.
- Satzbau: Satzarten, Para- und Hypotaxe, Modalität
- Rhetorik: Wortfiguren, Satzfiguren, Gedankenfiguren
- Epochenstil: rhetorisch-emblematisch (Barock), Gefühlsausdruck (Sturm und Drang), Alltagslyrik usw.

Intention, kommunikative Funktion
- Adressatenbezug: Du, Wir
- Wirkungsabsicht: Appell, Belehrung usw.
- Monologisches Sprechen

Übung 4:

a) Klären Sie, welche Erschließungsaspekte durch die Aufgabenstellung vorgegeben sind.
b) Betrachten Sie das Schema und konkretisieren Sie die Kategorien und Begriffe durch Beispiele aus Ihrer Kenntnis lyrischer Texte.
c) Wählen Sie Bereiche und Aspekte aus, die Sie, ausgehend von Ihrem bisherigen Textverständnis, für wichtig und ergiebig halten.
d) Beurteilen Sie die folgende Schwerpunktsetzung für eine genauere Erschließung:
   - Thematik: Vanitas
   - Sprechhaltung: Memento mori
   - Aufbau: steigernd auf eine Schlussbotschaft hin
   - Bildlichkeit: antithetische Metaphern
   - Formelemente: Sonett, Alexandriner

▶ **Lösung Seite 189 f.**

Schritt 4: Aspektorientierte Erschließung und Beschreibung

Bei der detaillierten Erschließung eines Gedichts können Sie entweder **Strophe für Strophe** untersuchen oder den **Text als Ganzes** unter den jeweils ausgewählten Aspekten betrachten. Auf den ersten Blick scheint die lineare, dem Text folgende Vorgehensweise die einfachere, sie bringt aber folgende Gefahren mit sich:

- Sie reihen nur Einzelbeobachtungen aneinander.
- Sie verlieren den Blick für das Ganze.
- Strophenübergeordnete Aspekte (Sprechhaltung, Aufbau, Stil usw.) sind schwerer zu erkennen.

Am erfolgreichsten ist eine Mischform: Erschließung von Aspekten, die den Blick auf den ganzen Text verlangen, verbunden mit linearer Untersuchung der lyrischen Formelemente und der sprachlichen Gestaltung.

Sowohl für die Anfertigung eines Schreibplans als auch für das Schreiben der Interpretation ist es wichtig, dass Sie ihre **Erschließungsergebnisse** in geordneter und überschaubarer Form festhalten. Ordnungsmöglichkeiten bieten das systematische Erschließungsraster und die von Ihnen ausgewählten Schwerpunkte.

Damit die einzelnen Erschließungsergebnisse nicht isoliert neben einander stehen bleiben, müssen Sie **Bezüge** zwischen diesen herstellen und nach der **Funktion** der einzelnen Elemente für die Bedeutung des Textes bzw. für Ihr Sinnverständnis fragen.

Übung

Übung 5:

a) Erschließen Sie das Gedicht unter den von Ihnen ausgewählten Aspekten und halten Sie Ihre Ergebnisse in übersichtlicher Form fest.

b) Überprüfen Sie folgende Untersuchung des Aufbaus:

Grundstruktur | **Binnengliederung**

Exempla für die Vergänglichkeit der Schönheit:

Es wird der bleiche Tod mit seiner kalten Hand
Dir endlich mit der Zeit um deine Brüste streichen.
Der liebliche Korall der Lippen wird verbleichen;
Der Schultern warmer Schnee wird werden kalter Sand.

Der Augen süßer Blitz, die Kräfte deiner Hand,
Für welchen solches fällt, die werden zeitlich weichen.
Das Haar, das itzund kann des Goldes Glanz erreichen,
Tilgt endlich Tag und Jahr als ein gemeines Band.

Der wohlgesetzte Fuß, die lieblichen Gebärden,
Die werden teils zu Staub, teils nichts und nichtig werden.
Dann opfert keiner mehr der Gottheit deiner Pracht.

Situation: Tod als Liebhaber (Verse 1–2)

Elemente weibl. Schönheit (Verse 3–10)
- Lippen
- Schultern
- Augen, Hand
- Haar
- Fuß
- Gebärden

Reihung von Exempla

→ Kein Liebhaber betet mehr den Körper an (Vers 11)

Beständigkeit des Herzens:

Dies und noch mehr als dies muss endlich untergehen.
Dein Herze kann allein zu aller Zeit bestehen → Fazit, Erkenntnis
Dieweil es die Natur aus Diamant gemacht. → Pointe

c) Vergleichen Sie die folgende Skizzierung von Bedeutungszusammenhängen mit Ihren eigenen Ergebnissen.

Dein <u>Herze</u> kann allein zu aller Zeit bestehen
Dieweil es die Natur aus <u>Diamant</u> gemacht.

↓

Semantische Analyse:

positive Bedeutungsebene:	negative Bedeutungsebene:
Härte als Beständigkeit Unvergänglichkeit	Härte als emotionale Unempfindlichkeit, Sprödigkeit
↓	↓
Vanitas, Memento-mori-Thematik	Carpe diem-Thematik

▶ **Lösung Seite 190**

Schritt 5: Textüberschreitende Kontextuierung

Lyrische Texte sind in ihrer Thematik, ihrer Gestaltungsweise und ihren Intentionen eingebunden in **geschichtliche Kontexte**, die man für ein historisch differenziertes Verständnis heranziehen kann. In Klausuren und Abituraufgaben können Sie sich dabei stützen auf

- einen **literaturgeschichtlichen Überblick**, mit dem Sie einen Text zeitlich einordnen können,
- eine Kenntnis von **Epochenmerkmalen** (Welt- und Menschenbild, epochenspezifische Themen, Motive, Gestaltungsweisen),
- Kenntnis der **literarischen Gattungen** und ihrer literaturgeschichtlichen Entwicklungen,
- Kenntnis **anderer Texte** der Epoche,
- Wissen über den **Autor** und sein **Werk** (z. B. Einordnung eines Textes in eine Schaffensperiode).

In der **Aufgabenstellung** erhalten Sie meist Informationen, die eine literaturgeschichtliche Einordnung erleichtern:

- Lebensdaten des Autors
- Zeit der Entstehung bzw. Veröffentlichung des Textes
- Werkkontext (z. B. Gedichtzyklus)
- Knappe Informationen über den Autor

Übung 6:

a) Stellen Sie Bezüge zwischen dem Text und zentralen Themen und Motiven der Epoche des Barock her.
b) Ziehen Sie vergleichend Barockgedichte heran, die Sie im Unterricht kennengelernt haben, z. B. Gryphius: „Es ist alles eitel", Opitz: „Ach Liebste, lass uns eilen".
c) Überprüfen Sie die Relevanz und Ergiebigkeit der Kontextuierung für Ihr Sinnverständnis in folgendem Schaubild:

Ein Gedicht kontextuieren

historischer Kontext
- Dreißigjähriger Krieg (Westfälischer Friede 1648) als epochales Ereignis
- Religiös-kultureller Gegensatz zwischen katholischen (Gegenreformation) und protestantischen Territorien (z. B. Schlesien)

Literarisch-kultureller Kontext
- Neben den Höfen gewinnen Städte als lit. Zentren Bedeutung.
- Autoren sind keine Berufsschriftsteller, sondern Verwaltungsbeamte, Professoren, Schulmänner usw.
- Ideal einer gelehrten Poesie (prodesse und delectare)

Geistige Grundlagen
- Christliches Weltbild: Ausrichtung des Lebens am ewigen Seelenheil
- Aber: Anfänge eines neuzeitlichen, naturwissenschaftlichen Denkens (Astronomie, Medizin, ...)
- Spannungen im Bewusstsein und in der Mentalität:
  - Diesseits ↔ Jenseits
  - Schein ↔ Sein
  - Sinnenfreude ↔ Welt als Jammertal

Vergänglichkeit der Schönheit
- Postum erschienen (1695)
- Vermutlich bereits Mitte des 17. Jahrhunderts entstanden

Epochenspezifische Themen, Motive
- Vanitas: Vergänglichkeit alles Irdischen
- Memento mori: Jenseitsorientierung des Lebens
- Carpe diem: Lebensgenuss

Literarische Formen
- Geistliche und weltliche Lyrik
- Emblematische Bildlichkeit
- Rhetorischer Stil
- Wichtiges lyrisches Genre: Sonett
- Vorbilder: Lyrik des Petrarkismus

▶ Lösung Seite 191

Schritt 6: Überprüfung der Interpretationshypothese und Interpretationskonzept

Bereits während der Erschließung können Sie zu Einsichten gelangen, die eine Modifizierung oder Änderung Ihrer Interpretationshypothese erfordern. Die Änderung kann sich ergeben aus
- wichtigen Untersuchungsergebnissen,
- textüberschreitenden Kontextuierungen.

Aus der überprüften Interpretationshypothese müssen Sie ein Konzept entwickeln, wie Sie Ihr Sinnverständnis darlegen, welche Schwerpunkte sie dabei setzen und wie Sie Ihre Untersuchungsergebnisse einbeziehen. Aus dem Interpretationskonzept ergibt sich der Schreibplan Ihrer Arbeit.

Übung 7:

a) Überprüfen Sie folgende Textstelle eines Interpretationsaufsatzes auf der Grundlage Ihres eigenen Sinnverständnisses und Ihrer Untersuchungsergebnisse:

> Das Herz ist sowohl das lebenserhaltende Organ als auch ein Symbol der Liebe. In Bezug auf die Thematik liegt es nahe, dass das Herz hier Symbolcharakter hat und auch das Material „Diamant“ metaphorisch zu verstehen ist und die Liebe so wertvoll und unzerstörbar macht. Mit diesem Schluss appelliert H. v. Hoffmannswaldau an die reine Liebe und kritisiert zeitgleich den Memento-Mori-Gedanken.
>
> www.didaktikdeutsch.de/lehre/ws0809/Lyrik%20Datei3.pdf

b) Erläutern Sie die Skizze des folgenden Interpretationskonzepts und vergleichen Sie mit Ihren eigenen Ergebnissen.

Interpretationshypothese:
Aufforderung der begehrten Frau zum rechtzeitigen Liebesgenuss (carpe diem) durch drastische Darstellung der Vergänglichkeit ihrer Schönheit.
Stützung und Begründung durch:

- **Sprechsituation:** männliches Ich als begehrender, aber noch nicht erhörter Liebhaber, weibliches Du, das sich durch ein hartes und sprödes Herz der „Liebe“ verweigert
- **Sprechhaltung:** vordergründig Memento-Mori-Botschaft, die aber für den Appell des Liebesgenusses instrumentalisiert wird; ironisch-witzige Pointe
- **Aufbau:** Opposition zwischen der in Exempla vorgeführten Vergänglichkeit des schönen Körpers und der scheinbaren Beständigkeit des Herzens scheint auf den ersten Blick die Memento-Mori-Botschaft zu bestätigen.

Aber: Erotische Thematik gleich am Anfang: Tod als Liebhaber;
Verklammerung mit dem Begehren des lyrischen Ich, das der Schönheit opfert

- **Bildlichkeit:** dem Epochenstil entsprechende, konventionelle Vanitas-Metaphorik; im Gegensatz dazu: ambivalente Bedeutung der Metapher des „Diamants“; vor dem Hintergrund des Petrarkismus als Bild für das unempfindliche Herz.
- usw.

c) Ergänzen Sie die Begründung der Interpretationshypothese durch eigene Beobachtungen.

▶ **Lösung Seite 191 f.**

2.1.2 Vergleichende Erschließung und Interpretation von Gedichten

Vergleiche schärfen den **Blick für das Spezifische** von Texten, das in der Wahrnehmung von Gemeinsamkeiten und Differenzen bewusster erfasst werden kann. In Aufgabenstellungen werden oft Gedichte aus verschiedenen Epochen ausgewählt, die in der Thematik oder in der Wahl der Motive ähnlich sind, in der Sichtweise und in der Darstellung sich aber deutlich unterscheiden.

Sie können dabei in folgenden Schritten vorgehen:

Info

Arbeitsschritt	**Verfahren und Methoden**
1 Texte kontrastierend lesen	auffallende Unterschiede, Gegensätze, Ähnlichkeiten in Notizen festhalten
2 Vergleichshypothese entwickeln	Entscheidende Unterschiede in der Behandlung des Themas, der Gestaltung des Motivs, im Welt- und Menschenbild usw. festhalten
3 Ergiebige Vergleichsaspekte auswählen	Diese ergeben sich aus der Vergleichshypothese unter Berücksichtigung der systematischen Erschließungsmöglichkeiten (vgl. S. 22)
4 Texte unter ausgewählten Aspekten vergleichend erschließen	z. B. bei Hofmannswaldau – Brecht: • Sprechsituation, Perspektive • Vergänglichkeit (des Körpers; der „Liebe" usw.) • Geschlechterrollen, Geschlechterbeziehungen • Aufbau • Sprachliche Gestaltung • usw.
5 Texte vergleichend einordnen und kontextuieren	• Epochenkontexte (Barock; Neue Sachlichkeit) • Frühe Lyrik Brechts • Welt- und Menschenbilder
6 Vergleichshypothese überprüfen	• Stützung bzw. Korrektur durch Untersuchungsergebnisse • Erfassen des Wesentlichen
7 Schreibplan entwickeln	Aufbaumodelle: a) getrennte Erschließung in zwei Teilen mit anschließendem Vergleich b) Schwerpunkt der genauen Erschließung liegt auf einem Text; Erschließung des anderen Textes unter ausgewählten Vergleichsaspekten c) vergleichende Erschließung unter systematischen Aspekten

Übung 8:

a) Lesen Sie Brechts Gedicht „Entdeckung an einer jungen Frau“ kontrastiv und halten Sie Ihre ersten Eindrücke fest.

b) Formulieren Sie für einen Vergleich ergiebige Fragen, z. B.:
   - Unterschied zwischen der „Vergänglichkeit“ der Frau bei Hoffmannswaldau und Brecht
   - Geschlechterbeziehung: männliches Begehren; Verweigerung versus Gewähren von Sexualität, Sinnenlust usw.

   Ergänzen Sie weitere Aspekte.

c) Überprüfen Sie folgende Vergleichshypothese:

Hoffmannswaldau	**Brecht**
Aufforderung einer Frau zum rechtzeitigen Genuss von „Liebe“ und Sinnenlust, solange der Körper schön ist.	Anzeichen von „Vergänglichkeit“ als Stimulanz für das männliche Begehren; gemeinsames Bewusstsein der Schwellensituation (Älterwerden) ermöglicht eine Intensivierung der Lust im Wissen um die Vergänglichkeit von Liebe, Erinnerung usw.

▶ Lösung Seite 192

Übung 9:

a) Wählen Sie auf der Grundlage Ihrer Vergleichshypothese ergiebige Vergleichsaspekte aus.

b) Untersuchen Sie das Brecht-Gedicht unter diesen Aspekten und halten Sie Ihre Ergebnisse fest.

c) Überprüfen Sie folgende Skizzierung der Beziehung zwischen der Frau und dem lyrischen Ich:

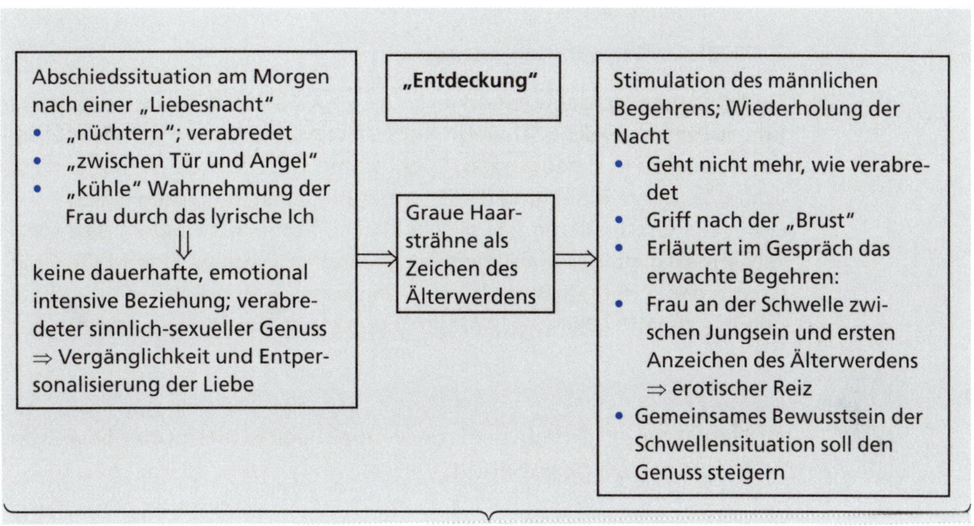

Männliche, monologische Perspektive: Wissen um die Vergänglichkeit des Liebesgenusses, ja selbst der Erinnerung an die Frau; die neue, intensivere sexuelle Vereinigung schiebt den Prozess des Vergehens und Vergessens nur hinaus

▶ **Lösung Seite 192**

Übung

Übung 10:

a) Erweitern Sie Ihr Sinnverständnis durch textüberschreitende Bezüge:
   - Ordnen Sie das Gedicht in Phasen der Entwicklung Brechts und in einen Epochenkontext ein.
   - Vergleichen Sie mit anderen „Liebesgedichten", die Sie kennen.

b) Überprüfen Sie die Relevanz folgender Kontexte für die Interpretation.

- **historisch-gesellschaftlicher Kontext:**
  - Zeit der Weimarer Republik
  - Wert- und Sinnkrise nach dem Ersten Weltkrieg
  - Von der bürgerlichen zur modernen Massengesellschaft
  - Ideologische und politische Fronten
  - Prägung der Mentalität durch das Großstadtleben (Berlin)
  - Lebensgefühl der „Roaring Twenties"
- **Literaturgeschichtlicher Kontext:**
  - Nach dem Expressionismus
  - Neue Medien, Massenkultur
  - „Gebrauchsliteratur"
  - Neue Sachlichkeit

c) Entwickeln Sie ein Konzept für eine vergleichende Interpretation des Brecht-Gedichts.

▶ **Lösung Seite 192 f.**

2.1.3 Einen Schreibplan entwickeln

Ein Schreibplan ist das Ergebnis Ihrer Überlegungen, wie Sie Ihre Interpretation aufbauen, welche Schwerpunkte Sie setzen und wie Sie ihre Interpretation stützen und begründen. Er erleichtert beim Schreiben den gedanklichen Zusammenhang und die Orientierung an einem „roten Faden".
Die einzelnen Gliederungspunkte sollten so formuliert werden, dass spezifische Merkmale des jeweiligen Textes deutlich werden. Eine bloße Übernahme der systematischen Erschließungsaspekte und Beschreibungskategorien („Inhalt", „Form", „Aufbau" usw.) bleibt wenig aussagekräftig.

Übung

Übung 11:

a) Wählen Sie ein Grundschema der vergleichenden Interpretation, das der Aufgabenstellung entspricht.

b) Wählen Sie Erschließungsaspekte und Untersuchungsergebnisse aus, mit denen Sie Ihr Sinnverständnis begründen können. Überlegen Sie eine sinnvolle Reihenfolge.
c) Finden Sie Möglichkeiten für Einleitung und Schluss.
d) Formulieren Sie den Schreibplan.

► **Lösung Seite 194**

Übung 12:

Ergänzen Sie den folgenden Schreibplan:

Einleitung:
Erfahrung der Vergänglichkeit als Grunderfahrung des Menschen in verschiedenen Epochen

Hauptteil:

I. Vergänglichkeit der Schönheit als „Argument" für die Überredung zum erotischen Genuss bei Hofmannswaldau
   1. Antithetische Grundstruktur: Schönheit und Tod
      a) Semantische Oppositionen in der Bildlichkeit
      b) Polarität des Alexandriners
      c) Komposition auf eine Pointe hin: Sonettform
   2. Appellstruktur
      a) Adressatenbezug: die begehrte, aber spröde Schönheit
      b) Bewusstmachung der Vergänglichkeit der Schönheiten des Körpers
      c) Reihung von Exempla und Schlussfolgerung
   3. Pointe und Intention
      a) Vorbereitung durch erotische Motive
      b) Ambivalenz der Metapher „Diamant"
      c) Aufforderung zum Carpe diem

II. Vergänglichkeit und Flüchtigkeit der „Liebe" bei Brecht

____

____

____

____

____

____

Schluss:
Verhältnis der beiden Gedichte zum Genre „Liebeslyrik"

► **Lösung Seite 194**

2.2 Erzähltexte

In Klausuren und Abiturprüfungen werden Ihnen meist **Ausschnitte** aus längeren epischen Texten (Romane, Novellen, Erzählungen) aus dem Bereich von Lektüreschwerpunkten oder **kürzere Prosatexte** vorgelegt. Im Unterschied zu Erschließungsaspekten, die bei der Behandlung von Lektüren wichtig sind, wie Handlungslinien und -strukturen, Komposition, Figurenkonstellationen und Figurencharakterisierung, Raum- und Zeitgestaltung, Motivvernetzungen usw., steht bei der Erschließung von Ausschnitten und kurzen Prosatexten vor allem die **erzählerische Gestaltungsweise** im Mittelpunkt. Auch ohne Kenntnis des „ganzen" Textes können Sie untersuchen

- welche **Rolle** der Erzähler einnimmt,
- in welcher **Haltung** erzählt wird,
- welche **Perspektive** gewählt wird,
- welche **erzählerischen Techniken** eingesetzt werden,
- wie das Erzählen **sprachlich gestaltet** ist.

Die Wahl erzählerischer Mittel hängt ab von der **Intention und Strategie** des Erzählens, die einem geschichtlichen Wandel unterliegt und mit Veränderungen des Welt- und Menschenbildes, von Kunstauffassungen und Gattungsvorstellungen verbunden ist. Diese müssen bei der textüberschreitenden Erschließung **eingebunden** werden und spielen vor allem auch bei einer vergleichenden Interpretation eine Rolle.

2.2.1 Arbeitsschritte

Aufgabenstellung:

1. Erschließen und interpretieren Sie den Anfang von Eichendorffs Erzählung „Das Marmorbild" im Epochenkontext. Gehen Sie dabei auch auf die Thematik von Kunst und Künstlertum ein.
2. Erschließen Sie vergleichend Strategie und Techniken des Erzählens am Anfang von Rilkes Roman „Die Aufzeichnungen des Malte Laurids Brigge" vor dem Hintergrund des Epochenumbruchs um 1900.

Joseph von Eichendorff:
Das Marmorbild (1818)
Auf einer Reise nach Lucca begegnet Florio, ein junger Dichter, dem Sänger Fortunato und lernt auf einer Abendgesellschaft das schöne Mädchen Bianca und den unheimlichen Ritter Donato kennen. Ausgelöst durch die Betrachtung einer marmornen Venusstatue in einem nächtlichen Garten gerät Florio immer mehr in den Bann der Venusgöttin, wird aber vor der dämonischen Verführung durch ein Lied Fortunatos und den wieder erweckten christlichen Glauben gerettet.

Seine Sehnsucht findet Erfüllung in der Liebe zu Bianca, dem Gegenbild der verführerischen Venus.

Es war ein schöner Sommerabend, als Florio, ein junger Edelmann, langsam auf die Tore von Lucca zuritt, sich erfreuend an dem feinen Dufte, der über der wunderschönen Landschaft und den Türmen und Dächern der Stadt vor ihm zitterte, sowie an den bunten Zügen zierlicher Damen und Herren, welche sich zu beiden Seiten der Straße unter den hohen Kastanienalleen fröhlichschwärmend ergingen.

Da gesellte sich, auf zierlichem Zelter, desselben Weges ziehend, ein anderer Reiter in bunter Tracht, eine goldene Kette um den Hals und ein samtnes Barett mit Federn über den dunkelbraunen Locken, freundlich grüßend zu ihm. Beide hatten, so nebeneinander in den dunkelnden Abend hineinreitend, gar bald ein Gespräch angeknüpft, und dem jungen Florio dünkte die schlanke Gestalt des Fremden, sein frisches, keckes Wesen, ja selbst seine fröhliche Stimme so überaus anmutig, dass er gar nicht von demselben wegsehen konnte.

»Welches Geschäft führt Euch nach Lucca?«, fragte endlich der Fremde. »Ich habe eigentlich gar keine Geschäfte«, antwortete Florio ein wenig schüchtern. »Gar keine Geschäfte? – Nun, so seid Ihr sicherlich ein Poet!«, versetzte jener lustig lachend. »Das wohl eben nicht«, erwiderte Florio und wurde über und über rot. »Ich habe mich wohl zuweilen in der fröhlichen Sangeskunst versucht, aber wenn ich dann wieder die alten großen Meister las, wie da alles wirklich da ist und leibt und lebt, was ich mir manchmal heimlich nur wünschte und ahnete, da komm ich mir vor wie ein schwaches vom Winde verwehtes Lerchenstimmlein unter dem unermesslichen Himmelsdom.« – »Jeder lobt Gott auf seine Weise«, sagte der Fremde, »und alle Stimmen zusammen machen den Frühling.« Dabei ruhten seine großen, geistreichen Augen mit sichtbarem Wohlgefallen auf dem schönen Jünglinge, der so unschuldig in die dämmernde Welt vor sich hinaussah.

»Ich habe jetzt«, fuhr dieser nun kühner und vertraulicher fort, »das Reisen erwählt, und befinde mich wie aus einem Gefängnis erlöst, alle alten Wünsche und Freuden sind nun auf einmal in Freiheit gesetzt. Auf dem Lande in der Stille aufgewachsen, wie lange habe ich da die fernen blauen Berge sehnsüchtig betrachtet, wenn der Frühling wie ein zauberischer Spielmann durch unsern Garten ging und von der wunderschönen Ferne verlockend sang und von großer, unermesslicher Lust.« – Der Fremde war über die letzten Worte in tiefe Gedanken versunken. »Habt Ihr wohl jemals«, sagte er zerstreut aber sehr ernsthaft, »von dem wunderbaren Spielmann gehört, der durch seine Töne die Jugend in einen Zauberberg[1] hinein verlockt, aus dem keiner wieder zurückgekehrt ist? Hütet Euch!« –

Florio wusste nicht, was er aus diesen Worten des Fremden machen sollte, konnte ihn auch weiter darum nicht befragen; denn sie waren soeben, statt zu dem Tore, unvermerkt dem Zuge der Spaziergänger folgend, an einen weiten, grünen Platz gekommen, auf dem sich ein fröhlichschallendes Reich von Musik, bunten Zelten, Reitern und Spazierengehenden in den letzten Abendgluten schimmernd hin und her bewegte.

»Hier ist gut wohnen«, sagte der Fremde lustig, sich vom Zelter schwingend; »auf baldiges Wiedersehn!« und hiermit war er schnell in dem Gewühle verschwunden.

Florio stand in freudigem Erstaunen einen Augenblick still vor der unerwarteten Aussicht. Dann folgte auch er dem Beispiele seines Begleiters, übergab das Pferd seinem Diener und mischte sich in den muntern Schwarm.

Versteckte Musikchöre erschallten da von allen Seiten aus den blühenden Gebüschen, unter den hohen Bäumen wandelten sittige Frauen auf und nieder und ließen die schönen Augen musternd ergehen über die glänzende Wiese, lachend und plaudernd und mit den bunten Federn nickend im lauen Abendgolde wie ein Blumenbeet, das sich im Winde wiegt. Weiterhin auf einem heiter-grünen Plan vergnügten sich mehrere Mädchen mit Ballspielen. Die buntgefiederten Bälle flatterten wie Schmetterlinge, glänzende Bogen hin und her beschreibend, durch die blaue Luft, während die unten im Grünen auf und nieder schwebenden Mädchenbilder den lieblichsten Anblick gewährten. Besonders zog die eine durch ihre zierliche, fast noch kindliche Gestalt und die Anmut aller ihrer Bewegungen Florios Augen auf sich. Sie hatte einen vollen, bunten Blumenkranz in den Haaren und war recht wie ein fröhliches Bild des Frühlings anzuschauen, wie sie so überaus frisch bald über den Rasen dahinflog, bald sich neigte, bald wieder mit ihren anmutigen Gliedern in die heitere Luft hinauflangte. Durch ein Versehen ihrer Gegnerin nahm ihr Federball eine falsche Richtung und flatterte gerade vor Florio nieder. Er hob ihn auf und überreichte ihn der nacheilenden Bekränzten. Sie stand fast wie erschrocken vor ihm und sah ihn schweigend aus den schönen großen Augen an. Dann verneigte sie sich errötend und eilte schnell wieder zu ihren Gespielinnen zurück.

Der größere, funkelnde Strom von Wagen und Reitern, der sich in der Hauptallee langsam und prächtig fortbewegte, wendete indes auch Florio von jenem reizenden Spiele wieder ab, und er schweifte wohl eine Stunde lang allein zwischen den ewig wechselnden Bildern umher.

Aus: Joseph von Eichendorff: Werke. München 1966, S. 1147–1148.

1 In der Tannhäuser-Sage lebt der Minnesänger mit der heidnischen Liebesgöttin im Venusberg und kann sich nicht aus dieser dämonischen erotischen Bindung befreien.

Rainer Maria Rilke:
Die Aufzeichnungen des Malte Laurids Brigge (1910)

Der 28-jährige Malte, letzter Spross einer dänischen Adelsfamilie, durch den Tod der Eltern ohne Besitz und Vermögen, versucht in Paris als Dichter zu leben. In Tagebuchaufzeichnungen hält er die Eindrücke des Großstadtlebens fest, und die neue Art zu „sehen" führt auch zur Bewusstmachung seiner Kindheitserlebnisse.

11. September, rue Toullier.

So, also hierher kommen die Leute, um zu leben, ich würde eher meinen, es stürbe sich hier. Ich bin ausgewesen. Ich habe gesehen: Hospitäler. Ich habe einen Menschen gesehen, welcher schwankte und umsank. Die Leute versammelten sich um ihn, das ersparte mir den Rest. Ich habe eine schwangere Frau gesehen. Sie schob sich schwer an einer hohen, warmen Mauer entlang, nach der sie manchmal tastete, wie um sich zu überzeugen, ob sie noch da sei. Ja, sie war noch da. Dahinter? Ich suchte auf meinem Plan: Maison d'Accouchement. Gut. Man wird sie entbinden – man kann das. Weiter, rue Saint-Jacques, ein großes Gebäude mit einer Kuppel. Der Plan gab an Val-de-grâce, Hôpital militaire. Das brauchte ich eigentlich nicht zu wissen, aber es schadet nicht. Die Gasse begann von allen Seiten zu riechen. Es roch, soviel sich unterscheiden ließ, nach Jodoform, nach dem Fett von pommes frites, nach Angst. Alle Städte riechen im Sommer. Dann habe ich ein eigentümlich starblindes Haus gesehen, es war im Plan nicht zu finden, aber über der Tür stand noch ziemlich leserlich: Asyle de nuit. Neben dem Eingang waren die Preise. Ich habe sie gelesen. Es war nicht teuer.

Und sonst? Ein Kind in einem stehenden Kinderwagen: es war dick, grünlich und hatte einen deutlichen Ausschlag auf der Stirn. Er heilte offenbar ab und tat nicht weh. Das Kind schlief, der Mund war offen, atmete Jodoform, pommes frites, Angst. Das war nun mal so.Die Hauptsache war, dass man lebte. Das war die Hauptsache.

Dass ich es nicht lassen kann, bei offenem Fenster zu schlafen. Elektrische Bahnen rasen läutend durch meine Stube. Automobile gehen über mich hin. Eine Tür fällt zu. Irgendwo klirrt eine Scheibe herunter, ich höre ihre großen Scherben lachen, die kleinen Splitter kichern. Dann plötzlich dumpfer, eingeschlossener Lärm von der anderen Seite, innen im Hause. Jemand steigt die Treppe. Kommt, kommt unaufhörlich. Ist da, ist lange da, geht vorbei. Und wieder die Straße. Ein Mädchen kreischt: Ah tais-toi, je ne veux plus. Die Elektrische rennt ganz erregt heran, darüber fort, fort über alles. Jemand ruft. Leute laufen, überholen sich. Ein Hund bellt. Was für eine Erleichterung: ein Hund. Gegen Morgen kräht sogar ein Hahn, und das ist Wohltun ohne Grenzen. Dann schlafe ich plötzlich ein.

Das sind die Geräusche. Aber es gibt hier etwas, was furchtbarer ist: die Stille. Ich glaube, bei großen Bränden tritt manchmal so ein Augenblick äußerster Spannung ein, die Wasserstrahlen fallen ab, die Feuerwehrleute klettern nicht mehr, niemand rührt sich. Lautlos schiebt sich ein schwarzes Gesimse vor oben, und eine hohe Mauer, hinter welcher das Feuer auffährt, neigt sich, lautlos. Alles steht und wartet mit hochgeschobenen Schultern, die Gesichter über die Augen zusammengezogen, auf den schrecklichen Schlag. So ist hier die Stille.

Ich lerne sehen. Ich weiß nicht, woran es liegt, es geht alles tiefer in mich ein und bleibt nicht an der Stelle stehen, wo es sonst immer zu Ende war. Ich habe ein Inneres, von dem ich nicht wusste. Alles geht jetzt dorthin. Ich weiß nicht, was dort geschieht.

Aus Rainer Maria Rilke: Sämtliche Werke Bd. VI. Frankfurt/M. 1987, S. 709-71

Schritt 1: Erstes Sinnverständnis

Übung 13:

a) Untersuchen Sie die Aufgabenstellung:
   - Art des Vergleichs
   - vorgegebene Aspekte und Anforderungen
   - Vorgehensweise beim Erschließen und beim Aufbau des Aufsatzes

b) Lesen Sie den Erzählanfang von Eichendorffs „Marmorbild" mehrmals genau. Notieren Sie erste Eindrücke, halten Sie Beobachtungen fest.

c) Prüfen Sie folgende Skizzierung von thematischen Bezügen und Motivzusammenhängen:

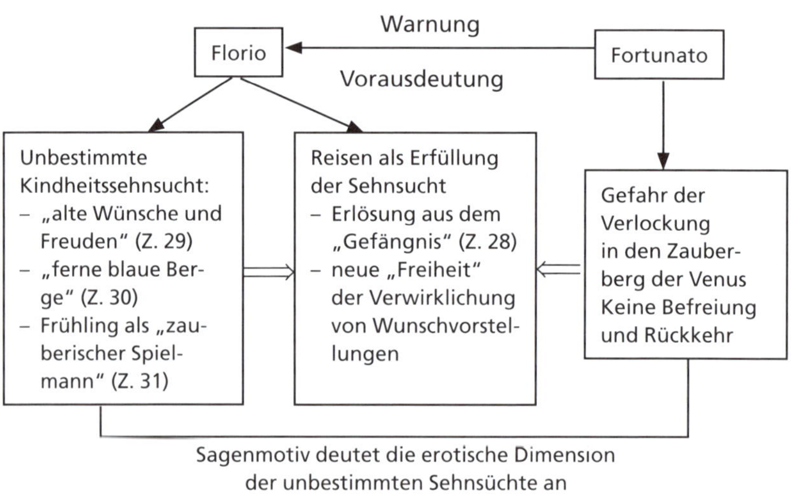

► Lösung Seite 194 f.

Schritt 2: Fragen an den Text stellen, Informationshypothese formulieren

Übung 14:

a) Überprüfen Sie die Ergiebigkeit folgender Fragen:
   - Welche Rolle spielt die Dichtung im Erzählanfang? Wie hängt sie mit der „Sehnsucht"zusammen?
   - Wie hängt die räumlich-zeitliche Unbestimmtheit des Setting mit der Thematik zusammen?
   - Wie werden die Figuren eingeführt und charakterisiert?

b) Formulieren Sie Ihre Interpretationshypothese.

▶ **Lösung Seite 195**

Schritt 3: Ergiebige Erschließungsaspekte auswählen

Bei der Erschließung von **Ausschnitten** aus Erzähltexten sind meist nicht alle Erschließungsaspekte für die Interpretation ergiebig, die bei der Untersuchung „ganzer" Texte herangezogen werden können.
Während Strategien und Techniken des Erzählens sowie die sprachliche Gestaltung immer untersucht werden sollten, hängt es vom Ausschnitt ab, wie ergiebig eine Erschließung der räumlich-zeitlichen Situation, des Geschehens, der Figurenkonstellation und -charakterisierung, der Dialoggestaltung usw. sind.

Die Auswahl wird erleichtert, wenn Sie einen **Überblick** über die Bereiche, Aspekte und Kategorien der Erschließung von Erzähltexten als Schaubild im Kopf haben.

Epische Texte erschließen

Info

Epische Texte

Strategien und Techniken des Erzählens
- Erzählerrollen
- Ich-Er-Erzählung
- Erzählverhalten: auktorial, personal, neutral
- Erzählperspektive: Standort des Erzählers, Perspektivfigur, Innen- und Außensicht
- Erzählhaltung: neutral, kritisch, ironisch usw.
- Figurencharakterisierung
- Weltbild, Wertvorstellungen, Sichtweisen des Erzählers

Erzählte Welt
- Stoff: Geschichte, Mythos, reale Lebenswelt, Märchen und Sagen usw.
- Thematik, Motive
- Figuren
- Konflikte, Probleme
- Handlungsmuster, Handlungsverlauf
- Raumverhältnisse: Innen- und Außen, Realitätsbezug usw.
- Zeitverhältnisse: Zeitdauer der Handlung, Aussparungen von Zeiträumen, Simultanität usw.

Komposition, Struktur
- Genrespezifische Aufbaumuster: Novelle, Märchen usw.
- Figurenkonstellationen: Spieler – Gegenspieler, Dreiecksbeziehungen; Zentralfigur – Helferfigur usw.
- Handlungsaufbau: Rahmenhandlung, linear, mehrsträngig, polyperspektivisch
- Zeitgestaltung: Raffung, Deckung, Dehnung
- Motivverknüpfungen
- Raumsymbolik

Sprachliche Gestaltung, Stil
- Epochenspezifische Stilmuster usw.
- Stilhaltung: ironisch, satirisch usw.
- Sprachlich-stilistische Mittel: Wortebene, Satzebene

Darbietungsformen
- Bericht: Ereignisse, Vorgänge usw.
- Beschreibung: Figuren, Landschaften, Räume usw.
- Schilderung: Atmosphäre, Stimmungen, inneres Geschehen
- Szenische Darstellung: Situationen, Verhalten von Figuren usw.
- Figurenrede: innerer Monolog, erlebte Rede
- Dialoggestaltung
- Kommentare, Urteile, Reflexionen des Erzählers

Übung 15:

a) Klären Sie, welche Erschließungsaspekte durch die Aufgabenstellung vorgegeben sind.
b) Betrachten Sie das Schema und erläutern Sie die Kategorien und Begriffe durch Beispiele aus Ihrer Kenntnis epischer Texte.
c) Wählen Sie Bereiche und Aspekte aus, die Sie, ausgehend von Ihrem bisherigen Textverständnis, für wichtig und ergiebig halten.
d) Beurteilen Sie die folgende Schwerpunktsetzung für eine genauere Erschließung:
   - Figurenkonstellation
   - Thema, Motive
   - Figurencharakterisierung
   - Erzählstrategie

Ergänzen Sie Aspekte, die Sie für wichtig halten.

▶ **Lösung Seite 195**

Schritt 4: Aspektorientierte Erschließung und Beschreibung

Beim Erschließen und Beschreiben von Elementen und Gestaltungsmitteln des Erzählens müssen Sie darauf achten, dass diese nicht isoliert und unverbunden nebeneinander stehen bleiben, sondern in ihrem **Funktions- und Wirkungszusammenhang** deutlich werden. Die Verbindung und das Zusammenspiel soll mit dem übergeordneten Begriff der **Erzählstrategie** erfasst werden. Sie bezeichnet den gedanklichen Kern der bewussten Planung des Erzählens: Durch Gestaltung der Erzählerrolle, Perspektive, Haltung gegenüber dem Erzählten und die Verwendung bestimmter Darbietungsformen lenkt der Autor die Wahrnehmungsweise der fiktiven Welt durch den Leser und steuert dessen Sinnverständnis.

Auf **Darstellungsintentionen** und **funktionale Zusammenhänge** sollten Sie bereits während der Erschließung des Textes unter ausgewählten Aspekten achten. Im Unterschied zu den konkreten Wahrnehmungen der Großstadtrealität des Protagonisten in Rilkes „Aufzeichnungen" situiert Eichendorff die Begegnung Florios mit dem schönen „Fremden" in einer aus versatzstückartigen Elementen konstruierten Landschaft, in der die Ferne ein magischer Ort der erlebenden Figur ist. Der räumlich situative Erzähleingang hängt damit bereits eng zusammen mit dem Motiv der Sehnsucht nach der Ferne, in der Wunscherfüllung und Gefährdung eng miteinander verzahnt sind. Ausschnitte aus Erzähltexten verlangen also einen besonderen Blick für konstitutive Elemente der erzählten Welt und die besondere Weise ihrer Gestaltung.

Übung 16:

a) Beschreiben Sie den Aufbau des Erzählanfangs. Erläutern Sie, wie der Leser in die fiktive Welt eingeführt wird.

b) Untersuchen Sie Rolle, Verhalten, Perspektive und Haltung des Erzählers und formulieren Sie die Erzählstrategie.

c) Klären Sie Zusammenhänge zwischen Landschafts- und Naturdarstellung, Figurencharakterisierung, Dialoggestaltung und dem zentralen Thema.

d) Werten Sie folgende Untersuchungsergebnisse für Ihre Erschließung aus. Ergänzen Sie die Tabelle.

Aspekt	Gestaltungsweise	Textbelege
Aufbau • Sommerabend vor den Toren von Lucca • Gespräch mit dem Fremden • Fest mit ballspielenden Mädchen	• Erzählerbericht • Gespräch • Beschreibung	• „Es war“ (Z. 1) „Da gesellte sich“ (Z. 7) • „fröhlichschallendes Reich von Musik …“ (Z. 41 f.) • „ewig wechselnden Bildern“ (Z. 73)
Figurenkonstellation • Florio • der Fremde • ein schönes Mädchen	• Scheinbar „zufällige“ Reisebegegnungen • Offenheit des Protagonisten für Erlebnisse, das Fremde	• der Fremde: „überaus anmutig“ (Z. 12 f.) • das Mädchen: „fröhliches Bild des Frühlings“ (Z. 61)
Figurencharakterisierung • Beschreibung des Äußeren aus wenig konkretisierten Elementen • Kaum individualisierte Charakterisierung des Wesens	• Direkte Beschreibung durch den Erzähler: Kleidung, Gestalt, Stimme • Charakterisierung des Wesens • Indirekte Charakterisierung Florios durch die Wahrnehmung des Fremden → Schönheit, „Anmut“, Fröhlichkeit	• „schlanke Gestalt“ (Z. 11) • „große, geistreiche Augen“ (Z. 24) • „Anmut aller ihrer Bewegungen“ (Z. 59 f.) • „frisches, keckes Wesen“ (Z. 12) • „über und über rot“ (Z. 17 f.) „errötend“ (Z. 68)

Raum und Szene		
Stilmittel		
Erzählstrategie		

Funktionszusammenhang der Bauelemente und Gestaltungsweisen im Überblick

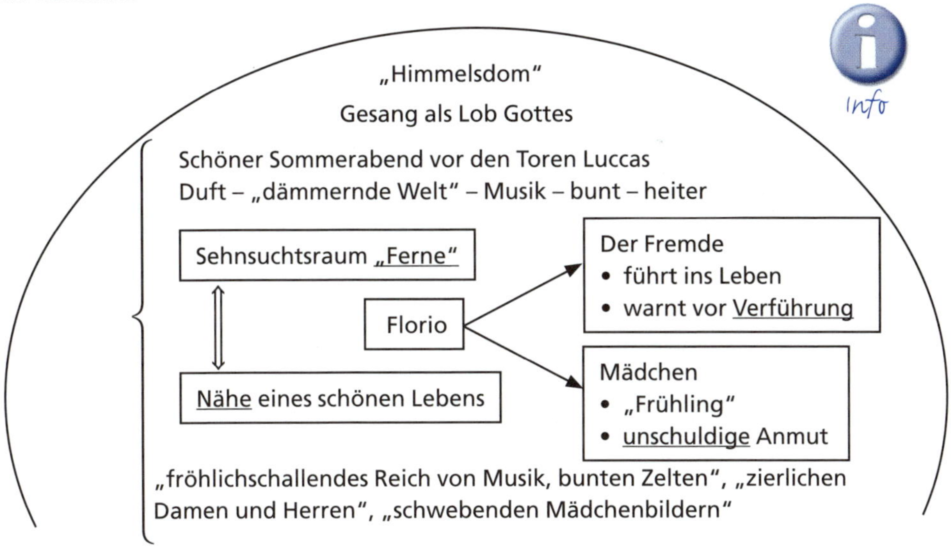

e) Erläutern Sie den funktionalen Zusammenhang der einzelnen Gestaltungselemente und Darstellungsweisen.

► Lösung Seite 196 f.

Schritt 5: textüberschreitende Einordnung und Kontextuierung

Ausschnitte aus Erzähltexten sind eingebunden in:

- den **Zusammenhang des ganzen Textes** (Roman, Novelle, Kurzgeschichte): Ort und Funktion des Ausschnitts im Aufbau, in der Handlungsführung, in der Entfaltung eines Konflikts usw.
- das **Werk des Autors** (Entwicklungsphasen von Themen, Genres, Darstellungsweisen)
- die Entwicklung einer **Gattung** (z. B. romantisches Kunstmärchen)
- **epochenspezifische** Themen, Handlungsmuster, Strategien und Techniken des Erzählens, Stilmittel

Eine genauere **Einordnung des Ausschnitts** in den Zusammenhang des ganzen Textes ist nur dann möglich, wenn Sie den Text gelesen haben und sich noch gut daran erinnern. Die **knappe Inhaltsangabe** bei Aufgabenstellungen informiert sie aber meist über

- Figurenkonstellationen,
- Thema und Problemgehalt,
- den Umriss der Handlung.

Bei der **Einordnung in den historischen Kontext** können Sie ausgehen von wichtigen Ergebnissen der textimmanenten Erschließung, z. B.

- Thematik, Problemgehalt
- Motive
- Figurenkonstellation,
- Erzählstrategie und Erzähltechniken
- Stilmerkmale

Damit können Sie vermeiden, dass Sie bloß Kenntnisse über den Autor und die Epoche wiedergeben, die nicht genügend eng mit der Erschließung des Textausschnitts verbunden sind.

Übung 17:

a) Werten Sie die Informationen der Inhaltsangabe zu Eichendorffs „Das Marmorbild“ für die Kontextuierung aus.
b) Stellen Sie Ihre Kenntnisse über den Autor und die Epoche zusammen, die Sie für eine historische Kontextuierung heranziehen können. Gehen Sie dabei von Ihren wesentlichen Erschließungsergebnissen aus.
c) Werten Sie folgenden Überblick für Ihre Kontextuierung aus. Ergänzen Sie das Schaubild.
d) Skizzieren Sie ein Interpretationskonzept.

▶ **Lösung Seite 197 f.**

Einen Erzähltext kontextuieren

Kontext der Erzählung:
- Kontrastfiguren: Fortunato – Donati
- Erotisch-sexuelle Verlockung: Venus
- Gegensatz zwischen Venuswelt (heidnisch-sinnlich) und christlicher Welt (Maria)
- Rettung (im Gegensatz zum Tannhäuser) durch Fortunato und die „reine" Liebe Biancas

Biographischer Kontext
- Verlusterfahrung: Verkauf von Schloss Lubowitz, der „Heimat" von Kindheit und Jugend → besitzloser Adeliger, Heimweh
- Einfluss der Heidelberger und Berliner Romantiker
- Spannung zwischen Beamtentätigkeit und Künstlerrolle
- Bewusstsein des politisch-gesellschaftlichen und kulturellen Umbruchs
- Gefährdung des Künstlers durch Loslösung vom christlichen Glauben

Kontexte im Werk Eichendorffs:
- Gedichte / Lieder:
  - „Sehnsucht" (Nacht, Reisen, Marmorbilder)
  - „Die zwei Gesellen" (Auszug im Frühling; kontrastive Lebenswege; Scheitern durch Verführung usw.)
- „Der Taugenichts": Frühling, Aufbruch, abenteuerliche Verwirrungen, Gegensatz zwischen Kunst und prosaischem Philisterleben usw.
- „Formelhaftigkeit" der Motive, Bauelemente (Sommernacht, Mondschein, Gärten, rauschende Brunnen usw.) und sprachlichen Mittel

Zentraler Motivkomplex: Sehnsucht
Ferne
Reise
„Freiheit"
Verlockung

Epochenspezifische Themen, Motive, Problemstellungen
- Sehnsucht nach einem goldenen Zeitalter, nach Einheit mit der Natur
- ______
- ______
- ______
- ______
- ______

Epochenspezifische Genres, Erzählstrategien, Gestaltungsweisen und Kunstauffassung
- Genres: Kunstmärchen, phantastische Erzählungen, Künstler- und Bildungsromane
- ______
- ______
- ______
- ______

Politisch-gesellschaftlicher Kontext
- ______
- ______

2.2.2 Vergleichende Erschließung von Textausschnitten

Die **Aspekte**, unter denen Ausschnitte aus Erzähltexten vergleichend untersucht werden können, hängen eng mit der jeweiligen Konstellation der Texte in der Aufgabenstellung zusammen. Wichtige **Vergleichsmöglichkeiten** sind oft bereits durch die Aufgabenstellung vorgegeben. Darüber hinaus können Sie den Blick richten auf

- die Stellung des Ausschnitts im Ganzen des Erzähltextes: Erzählanfang, Höhepunkt usw.,
- Situationen, Themen, Motive, Figurenkonstellationen,
- Erzählstrategien, Erzähltechniken und die sprachliche Gestaltung.

Oft wird auch verlangt, Unterschiede in der Behandlung eines Themas, Motivs, in der Erzählweise usw. historisch zu verorten, d.h. in ihrem Zusammenhang mit Wandlungen des Welt- und Menschenbildes, der Kunstauffassung usw. zu erläutern.

Übung

Übung 18:
Klären Sie, welche Vergleichsaspekte durch die Aufgabenstellung vorgegeben sind. Sichten Sie unter diesen Aspekten Ihre bisherigen Erschließungsergebnisse.
► Lösung Seite 198

Bei einer vergleichenden Erschließung können Sie in folgenden **Schritten** vorgehen:

Info

Arbeitsschritt	Verfahren und Methoden
1 Texte kontrastierend lesen	auffallende Unterschiede, Gegensätze, Ähnlichkeiten in Notizen festhalten
2 Vergleichshypothese entwickeln	Entscheidende Unterschiede in der Behandlung des Themas, der Gestaltung des Motivs, im Welt- und Menschenbild usw. festhalten
3 Ergiebige Vergleichsaspekte auswählen	Diese ergeben sich aus der Vergleichshypothese unter Berücksichtigung der systematischen Erschließungsmöglichkeiten (vgl. S. 38)

4 Texte unter ausgewählten Aspekten vergleichend erschließen	z. B. bei Eichendorff – Rilke: • Erzählanfänge: Unterschied im Aufbau der fiktiven Welt, in der Leserlenkung usw. • Räumlich-zeitliche Situierung: Sommerabend vor den Toren Luccas ↔ Nacht in Paris • Figurenkonstellation: Verlockung des Protagonisten durch das „Leben" ↔ Überwältigung durch die irritierenden Sinneseindrücke vom Großstadtleben • Aufbau: lineare Gestaltung des Eintauchens in das Leben ↔ Reihung von Sinneseindrückungen und Reflexionen • Sprachliche Gestaltung: ... • usw.
5 Texte vergleichend einordnen und kontextuieren	• Epochenkontexte (Spätromantik; Epochenumbruch um 1900) • Politisch-gesellschaftliche und geistig-kulturelle Kontexte: Zeit nach dem Wiener Kongress (Restauration; liberal-demokratische Forderungen) – vor dem Ersten Weltkrieg (Epochenumbrüche um 1900; Krise des Ich usw.)
6 Vergleichshypothese überprüfen	• Stützung bzw. Korrektur durch Untersuchungsergebnisse • Erfassen des Wesentlichen
7 Schreibplan entwickeln	Aufbaumodelle: a) getrennte Erschließung in zwei Teilen mit anschließendem Vergleich b) Schwerpunkt der genauen Erschließung liegt auf einem Text; Erschließung des anderen Textes unter ausgewählten Vergleichsaspekten c) vergleichende Erschließung unter systematischen Aspekten

Übung 19:

a) Lesen Sie den Erzählanfang von Rilkes „Die Aufzeichnungen des Malte Laurids Brigge" kontrastiv und halten Sie Ihre ersten Eindrücke fest.

b) Formulieren Sie Fragen, die für einen Vergleich ergiebig sind, z. B.:

- Motive: Sehnsucht nach dem „Leben“, Wunscherfüllung ↔ negative Eindrücke des Großstadtlebens (Krankheit, Tod usw.)
- Genre: Novelle mit unheimlichen Elementen – fiktive Tagebuchaufzeichnungen
- Erzählweise: Er-Erzählung – Aufzeichnungen eines erlebenden Ich

Ergänzen Sie weitere Untersuchungsaspekte.

▶ **Lösung Seite 198 f.**

Übung 20:

a) Formulieren Sie eine Vergleichshypothese und wählen Sie ergiebige Vergleichsaspekte aus.

b) Untersuchen Sie den Rilke-Text unter diesen Aspekten und halten Sie Ihre Ergebnisse fest.

c) Überprüfen Sie folgende Skizzierung der Erzählweise im Epochenkontext:

Erzählweise im Epochenkontext

Räumlich-zeitliche Situation
- Spaziergang in Paris (Stadtplan):
- Schlafen (Geräusche, Stille)
- Reflexion des Erlebten

Wahrnehmungen äußere
- Bilder der Krankheit, des Sterbens
- Unangenehme Gerüche der Großstadt
- Gewalt des Lärms, Angst auslösende Stille

innere
- Äußere Wahrnehmungen gehen nach innen
- Entdeckung des Innenlebens

⇓

„Ich lerne sehen“

Erzählstrategie
- personales Erzählen
- Perspektive des erlebenden und reflektierenden Ich
- Assoziative Reihung; Simultaneität der Eindrücke, Reflexionen
- Mischung von Darbietungsweisen: Bericht, Schilderung, Kommentar, Gedanken und Gefühle

Epochenkontexte: Geistige Umbrüche
- Krise des Ich (Auflösungen der Ganzheit, Dissoziationen)
- Reizüberflutung in der Großstadt („Vergewaltigung“ durch die Sinneseindrücke)
- Entdeckung des Unbewussten
- Fin de siècle, Sinnkrisen

Literarische Umbrüche
- Darstellung sinnlich subjektiver Eindrücke und Stimmungen im Impressionismus
- Ästhetizismus, L'art pour l'art, Jugendstil
- Literatur des Unbewussten

d) Entwickeln Sie ein Konzept für die vergleichende Interpretation des Rilke-Textes.

▶ **Lösung Seite 199**

2.2.3 Einen Schreibplan entwickeln

Auch bei dieser **Aufsatzart** sollte ein Schreibplan (s. ausführlich S. 140ff.) das Ergebnis Ihrer Überlegungen **strukturieren**, wie Sie Ihre Interpretation aufbauen, welche Schwerpunkte Sie setzen und wie Sie ihre Interpretation stützen und begründen. Während des Schreibens können Sie immer wieder darauf zurückgreifen und Ihre Ausarbeitung daraufhin kontrollieren, an welcher Stelle Sie sich gerade beim Formulieren befinden, was schon bearbeitet ist, was noch fehlt. Mit einem Schreibplan können Sie leichter die gedanklichen Zusammenhänge darlegen, **sodass für den Leser der „rote Faden" leichter erkennbar ist.** Ein Schreibplan hilft Ihnen auch bei der **Einteilung** der zu Verfügung stehenden **Bearbeitungszeit.** Schreiben Sie an die Abschnitte die Minuten, die Sie für die Bearbeitung der Punkte jeweils brauchen könnten.
Dadurch vermeiden Sie, dass am Schluss keine Zeit mehr für das Durchlesen Ihrer Ausarbeitung zu Verfügung steht. (Vgl. auch S. 30f.)

Übung 21:

a) Wählen Sie ein Grundschema der vergleichenden Interpretation, das der Aufgabenstellung entspricht.
b) Wählen Sie Erschließungsaspekte und Untersuchungsergebnisse aus, mit denen Sie Ihr Sinnverständnis begründen können. Überlegen Sie eine sinnvolle Reihenfolge.
c) Finden Sie Möglichkeiten für Einleitung und Schluss.

▶ **Lösung Seite 199f.**

Übung 22:

Ergänzen Sie den folgenden Schreibplan:

Einleitung: Romantik als frühe Moderne?

Hauptteil:
I. Vergleichende Erschließung der Erzählanfänge

1. Situierung des Erzählten
   a) Märchenhaft unbestimmter Sommerabend vor Lucca
   b) Großstadtwahrnehmungen in Paris um 1900
2. Figurenkonstellation
   a) Schicksalhafte Begegnung mit positiven Figuren
   b) Einsamkeit inmitten des Großstadtlebens
3. Themen und Motive
   a) Sehnsucht des poetischen Menschen: Reisen, Ferne, Wunschwelten
   b) „Sehenlernen" durch die Schockerfahrung der Großstadt

4. Erzählgenre
   a) Novelle mit märchenhaften und unheimlichen Elementen
   b) Fiktive autobiografische Aufzeichnungen
5. Erzählstrategie

____

____

____

____

6. Gestaltungsmittel des Erzählens

____

____

____

____

II. Vergleichende historische Kontextuierung

____

____

____

____

Schluss: ______________________________________

▶ Lösung Seite 200

2.3 Dramentexte

Bei der Erschließung und Interpretation von Dramentexten werden Ihnen in Klausuren und Abiturprüfungen meist vollständige oder gekürzte **Szenen** aus Lektüreschwerpunkten vorgelegt. Im Unterschied zu Ausschnitten aus Erzähltexten orientiert sich die Auswahl damit an einem **gattungsspezifischen Bauelement**, das bereits durch die Komposition des Dramas vorgegeben ist. Die Erschließung eines Dramenausschnitts ist deshalb immer verbunden mit der Untersuchung der Gestaltungsweise einer Szene.
Zentrales Gestaltungselement von Dramen ist die Kommunikation der Figuren in **Dialogen und Monologen**. Für die Erschließung können damit Aspekte und Kategorien der **Kommunikations- und Gesprächsanalyse** herangezogen werden, die Sie auch bei der Analyse nichtliterarischer Kommunikationsvorgänge kennen gelernt haben. Anders als Alltagsgespräche sind Dramendialoge das Ergebnis einen sehr **bewussten Dramaturgie,** die abhängig ist von historisch bedingten poetologischen Vorstellungen und Formtypen des Dramas und die bei der textüberschreitenden Erschließung herausgearbeitet werden muss.
Szenen haben eine bestimmte Funktion im **Handlungszusammenhang** und in der Gesamtkomposition des Dramas. Knappe Informationen in den Aufgabenstellungen helfen Ihnen in der Abiturprüfung bei der Einordnung der Szene in den Dramenkontext.
Noch mehr als bei Ausschnitten aus Erzähltexten lassen sich an einer einzelnen Szene bereits dramaturgische Gestaltungsmittel erkennen, die Hinweise liefern für die Erschließung des jeweiligen Dramentypus, der Figurenkonzepte, des Konfliktmusters, der Dialoggestaltung und des Dramenstils. Auch ohne Kenntnis des „ganzen" Textes können Sie untersuchen

- die **kommunikative Situation,**
- die **Figurenkonstellation,**
- **Thematik und Problemgehalt,**
- den **Aufbau der Szene,**
- **Figurenrede und Dialoggestaltung,**
- **sprachliche Gestaltungsmittel**.

Bei der textüberschreitenden Einordnung können Sie den Blick richten auf

- geschichtlich sich wandelnde **Dramentypen und Genres** (offene und geschlossene Dramenform, bürgerliches Trauerspiel, episches Theater usw.)
- Auffassungen von **Funktionen und Wirkungen** der Gattung (Moralerziehung, Entwicklung von mitmenschlicher Sensibilität, Gesellschaftskritik usw.)
- Wandlungen des **Welt- und Menschenbildes**
- **Epochenkontexte** (politisch-gesellschaftlich, literaturgeschichtlich usw.)
- das Werk und die Biografie des **Autors**

2.2.1 Arbeitsschritte

Aufgabenstellung:

1. Erschließen Sie den folgenden Szenenausschnitt, indem Sie Inhalt und Aufbau sowie die dramaturgischen und sprachlich-stilistischen Gestaltungsmittel untersuchen! Arbeiten Sie dabei vor allem die Gesprächsstrategie Wallensteins heraus.
2. Vergleichen Sie den hier deutlich werdenden Gegensatz zwischen Ideal und Wirklichkeit mit dessen Gestaltung in einem anderen literarischen Werk.

Friedrich Schiller:
Wallensteins Tod (1799)

Wallenstein, der erfolgreiche und ehrgeizige Feldherr Kaiser Ferdinands II., möchte einen Frieden in dem vom langen Krieg verwüsteten Deutschland, der ihm zugleich die böhmische Krone sichert. Eigenmächtig nimmt er deshalb Verhandlungen mit dem schwedischen Gegner auf und sichert sich den unbedingten Gehorsam seiner Offiziere. Der junge Max Piccolomini, dessen Vater den Sturz Wallenstein vorbereitet, ist an Wallenstein durch seine Liebe zu dessen Tochter und seine Verehrung des Feldherrn gebunden.

Zweiter Aufzug. Zweiter Auftritt
Wallenstein. Max Piccolomini.

MAX *nähert sich ihm.*
Mein General –
WALLENSTEIN.
Der bin ich nicht mehr,
Wenn du des Kaisers Offizier dich nennst.
MAX.
So bleibts dabei, du willst das Heer verlassen?
WALLENSTEIN.
Ich hab des Kaisers Dienst entsagt.
MAX.
Und willst das Heer verlassen?
WALLENSTEIN.
Vielmehr hoff ich,
Mirs enger noch und fester zu verbinden.
Er setzt sich.
Ja, Max. Nicht eher wollt ich dirs eröffnen,
Als bis des Handelns Stunde würde schlagen.
Der Jugend glückliches Gefühl ergreift
Das Rechte leicht, und eine Freude ist's,
Das eigne Urteil prüfend auszuüben,

Wo das Exempel rein zu lösen ist.
Doch, wo von zwei gewissen Übeln eins
Ergriffen werden muss, wo sich das Herz
Nicht *ganz* zurückbringt aus dem Streit der Pflichten,
Da ist es Wohltat, keine Wahl zu haben,
Und eine Gunst ist die Notwendigkeit.
– Die ist vorhanden. Blicke nicht zurück.
Es kann dir nichts mehr helfen. Blicke vorwärts!
Urteile nicht! Bereite dich, zu handeln.
– Der Hof hat meinen Untergang beschlossen,
Drum bin ich willens, ihm zuvorzukommen.
– Wir werden mit den Schweden uns verbinden.
Sehr wackre Leute sinds und gute Freunde.

Hält ein, Piccolominis Antwort erwartend.

– Ich hab dich überrascht. Antwort mir nicht.
Ich will dir Zeit vergönnen, dich zu fassen.

Er steht auf, und geht nach hinten. Max steht lange unbeweglich, in den heftigsten Schmerz versetzt, wie er eine Bewegung macht, kömmt Wallenstein zurück und stellt sich vor ihn.

MAX.
Mein General! – Du machst mich heute mündig.
Denn bis auf diesen Tag war mirs erspart,
Den Weg mir selbst zu finden und die Richtung.
Dir folgt ich unbedingt. Auf dich nur braucht ich
Zu sehn und war des rechten Pfads gewiss.
Zum ersten Male heut verweisest du
Mich an mich selbst und zwingst mich, eine Wahl
Zu treffen zwischen dir und meinem Herzen.

WALLENSTEIN.
Sanft wiegte dich bis heute dein Geschick,
Du konntest spielend deine Pflichten üben,
Jedwedem schönen Trieb Genüge tun,
Mit ungeteiltem Herzen immer handeln.
So kanns nicht ferner bleiben. Feindlich scheiden
Die Wege sich. Mit Pflichten streiten Pflichten.
Du musst Partei ergreifen in dem Krieg,
Der zwischen deinem Freund und deinem Kaiser
Sich jetzt entzündet.

MAX.
Krieg! Ist das der Name?
Der Krieg ist schrecklich, wie des Himmels Plagen,

Doch er ist gut, ist ein Geschick, wie sie.
Ist das ein guter Krieg, den du dem Kaiser
Bereitest mit des Kaisers eignem Heer?
O Gott des Himmels! was ist das für eine
Veränderung! Ziemt solche Sprache mir
Mit dir, der wie der feste Stern des Pols
Mir als die Lebensregel vorgeschienen!
O! welchen Riss erregst du mir im Herzen!
Der alten Ehrfurcht eingewachsnen Trieb
Und des Gehorsams heilige Gewohnheit
Soll ich versagen lernen deinem Namen?
Nein! wende nicht dein Angesicht zu mir,
Es war mir immer eines Gottes Antlitz,
Kann über mich nicht gleich die Macht verlieren;
Die Sinne sind in deinen Banden noch,
Hat gleich die Seele blutend sich befreit!

WALLENSTEIN.
Max, hör mich an.

MAX.
O! tu es nicht! Tus nicht!
Sieh! deine reinen, edeln Züge wissen
Noch nichts von dieser unglückselgen Tat.
Bloß deine Einbildung befleckte sie,
Die Unschuld will sich nicht vertreiben lassen
Aus deiner hoheitblickenden Gestalt.
Wirf ihn heraus, den schwarzen Fleck, den Feind.
Ein böser Traum bloß ist es dann gewesen,
Der jede sichre Tugend warnt. Es mag
Die Menschheit solche Augenblicke haben,
Doch siegen muss das glückliche Gefühl.
Nein, du wirst so nicht endigen. Das würde
Verrufen bei den Menschen jede große
Natur und jedes mächtige Vermögen,
Recht geben würd es dem gemeinen Wahn,
Der nicht an Edles in der Freiheit glaubt,
Und nur der Ohnmacht sich vertrauen mag.

WALLENSTEIN.
Streng wird die Welt mich tadeln, ich erwart es.
Mir selbst schon sagt ich, was du sagen kannst.
Wer miede nicht, wenn ers umgehen kann,
Das Äußerste! Doch hier ist keine Wahl,
Ich muss Gewalt ausüben oder leiden –

So steht der Fall. Nichts anders bleibt mir übrig.
MAX.
Seis denn! Behaupte dich in deinem Posten
Gewaltsam, widersetze dich dem Kaiser,
Wenns sein muss, treibs zur offenen Empörung,
Nicht loben werd ichs, doch ich kanns verzeihn,
Will, was ich nicht gutheiße, mit dir teilen.
Nur – zum *Verräter* werde nicht! Das Wort
Ist ausgesprochen. Zum Verräter nicht!
Das ist kein überschrittnes Maß! Kein Fehler,
Wohin der Mut verirrt in seiner Kraft.
O! das ist ganz was anders – das ist schwarz,
Schwarz, wie die Hölle!
WALLENSTEIN *mit finsterm Stirnfalten, doch gemäßigt.*
Schnell fertig ist die Jugend mit dem Wort,
Das schwer sich handhabt, wie des Messers Schneide,
Aus ihrem heißen Kopfe nimmt sie keck
Der Dinge Maß, die nur sich selber richten.
Gleich heißt ihr alles schändlich oder würdig,
Bös oder gut – und was die Einbildung
Phantastisch schleppt in diesen dunkeln Namen,
Das bürdet sie den Sachen auf und Wesen.
Eng ist die Welt, und das Gehirn ist *weit*,
Leicht beieinander wohnen die Gedanken,
Doch hart im Raume stoßen sich die Sachen,
Wo *eines* Platz nimmt, muss das *andre* rücken,
Wer nicht vertrieben sein will, muss vertreiben,
Da herrscht der Streit, und nur die Stärke siegt.
– Ja, wer durchs Leben gehet ohne Wunsch,
Sich jeden Zweck versagen kann, der wohnt
Im leichten Feuer mit dem Salamander,
Und hält sich rein im reinen Element.
Mich schuf aus gröberm Stoffe die Natur,
Und zu der Erde zieht mich die Begierde.
Dem bösen Geist gehört die Erde, nicht
Dem guten. Was die Göttlichen uns senden
Von oben, sind nur allgemeine Güter,
Ihr Licht erfreut, doch macht es keinen reich,
In ihrem Staat erringt sich kein Besitz.
Den Edelstein, das allgeschätzte Gold
Muss man den falschen Mächten abgewinnen,
Die unterm Tage schlimmgeartet hausen.

Nicht ohne Opfer macht man sie geneigt,
Und keiner lebet, der aus ihrem Dienst
Die Seele hätte rein zurückgezogen.
MAX *mit Bedeutung*.
O! fürchte, fürchte diese falschen Mächte!
Sie halten *nicht* Wort! Es sind Lügengeister,
Die dich berückend in den Abgrund ziehn.
Trau ihnen nicht! Ich warne dich – O! kehre
Zurück zu deiner Pflicht. Gewiss! du kannsts!
Schick mich nach Wien. Ja, tue das. Lass mich,
Mich deinen Frieden machen mit dem Kaiser.
Er kennt dich nicht, ich aber kenne dich,
Er soll dich sehn mit meinem reinen Auge,
Und sein Vertrauen bring ich dir zurück.
WALLENSTEIN.
Es ist zu spät. Du weißt nicht, was geschehn.
MAX.
Und wärs zu spät – und wär es auch so weit,
Dass ein Verbrechen nur vom Fall dich rettet,
So falle! Falle würdig, wie du standst.
Verliere das Kommando. Geh vom Schauplatz.
Du kannsts mit Glanze, tus mit Unschuld auch.
– Du hast für andre viel gelebt, leb endlich
Einmal dir selber, ich begleite dich,
Mein Schicksal trenn ich nimmer von dem deinen –
WALLENSTEIN.
Es ist zu spät. Indem du deine Worte
Verlierst, ist schon ein Meilenzeiger nach dem andern
Zurückgelegt von meinen Eilenden,
Die mein Gebot nach Prag und Eger tragen.
– Ergib dich drein. Wir handeln, wie wir müssen.
So lass uns das Notwendige mit Würde,
Mit festem Schritte tun – Was tu ich Schlimmres,
Als jener Cäsar tat, des Name noch
Bis heut das Höchste in der Welt benennet?
Er führte wider Rom die Legionen,
Die Rom ihm zur Beschützung anvertraut.
Warf er das Schwert von sich, er war verloren,
Wie ich es wär, wenn ich entwaffnete.
Ich spüre was in mir von seinem Geist,
Gib mir sein Glück, das andre will ich tragen.

Max, der bisher in einem schmerzvollen Kampfe gestanden, geht schnell ab. Wallenstein sieht ihm verwundert und betroffen nach, und steht in tiefe Gedanken verloren.

Aus: Friedrich Schiller: Sämtliche Werke. Bd. 2. München (Hanser) 1959, S. 431 ff.

Schritt 1: Erstes Sinnverständnis

Übung 23:

a) Untersuchen Sie die Aufgabenstellung:
- vorgegebene Aspekte und Anforderungen
- Vergleichsaspekt
- Vorgehensweise beim Erschließen und beim Aufbau des Aufsatzes

b) Lesen Sie die Szene aus Schillers Drama „Wallensteins Tod" mehrmals genau. Notieren Sie erste Eindrücke, halten Sie Beobachtungen fest.

c) Markieren Sie Schlüsselwörter, an denen die Thematik und der Problemgehalt des Dialogs deutlich werden. Notieren Sie am Rand thematische Aspekte, z. B.:

Ja, Max. Nicht eher wollt ich dirs eröffnen,
Als bis des Handelns Stunde würde schlagen.
Der Jugend glückliches Gefühl ergreift
Das Rechte leicht, und eine Freude ists,
Das eigne Urteil prüfend auszuüben,
Wo das Exempel rein zu lösen ist.
Doch, wo von zwei gewissen Übeln eins
Ergriffen werden muss, wo sich das Herz
Nicht ganz zurückbringt aus dem Streit der Pflichten,
Da ist es Wohltat, keine Wahl zu haben,
Und eine Gunst ist die Notwendigkeit.
– Die ist vorhanden. Blicke nicht zurück.
Es kann dir nichts mehr helfen. Blicke vorwärts!
Urteile nicht! Bereite dich, zu handeln.

Jugend
Eigenes Handeln und Urteilen
- Sinnvoll, wenn eine klare moralische Entscheidung möglich ist

⇕

- Nicht sinnvoll, wenn man nur zwischen zwei „Übeln" wählen kann, Notwendigkeit nimmt die Entscheidung ab

d) Prüfen Sie folgende Skizzierung der Thematik und des Problemgehalts:

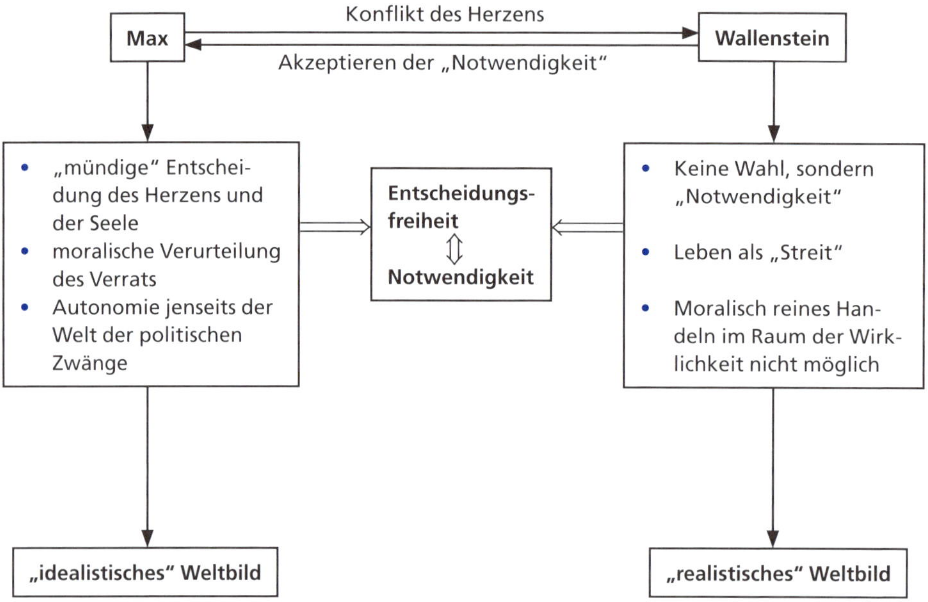

▶ **Lösung Seite 200 f.**

Schritt 2: Fragen an den Text stellen, Interpretationshypothese formulieren

Übung 24:

a) Überprüfen Sie die Ergiebigkeit folgender Fragen:
   - Welche Funktion hat das Gespräch?
   - Wie beeinflusst die Beziehung der Figuren das Gespräch?
   - Welche Gesprächsstrategie verwendet Wallenstein?

   Ergänzen Sie Aspekte, die Sie für wichtig halten.

b) Formulieren Sie Ihre Interpretationshypothese.

▶ **Lösung Seite 201**

Schritt 3: Ergiebige Erschließungsaspekte auswählen

Die Ergiebigkeit von Erschließungsaspekten hängt ab von

- den Anforderungen der Aufgabenstellung,
- der Thematik und dem Problemgehalt der Szene,
- dem Gesprächstypus (Entscheidung, Konflikt, Überredung usw.),

- der sprachlichen Gestaltung (Verssprache oder Prosa, Stilhöhe, Bedeutung von Nebentexten usw.),
- der Wirkungsabsicht von Dramengenres.

Die Grundlage einer Erschließung bildet die Untersuchung des Dialogs. Dabei können Sie sich an folgendem Schaubild orientieren:

Dramatische Szenen erschließen

Situation im dramatischen Kontext

- Bühnen- und Regieanweisungen
- Gesprächssituation
- Figurenkonstellation
- Stellung der Szene im Aufbau des Dramas
- Handlungszusammenhang, Handlungsfunktion
- Dialog- /Gesprächstyp: Enthüllungsgespräch, Verhör usw.
- Dramengenre (Tragödie, Komödie, offenes vs. geschlossenes Drama usw.)

Figuren

- Rolle, Status, soziale Beziehungen
- Einschätzung der Situation
- Gesprächserwartungen
- Interessen, Motive, Gesprächsabsichten
- Gesprächsstrategien
- Gesprächsverhalten (Sprechhandlungen usw.)
- Sprache und Redestil
- Charakterisierung der Figuren (indirekt, direkt)

Dramenszene

Thema, Problemgehalt

- Situations- und Handlungsbezug des Themas
- Thematische Aspekte, thematischer Verlauf
- Konfliktpotential, Problemgehalt im Dramenkontext
- Positionen, Auffassungen der Figuren
- Welt- und Menschenbild

Dialog- und Gesprächsstruktur

- thematischer Aufbau
- Gesprächsmuster (aufeinander eingehen, aneinander vorbeireden, Sprecherwechsel usw.)
- Gesprächssteuerung
- Interaktionsmuster (emotional, argumentativ usw.)
- Erfolg, Misserfolg

Sprachliche Gestaltung, Stil

- genrespezifisch, z. B. hoher Stil des klassischen Dramas usw.
- figurenspezifisch, z. B. abhängig von Rolle, Status, Schicht, Milieu usw.
- thematisch, z. B. Schlüsselbegriffe, Metaphorik
- rhetorisch, stilistisch

Übung

Übung 25:

a) Klären Sie, welche Erschließungsaspekte durch die Aufgabenstellung vorgegeben sind.
b) Vergleichen Sie das Schema mit dem in Ihrem Unterricht eingeübten Instrumentarium. Klären Sie Gemeinsamkeiten und Unterschiede.
c) Wählen Sie Bereiche und Aspekte aus, die Sie, ausgehend von Ihrem bisherigen Textverständnis, für wichtig und ergiebig halten.
d) Beurteilen Sie die folgende Schwerpunktsetzung für eine genauere Erschließung:
   - Situation
   - Beziehung der Figuren
   - Thema und Problemgehalt
   - Gesprächsstrategien

Ergänzen Sie Aspekte, die Sie für wichtig halten.

▶ **Lösung Seite 201**

Schritt

Schritt 4: Aspektorientierte Erschließung und Beschreibung

Dramenszenen sind, selbst bei Formen des „offenen" Dramas, geprägt durch eine **kompositorische Einheit**, in der die verschiedenen Aspekte und Mittel der Gestaltung funktional zusammenwirken. Es ist damit bei der genauen Erschließung unter ausgewählten Aspekten wichtig, die Szene als Ganzes im Auge zu behalten und beim Festhalten von Ergebnissen auch Notizen zum funktionalen **Zusammenhang** zu machen.
Der Blick auf wichtige Zusammenhänge fällt leichter, wenn man nach der Funktion der Szene fragt, die meist auch ohne Kenntnis des ganzen Dramas deutlich wird. Wichtige dramaturgische **Funktionen von Szenen** sind:

- **Handlungsfunktion**: Verhalten von Figuren in Situationen, Vorbereiten und Treffen von Entscheidungen usw.
- **Charakterisierung von Figuren**: Eigenschaften, Verhaltensweisen, Denkmuster, Werthaltungen usw.
- Verdeutlichen von **Positionen im Konflikt**
- Entfaltung von Aspekten des **Problemgehalts**

Übung

Übung 26:

a) Klären Sie die Gesprächssituation:
   - Rollen und Beziehung der Figuren
   - Handlungszusammenhang
   - Erwartungshaltungen
b) Erläutern Sie die Funktion der Szene für die Thematik und den Problemgehalt des Dramas.

c) Untersuchen Sie den Zusammenhang zwischen Wallensteins Gesprächsstrategie und dem Gesprächsverlauf.

d) Werten Sie folgende Untersuchungsergebnisse für Ihre Erschließung aus. Ergänzen Sie die Tabelle.

Situation	• Wallenstein hat sich zum Treubruch gegenüber dem Kaiser und zum Bündnis mit den Schweden entschieden. • Er stellt Max Piccolomini vor vollendete Tatsachen: „Urteile nicht! Bereite dich, zu handeln." (Z. 29) • Er erwartet, dass Max ihm die Treue hält. ⇒ **Enthüllungs- und Überredungsgespräch** **Gegensatz der Positionen bei der Beurteilung einer Entscheidung**
Figuren	• **Asymmetrische Beziehung:** – Wallenstein: Feldherr, informiert Max erst nach der Entscheidung, möchte ihn nicht moralisch belasten. – Max: verehrt Wallenstein, enge emotionale Bindung, die durch den „Verrat" belastet wird („Riss ... im Herzen", Z. 70) • **Wallensteins Gesprächsstrategie:** – Räumt das Bedürfnis des Herzens nach einem moralisch richtigen Urteilen und Handeln ein – Entscheidung als Abwendung des eigenen Untergangs („Notwendigkeit") – In der Wirklichkeit ist moralisches Handeln nicht immer möglich. – Wer die Güter der Welt erringen will (Besitz, Macht usw.), dessen Seele kann nicht „rein" bleiben. (Z. 149) – Aufforderung, die „Notwendigkeit" zu akzeptieren • **Gesprächsverhalten Wallensteins:** – Zeigt Verständnis für das moralische Bedürfnis der „Jugend" – Aufforderungen („Blicke nicht zurück. ... Urteile nicht!" (Z. 27 – 29) – Darlegung seines Weltbilds – Macht deutlich, dass die Entscheidung nicht rückgängig zu machen ist: „Es ist zu spät." (Z. 162, 173) – Figurencharakterisierung: Polarität zwischen moralischem „Idealismus" und „realistischer" Sicht menschlichen Handelns (Leben als Kampf)

Dialogstruktur	• **thematischer Aufbau:** – ____________ – ____________ ____________ – ____________ ____________ – ____________ • **Gesprächsstruktur** – ____________ – ____________ – ____________ • **Gesprächserfolg** – ____________ – ____________
Sprachliche Gestaltung, Stil	• **Blankvers des klassischen Dramas** • ____________ • ____________ • ____________ • ____________ – ____________ – ____________ – ____________ • ____________

e) Bringen Sie die einzelnen Gestaltungselemente und Darstellungsweisen in einen funktionalen Zusammenhang.

▶ **Lösung Seite 201 ff.**

Schritt

Schritt 5: Textüberschreitende Einordnung und Kontextuierung

Dramenszenen sind eingebunden in:

- den **Zusammenhang des Dramas**: Ort im Aufbau, in der Handlungsführung, in der Entfaltung eines Konflikts usw.
- das **Werk des Autors** (Entwicklungsphasen von Themen, Genres, Darstellungsweisen)
- die Entwicklung einer **Gattung** (z. B. Geschichtsdrama)
- **epochenspezifische** Themen, Handlungsmuster, Dramengenres, gattungspoetische Auffassungen

Bei der **Einordnung in den historischen Kontext** können Sie ausgehen von wichtigen Ergebnissen der textimmanenten Erschließung, z. B.

- Thematik, Problemgehalt,
- Figurenkonstellation,

- Konflikt,
- Dialoggestaltung.

Ausgehend von diesen Ergebnissen können Sie die Erschließung durch historische Kontextuierung erweitern und vertiefen.

Übung 27:

a) Werten Sie die Informationen der Aufgabenstellung für die Einordnung in den Dramenkontext aus.
b) Stellen Sie Ihre Kenntnisse über den Autor und die Epoche zusammen, die Sie für eine historische Kontextuierung heranziehen können. Gehen Sie dabei von Ihren wesentlichen Erschließungsergebnissen aus.
c) Werten Sie folgenden Überblick für Ihre Kontextuierung aus. Ergänzen Sie dabei fehlende Kontexte.
d) Skizzieren Sie ein Interpretationskonzept.

► **Lösung Seite 203 f.**

Kontextierung einer Szene

Kontexte im Werk Schillers:
- Geschichtsschreibung: „Geschichte des Dreißigjährigen Krieges" (1791–1793);
- ästhetische und dramenpoetologische Schriften: Funktion der Kunst („ästhetische Erziehung"); Stoff und Form; Pflicht und Neigung; Ideal und Wirklichkeit
- „Wallenstein" als Geschichtsdrama: Vergleich mit „Don Carlos" (zwischen Familiendrama und politischem Ideendrama) und „Maria Stuart" (Freiheit durch moralische Läuterung)

Biographischer Kontext
- Zusammenarbeit mit Goethe; Korrespondenz über Fragen des Stoffs und der dramatischen Gestaltung
- Geschichtsprofessur in Jena: Verstehen und Deutung der Geschichte
- Auseinandersetzung mit der Französischen Revolution (Aufgabe der Kunst bei der Humanisierung gesellschaftlich-politischer Verhältnisse)

Dramenkontext:
- Wallenstein als Zentralfigur; Thema ist sein Untergang
- Aufbau der Trilogie:
  - „Wallensteins Lager": Heer als Grundlage seiner Macht
  - „Die Piccolomini": Treue zum Kaiser oder Treue zu Wallenstein bei den höheren Offizieren; Oktavio als Gegenspieler
  - „Wallensteins Tod": Scheitern der Zentralfigur am Verrat Oktavios

Zentraler Problemgehalt: Dualismus zwischen dem Reich der Ideen und der Macht der Wirklichkeit

Epochenspezifische Genres, Dramenkonzepte, Gestaltungsweisen und Kunstauffassungen
- Genres: Geschichtsdramen, Bildungsroman
- ______________________________
- ______________________________
- ______________________________
- ______________________________

Epochenspezifische Themen, Motive, Problemstellungen
- Autonomie des Menschen
- ______________________________
- ______________________________
- ______________________________
- ______________________________
- ______________________________

Politisch-gesellschaftlicher Kontext
- Politische Umbrüche: Zeitalter der Französischen Revolution
- ______________________________
- ______________________________
- ______________________________

2.3.2 Vergleichende Erschließung von selbst gewählten Dramentexten

Bei manchen Aufgabenstellungen haben Sie die Möglichkeit, selbst ein Drama auszuwählen, das Sie im Hinblick auf Thematik, Problemgehalt und Gestaltungsweise mit dem vorgelegten Textausschnitt vergleichen wollen. Vorgegeben sein können dabei:

- ein **Vergleichsschwerpunkt**
- eine **Gattung**
- die Wahl eines literarischen Werks aus einer anderen **Epoche**

Bei der Auswahl von Dramentexten, die Sie heranziehen wollen, sollten Sie auf die Ergiebigkeit einer vergleichenden Erschließung achten. **Kriterien** dafür können sein:

- Vergleichbarkeit der Thematik und des Problemgehalts
- Unterschiede in
  - Handlung und Figurenkonstellation
  - Dramenkonzeption und Gestaltungsweise
  - epochenspezifischen Kontexten (Welt- und Menschenbild, Kunstauffassung usw.)

Die Auswahl fällt Ihnen in Prüfungssituationen leichter, wenn Sie sich bereits bei der Vorbereitung einen Überblick über die Texte verschaffen, die Sie gelesen haben (vgl. Kap.7).

Übung 28:

a) Klären Sie, welche Vergleichsaspekte durch die Aufgabenstellung vorgegeben sind.
b) Überlegen Sie, welche der Dramentexte, die Sie kennen, für einen Vergleich herangezogen werden können.
c) Überprüfen Sie folgende Notizen zu Vergleichsmöglichkeiten:

Dramentext	Vergleichsaspekte
Goethe: Iphigenie auf Tauris	Max Piccolomini – Iphigenie: • Konflikt Iphigenies zwischen den moralischen Anforderungen einer „reinen Seele“ und der „Notwendigkeit“, den Bruder durch Verrat an Thoas zu retten • Kontrastposition: Pylades, vergleichbar mit der Haltung Wallensteins • Humane Konfliktlösung statt Katastrophe
Brecht: Der gute Mensch von Sezuan	Weltbild Wallensteins – Gesetz der („kapitalistischen“) gesellschaftlichen Ordnung • Unmöglichkeit des „guten“ Handelns → Notwendigkeit der Spaltung der Identität (Shen Te ↔ Shui Ta) • Offener Schluss fordert „Lösung“ durch den Zuschauer heraus.

▶ Lösung Seite 204

Übung 29:

a) Wählen Sie eines der beiden Dramen oder einen anderen literarischen Text, den Sie für einen Vergleich heranziehen wollen.
b) Formulieren Sie Fragen, die für einen Vergleich ergiebig sind, z. B.:
   - Problemgehalt
   - Figurenkonstellation
   - Konflikt und Lösung

Ergänzen Sie Aspekte, die Sie für wichtig halten.

▶ Lösung Seite 204

Bei einer vergleichenden Erschließung des ausgewählten literarischen Werks können Sie in folgenden **Schritten** vorgehen:

Arbeitsschritte	Verfahren und Methoden
1 Mögliche Vergleichsaspekte notieren	z. B. bei Goethes „Iphigenie" • Figurenkonstellation • Konfliktsituation, Konfliktlösung • Welt- und Menschenbild • Dramenkonzept im Epochenkontext (Zivilisations- und Humanitätsdrama ↔ „Schicksalsdrama", Tragödie der Nemesis
2 Vergleichshypothese entwickeln	Entscheidende Unterschiede in der Behandlung des Themas, der Sichtweise des Konflikts, im Welt- und Menschenbild etc. festhalten
3 Ergiebige Vergleichsaspekte auswählen	Diese ergeben sich aus der Vergleichshypothese unter Berücksichtigung der systematischen Erschließungsmöglichkeiten (vgl. S. 57)
4 Texte unter ausgewählten Aspekten vergleichend erschließen	z. B. bei „Wallensteins Tod" – „Iphigenie": • Konfliktsituation (Max – Iphigenie) – ähnlich: Bewahrung des „reinen" Herzens im Handeln – unterschiedlich: Max kann das Geschehen nicht beeinflussen („Zu spät"), Reinheit nur im individuellen Untergang bewahren • Figurenkonstellation: – ähnlich: Max zwischen Wallenstein und seinem Vater (Kaiser); Iphigenie zwischen Orest/Pylades und Thoas – unterschiedlich: Iphigenies Betrug an Thoas ist (aus der Sicht des Pylades) eine notwendige Pflicht; Max kann nur zwischen „zwei gewissen Übeln" (Z. 22) wählen, jede Entscheidung ist „Verrat"

Info

	• Problemgehalt: unterschiedlich: im „Wallenstein" Scheitern des „Idealisten" an der Macht der Verhältnisse; in der „Iphigenie" zivilisierende Macht des Humanen • Dialoggestaltung: – ähnlich: argumentative Konfliktdialoge; Ideendiskurs – unterschiedlich: „Iphigenie" → idealisierte symmetrische Kommunikation, enge thematisch-begriffliche Verzahnung von Rede und Gegenrede (Stichomythie); „Wallenstein" → zweckbestimmte, asymmetrische Gesprächsstrategien • Stil und Sprache: – ähnlich: hoher Stil des klassischen Dramas – unterschiedlich: „Wallenstein" → stärker figurenspezifisch
5 Texte vergleichend einordnen und kontextuieren	• Literarisch-kultureller Epochenkontext: – „Iphigenie" → Frühklassik; „Wallenstein" → Hochklassik – Humanitätsidee; Zivilisierungsutopie ↔ Grenzen der Autonomie im Räderwerk der Geschichte – Kunstideal: gemeinsam: Dominanz der ästhetischen Gestaltung über das Stoffliche unterschiedlich: „Iphigenie" → Auseinandersetzung mit dem antiken Mythos „Wallenstein" → Auseinandersetzung mit der Geschichte der Neuzeit – Menschenbild: Bildung zur Humanität ↔ Gegensatz zwischen dem (utopischen) Reich der Ideen und der Wirklichkeit des politisch-gesellschaftlichen Handelns • Politisch-gesellschaftliche Kontexte: Zeit vor und nach der Französischen Revolution
6 Vergleichshypothese überprüfen	• Stützung bzw. Korrektur durch Untersuchungsergebnisse • Erfassen des Wesentlichen

7 Schreibplan entwickeln	Aufbaumodelle: a) bei zwei vorgelegten Dramenszenen: getrennte Erschließung in zwei Teilen mit anschließendem Vergleich b) bei einer vorgelegten Dramenszene und einem frei zu wählenden Vergleichstext: Schwerpunkt der genauen Erschließung liegt auf einem Text; Erschließung des anderen Textes unter ausgewählten Vergleichsaspekten c) bei zwei vorgelegten Dramenszenen: vergleichende Erschließung unter systematischen Aspekten

Übung 30:

a) Werten Sie die skizzierten Erschließungsergebnisse (Schritt 4) für eine Vergleichshypothese aus.
b) Erschließen Sie den von Ihnen gewählten literarischen Text in diesen Schritten und halten Sie Ihre Ergebnisse fest.
c) Entwickeln Sie ein Konzept für eine vergleichende Interpretation des gewählten Textes.

► **Lösung Seite 204 f.**

2.3.3 Einen Schreibplan entwickeln

Übung 31:

a) Wählen Sie ein Grundschema der vergleichenden Interpretation, das der Aufgabenstellung entspricht.
b) Wählen Sie Erschließungsaspekte und Untersuchungsergebnisse aus, mit denen Sie Ihr Sinnverständnis begründen können. Überlegen Sie eine sinnvolle Reihenfolge.
c) Finden Sie Möglichkeiten für Einleitung und Schluss.
d) Formulieren Sie den Schreibplan.

► **Lösung Seite 205**

Ü Übung

Übung 32:

Überprüfen und ergänzen Sie folgenden Schreibplan:

Einleitung: „Freiheit ist nur in dem Reich der Träume"?

Hauptteil:

I. Ideal und Wirklichkeit in der Szene II,2 aus Schillers Drama „Wallensteins Tod"

1. Konfliktsituation Max Piccolominis
    a) Wallensteins politisch-militärische Entscheidung
    b) Der Zwang zum eigenen Urteil und zur eigenen Entscheidung
2. Das Drama der Beziehung zwischen den Figuren
    a) Asymmetrie der Bindungen und Erwartungen
    b) Der „Riss ... im Herzen"
3. Konträre Positionen und Weltbilder
    a) Ideal sittlich-moralischer Integrität
    b) Welt als Kampfplatz um Macht, Besitz, Erfolg
4. Gesprächsstrategie und Gesprächsverhalten Wallensteins
    a) Rechtfertigung der Entscheidung durch das Gesetz der „Notwendigkeit"
    b) Kein symmetrischer Diskurs über die konträren Positionen
    c) Überredungsgespräch
5. Gesprächsverhalten von Max
    a) Emotionale Offenheit
    b) Bewusstmachung des „Verrats"
6. Dialoggestaltung
    a) Thematisch-problemorientierte Entfaltung des Konflikts
    b) Rhetorisch-argumentative Figurenrede
    c) Hoher Stil des klassischen Dramas

II. Vergleich mit der Behandlung des Problems in Goethes „Iphigenie"

1. Parallelen und Gemeinsamkeiten
    a) ______________________________

    ____

    ____

    ____

    ____

    ____

2. Unterschiede

   a) ______________________________

III. Historische Kontexte

1. Weimarer Klassik

   a) ______________________________

Schluss: ______________________________

▶ Lösung Seite 206

3. Sachtexte analysieren

Der Begriff „Sachtexte" (auch „Gebrauchstexte", „pragmatische" oder „expositorische" Texte) ist eine Sammelbezeichnung für alle nichtfiktionalen Texte, die sich auf Sachverhalte, Sichtweisen oder Beurteilungen der „Wirklichkeit" beziehen. Nach ihren verschiedenen **Kommunikationsfunktionen** lassen sich unterscheiden:

- **informierende** Texte, die Sachverhalte darstellen, Zusammenhänge erläutern: Fach- und Sachbücher, Nachrichten usw.
- **meinungsbildende** und **wertende** Texte, die Sichtweisen und Beurteilungen vermitteln: Kommentare, Rezensionen, Werbetexte usw.
- **normsetzende** Texte, die Rechte und Pflichten regeln, Handlungsweisen vorschreiben: Verträge, Gesetze usw.
- **appellative** Texte, die Entscheidungen und Handlungsweisen beeinflussen: Reden, Aufrufe usw.

Im Laufe der kulturellen und medialen Entwicklung von den Anfängen der Schriftkultur bis zur modernen Informations- und Mediengesellschaft haben sich verschiedene Institutionen, Themenbereiche und Textsorten der gesellschaftlichen **Kommunikation** herausgebildet, welche die Produktion und Rezeption von Texten steuern.

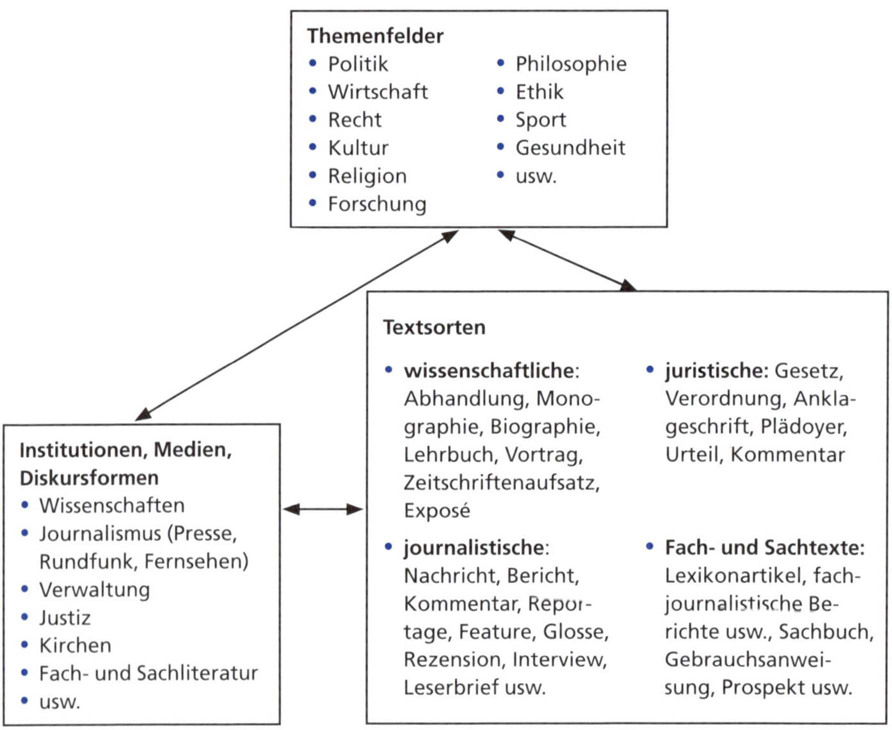

In Klausuren und Abituraufgaben werden Ihnen in der Oberstufe meist **thematisch und gedanklich anspruchsvollere Sachtexte** vorgelegt, in denen es um wissenschaftliche, kulturelle und philosophische Fragen und Probleme unserer heutigen Lebenswelt geht. Die Erschließung und Analyse von Sachtexten kann dabei verbunden sein mit

- einer **erörternden Auseinandersetzung** (Texterörterung, vgl. S. 84 ff.),
- dem Schreiben eines **adressatenbezogenen Textes** (vgl. S. 119 ff.).

3.1 Aspekte und Kategorien der Analyse

Sachtexte stehen in einem thematischen Diskussionszusammenhang, der Fragen, Problemstellungen, Denkweisen und Wertvorstellungen der Zeit widerspiegelt, in der sie entstanden sind. Für eine genauere Erschließung brauchen Sie deshalb nicht nur ein **Analyseinstrumentarium**, sondern auch ein **fachliches und kulturelles Wissen**, das Sie im Oberstufenunterricht bei der Behandlung verschiedener Themenbereiche gewonnen haben.

Sachtexte analysieren

Info

Sachtexte

Thema, Problemgehalt im kommunikativen und medialen Kontext
- Themen- und Wirklichkeitsbereich des Textes: Literatur, Politik usw.
- Bezug zu aktuellen Ereignissen, Situationen, Diskussionen in Medien usw.
- Bezug zu Themen, Fragestellungen, Problemen
- Sichtweisen, Denkmuster im Diskussionszusammenhang
- Publikationsmedium: Zeitung, Zeitschrift, Sachbuch usw.
- Kommunikationssituation: Vortrag, Rede usw.

Position und Intention des Autors
- kommunikative Rolle: Funktion im öffentlichen Leben, Rolle als Verfasser des Textes usw.
- Sichtweise des Themas, Problems; Perspektivierung
- Schreibhaltung: sachlich, ironisch, unterhaltend usw.
- Denkmuster, Wertvorstellungen
- Intention: Information, Kritik, Reflexion usw.

Argumentationsweise
- Argumentationsziele: beurteilen, rechtfertigen, auffordern
- Argumentationsstrategie: Wahl der Argumente, Aufbau, Eingehen auf Einwände
- Argumentationstechniken: Stützen von Argumenten durch Fakten, Normen, Autoritäten usw.; schlussfolgern
- Rhetorische Überredungstaktiken: übertreiben, auf- und abwerten usw.

Textsortenspezifische Strategien und Gestaltungsweisen
- Merkmale und Funktion der Textsorte: Vortrag, Kommentar, Rezension
- Kommunikationsfunktion: informieren, bewerten, appellieren usw.
- Entfaltung des Themas: induktiv, deduktiv, kontrastiv usw.
- thematischer Aufbau: Auswahl, Anordnung, Gewichtung der Aspekte
- Darstellungsweisen: beschreiben, erklären, berichten, argumentieren

Sprachliche Gestaltung, Stil
- Sprachbereich, Sprachebene: Fachsprache, Umgangssprache, Jargon usw.
- Stil: Sachstil, argumentativ, rhetorisch, unterhaltend usw.
- Satzgestaltung: Satzarten, Parataxe, Hypotaxe usw.
- Wortwahl: Schlagwörter, aktuelle Begriffe, abstrakte oder bildliche Ausdrucksweise usw.

Leserlenkung, Adressatenbezug
- Interesse wecken, Leseanreize: Einstieg, Schlüsselwörter usw.
- Verständlichkeit: Anschaulichkeit, Beispiele usw.
- Argumentationslinien
- Sprechhandlungen: fragen, auffordern usw.
- Rhetorische Taktiken: Übertreibung, Pointen, Kontrastierung, Auf- und Abwertungen usw.

Um anspruchsvollere Sachtexte differenziert zu analysieren, müssen Sie sich auf die Gedankenwelt des jeweiligen Textes einlassen und **offen sein** für spezifische **Sicht- und Denkweisen** des Verfassers. Sonst besteht die Gefahr, dass Ihre Textwahrnehmung von Ihrem eigenen Wissens- und Denkhorizont gelenkt wird und Sie zu vorschnellen Urteilen und Bewertungen gelangen. Verstehen sollte ein spiralförmiger Prozess sein, in dem Sie sich auf neue Informationen und andere Sichtweisen einlassen und damit Ihren Horizont und Ihre Sichtweise erweitern sowie **Ihre Meinungen reflektieren**.

3.2 Arbeitsschritte

Aufgabenstellung:

1. Analysieren Sie vergleichend die beiden folgenden Textausschnitte.
2. Erarbeiten Sie, ausgehend von Ihren Ergebnissen, die unterschiedlichen Sichtweisen und Wertungen, die den Texten zugrunde liegen! Beurteilen Sie diese Unterschiede!

Volker Hage:
Die feurige Seele (2004)

Die ersten Zuschauer kamen schon gegen ein Uhr mittags ins Theater; dass ein Geniestreich zu erwarten war, hatte sich in Mannheim und Umgebung herumgesprochen. Der 22 Jahre alte Autor aber, der mit einem Freund aus Stuttgart anreiste, war unterwegs bei einem hübschen Serviermädchen hängengeblieben – fast wären die beiden zu spät zur Aufführung gekommen, die um 17 Uhr begann (und fünf Stunden dauern sollte).

Sie hätten einen Aufruhr, einen Triumph verpasst, wie er in deutschen Landen noch selten vorgekommen war. Nach der Uraufführung von Schillers Debütdrama „Die Räuber" am 13. Januar 1782 brach im Foyer und in den Rängen die Hölle los – oder wie es ein Zeuge schildert: „Das Theater glich einem Irrenhause, rollende Augen, geballte Fäuste, stampfende Füße, heisere Aufschreie im Zuschauerraume! Fremde Menschen fielen einander schluchzend in die Arme, Frauen wankten, einer Ohnmacht nahe, zur Türe. Es war eine allgemeine Auflösung wie im Chaos, aus dessen Nebeln eine neue Schöpfung bricht."

Es war der rasante Start eines neuen Literaturstars. Und die Geburt eines Rebellen – dessen ungestümes Aufbegehren gegen die „schwere Zuchtrute des Despotismus" seine jüngeren Zeitgenossen genauso begeisterte wie das hämmernde Pathos seiner Balladen und Dramenverse.

Gleich von Beginn an wurde diesem Friedrich Schiller nachgesagt, er berechtige zu den schönsten Hoffnungen: „Haben wir je einen teutschen Shakespeare zu erwarten, so ist es dieser." Ein hellsichtiger Mann, der Kritiker der „Erfurtischen Gelehrten Zeitung". Oder? Ist Schiller heute nur eine Pflichtübung für Deutschlehrer?

Ein wirkungsloser Klassiker, dessen Freiheitsdurst keinen von Computerspiel-Massakern ermüdeten Schülerkopf mehr entflammen kann?

Ist heute noch jemandem verständlich zu machen, wie begeistert und bewundernd einst von diesem Mann gesprochen wurde?

„Schiller schrieb für die großen Ideen der Revolution", so wusste sein Kollege Heinrich Heine, „er zerstörte die geistigen Bastillen, er baute an dem Tempel der Freiheit und zwar an jenem ganz großen Tempel, der alle Nationen gleich einer einzigen Brüdergemeinde umschließen soll; er war Kosmopolit."

Was war er nicht schon alles: der „große genialische Dichter" (so Friedrich Hölderlin über ihn), der „ideenfruchtbarste Kopf, der überhaupt existiert" (Wilhelm von Humboldt), „unser Schiller", der Mann „des Wahren, Guten, Schönen" (Goethe), „erhaben über das Urteil der Welt" (wie die Ehefrau glaubte), „die Apotheose der Kunst" (Thomas Mann), der „Weltbürger, der keinem Fürsten dient" (Schiller über Schiller). Er war Nationaldichter und Heiliger, „Moral-Trompeter" (Nietzsche) und „Hofpoet des deutschen Idealismus" (Adorno), er wurde zum „Kampfgenossen Hitlers", dann wieder zum „Künder echter Völkerfreundschaft". Nun soll er endlich Mensch sein.

Aus Anlass des 200. Todestags am 9. Mai 2005 fällt ein neuer Blick auf Friedrich von Schiller, auf einen von Krankheiten Gepeinigten und bis zum letzten Atemzug Emsigen, der keine 46 Jahre alt wurde – und den Johann Wolfgang von Goethe, der zehn Jahre ältere Weimarer Kollege, um knapp drei Jahrzehnte überlebte.

Schon jetzt hat Schiller eine kleine Buchindustrie in Gang gesetzt: Neue Biografien, Bildbände und Anthologien liegen vor oder sind angekündigt – und fast alle zeigen sie eine Absicht: den Heroen vom Denkmalssockel zu holen, ihm auf die Pelle zu rücken. Präsentiert wird er als Privat- und Leidensmann, als Liebhaber und Karrierist. Zum Vorschein kommt Fritz aus Marbach am Neckar, der aufmüpfige Karlsschüler, der ungewaschene Rabauke, der junge Regimentsmedikus, der zeitweilig ein rechtes Lotterleben führt, der frühe Frauenheld und Schürzenjäger, der Schuldenmacher und wilde Zocker beim Kartenspiel, der nach dem Publikumsgeschmack schielende Autor, der schwankende Parteigänger der Französischen Revolution, der Ehemann und von seinen Kindern geliebte Vater.

Tritt man ihm nun zu nah? Wird der deutsche Dramatiker, Denker und Dichter jetzt auf andere Weise verfehlt?

Aus: DER SPIEGEL 41, 2004, S. 170 f.

Rüdiger Safranski:
Schiller oder Die Erfindung des Deutschen Idealismus (2004)

Nach Schillers Tod am 9. Mai 1805 wurde die Leiche obduziert. Man fand die Lunge „brandig, breiartig und ganz desorganisiert", das Herz „ohne Muskelsubstanz", die Gallenblase und die Milz unnatürlich vergrößert, die Nieren „in ihrer Substanz aufgelöst und völlig verwachsen". Doktor Huschke, der Leibmedicus des Weimarer Herzogs, fügte dem Obduktionsbefund den lapidaren Satz hinzu: „Bei diesen Umständen muss man sich wundern, wie der arme Mann so lange hat leben können". Hatte nicht Schiller selbst davon gesprochen, daß es der Geist sei, der sich seinen Körper baut? Ihm war das offenbar gelungen. Sein schöpferischer Enthusiasmus hielt ihn am Leben über das Verfallsdatum des Körpers hinaus. Heinrich Voß, Schillers Sterbebegleiter, notierte: „Nur bei seinem unendlichen Geiste wird es erklärbar, wie er so lange leben konnte."

Aus dem Obduktionsbefund läßt sich die erste Definition von Schillers Idealismus ablesen: Idealismus ist, wenn man mit der Kraft der Begeisterung länger lebt, als es der Körper erlaubt. Es ist der Triumph eines erleuchteten, eines hellen Willens.

Für Schiller war der Geist das Organ der Freiheit. Die Frage, ob es einen freien Willen geben könne, beantwortete er eindeutig: Wie sollte er nicht frei sein dieser Wille, da jeder Augenblick einen Horizont von ergreifbaren Möglichkeiten eröffnet. Man hat zwar stets begrenzte, aber unerschöpfliche Möglichkeiten vor sich. Insofern ist Freiheit offene Zeit.

Doch geht es nicht nur um die Wahl zwischen Möglichkeiten, noch entscheidender ist der körperliche Aspekt der Freiheit. Man kann auf Dinge, Menschen und auf sich selbst einwirken nach Maßgabe von Ideen, Absichten, Konzepten. Die schöpferische Freiheit bringt etwas in die Welt, das es ohne sie nicht geben würde, sie ist immer auch creatio ex nihilo. Sie ist auch die Kraft der Vernichtung, ebenso kann sie den üblen Wirkungen widerstehen, zum Beispiel den Schmerzattacken des Körpers. Schiller hatte ein kombattantes Verhältnis zur Natur, auch der eigenen. Der Körper ist dein Attentäter! Darum erklärte Schiller, ***daß wir unsern physischen Zustand, der durch die Natur bestimmt werden kann, gar nicht zu unserm Selbst rechnen, sondern als etwas Auswärtiges und Fremdes*** (V, 502) zu betrachten hätten.

Damit konnte sich sein großer Antipode und Freund Goethe nicht anfreunden. Er nannte das Schillers „Evangelium der Freiheit" und meinte, er seinerseits „wollte die Rechte der Natur nicht verkürzt wissen".

Das wiederum erschien Schiller abwegig. Ihm war die Natur mächtig genug, sie braucht keinen Beistand; beistehen sollte man den bedrohten Rechten des Geistes und die Macht der Freiheit sichern. Das Abenteuer der Freiheit war Schillers Leidenschaft, und deshalb wurde er zu einem Sartre des späten 18. Jahrhunderts. Schillers Idealismus besteht in der Überzeugung, daß es möglich ist, die Dinge zu beherrschen statt sich von ihnen beherrschen zu lassen.Wie Sartre erklärt er: es kommt darauf an, etwas aus dem zu machen, wozu man gemacht wurde.

Aus: Rüdiger Safranski: Schiller oder die Erfindung des deutschen Idealismus.München u. a. 2004

Schritt 1: Aufgabenstellung erfassen und erstes Verständnis klären

Übung 1:

a) Untersuchen Sie die Aufgabenstellung: Was wird verlangt, welches Wissen ist erforderlich?

b) Lesen Sie die Texte vergleichend und skizzieren Sie knapp das Bild, das von Schiller gezeichnet wird. Formulieren Sie die jeweilige Kernaussage in Thesenform.

c) Überprüfen Sie folgende Skizzierung des ersten Verständnisses:

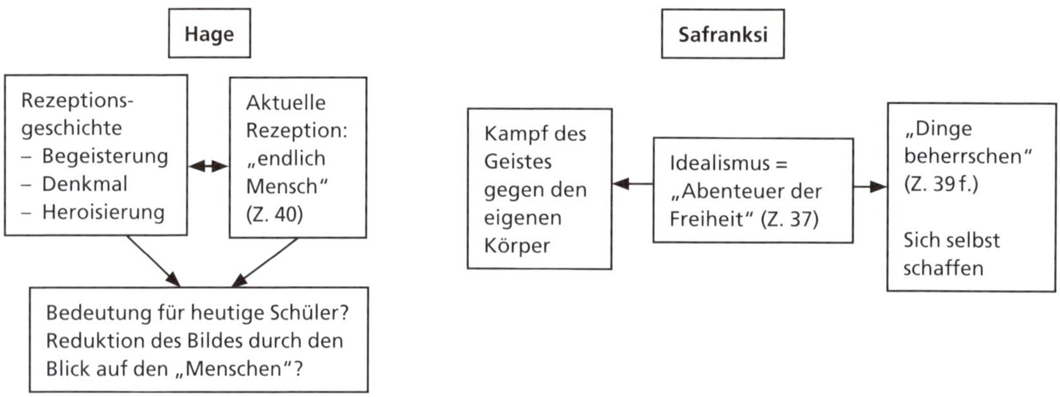

▸ **Lösung Seite 206**

Schritt 2: Texte verorten

Sachtexte stehen nicht für sich allein, sondern sind meist in **Kontexte** eingebunden, die sich aus den Fragen und Problemen ergeben, mit denen sich die Menschen zu bestimmten Zeiten beschäftigen und auseinandersetzen. Bezüge zwischen Texten und solchen Kontexten zeigen sich in der

- Wahl des **Themas,**
- Behandlung verschiedener **Aspekte,**
- **Sichtweise und Position** des Verfassers,
- **Kommunikationssituation** und der Wahl des **Mediums,**
- **Darstellungsweise**.

Bei der Verortung von Texten können Sie sich stützen auf:

- **Signale des Textes,** die auf Kontexte verweisen
- Ihr **eigenes Wissen** zum Thema und Diskussionszusammenhang

Übung 2:

a) Markieren Sie Textstellen, die eine Verortung ermöglichen.
b) Klären Sie die Sichtweise und Position des Verfassers im Themen- und Diskussionszusammenhang.
c) Notieren Sie in Stichpunkten Ihr eigenes Bild, das Sie im Unterricht von Schiller gewonnen haben.
d) Ergänzen Sie die folgende vergleichende Verortung:

Hage	Safranski
• Aktueller Bezug: 200. Todestag Schillers ⇒ „neuer Blick" (Z. 41) **Aspekte:** • Wechsel in der Bewertung: „den Heroen vom Denkmalssockel zu holen"; „endlich Mensch" (Z. 40, 48) • Einschätzung Schillers – durch die Zeitgenossen: „Literaturstar" (Z. 15) – durch die Nachwelt: zwischen Vereinnahmung („Kampfgenosse Hitlers", Z. 39) und Kritik („Hofpoet", Z. 38) • heutige Jugend: „wirkungsloser Klassiker" (Z. 24) **Position:** • Wiederentdeckung der Faszination Schillers: – „feurige Seele", „Literaturstar, „Rebell", „emsige" Arbeit an seinem Werk (Z. 15, 43) • Blick auf den „Menschen" als Verkürzung? **Medium:** • Artikel im „SPIEGEL" • Titel auf dem Cover: Friedrich Schiller: „Der Atem der Freiheit"; stilisiertes Schiller-Bild (rote Flammenhaare)	

▶ **Lösung Seite 207**

Schritt 3: Texte aspektorientiert untersuchen und Ergebnisse schriftlich festhalten

Schritt

Ergiebige Aspekte einer (vergleichenden) Analyse können sich ergeben aus

- der **Aufgabenstellung**,
- der Formulierung der **Textaussage** in Thesenform,
- auffallenden **Merkmalen und Signalen** (Schlüsselwörter, Kernstellen, Textsorte und Stilhaltung usw.),
- der **Position** des Autors im Kontext und Diskussionszusammenhang und
- besonderen **Gestaltungsmitteln der Textsorte** (Zeitschriftenartikel, Fachbuch, Rezension usw.).

Das systematische Instrumentarium (s.o. S. 72) kann dabei als Orientierungshilfe verwendet werden, wichtige Aspekte nicht zu übersehen, Sie sollten aber nicht alle Aspekte einfach schematisch „abhaken."

Übung 3:

Übung

a) Wählen Sie Erschließungsaspekte aus, die ihnen für eine vergleichende Analyse besonders ergiebig scheinen.
b) Überprüfen Sie folgenden Ausschnitt aus einer Übersicht. Ergänzen Sie.

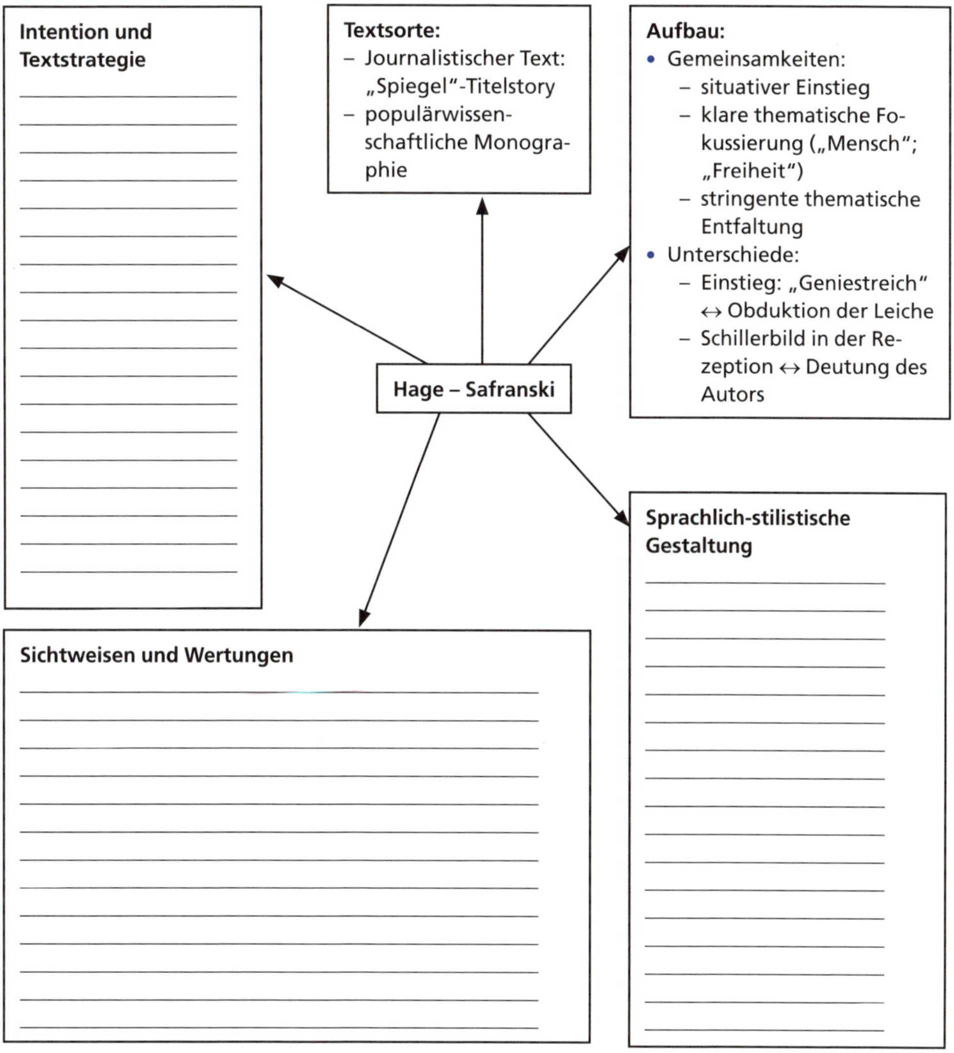

c) Beurteilen Sie folgende Notizen zur sprachlich-stilistischen Analyse des Textes von Hage:

Markierungen im Text	**Notizen am Rand**
Die ersten Zuschauer kamen schon gegen ein Uhr mittags ins Theater; dass ein Geniestreich zu erwarten war, hatte sich in Mannheim und Umgebung herumgesprochen. Der 22 Jahre alte Autor aber, der mit einem Freund aus Stuttgart anreiste, war unterwegs bei einem hübschen Serviermädchen hängengeblieben – fast wären die beiden zu spät zur Aufführung gekommen, die um 17 Uhr begann (und fünf Stunden dauern sollte). Sie hätten einen Aufruhr, einen Triumph verpasst, wie er in deutschen Landen noch selten vorgekommen war. Nach der Uraufführung von Schillers Debütdrama „Die Räuber“ am 13. Januar 1782 brach im Foyer und in den Rängen die Hölle los – oder wie es ein Zeuge schildert: „Das Theater glich einem Irrenhause, rollende Augen, geballte Fäuste, stampfende Füße, heisere Aufschreie im Zuschauerraume! Fremde Menschen fielen einander schluchzend in die Arme, Frauen wankten, einer Ohnmacht nahe, zur Türe. Es war eine allgemeine Auflösung wie im Chaos, aus dessen Nebeln eine neue Schöpfung bricht.	Einstieg im Reportagestil weckt Interesse; Technik des Informationsaufschubs (Welches Theater? Welches Stück? usw.) Schlüsselwort „Geniestreich“ Kontrast zwischen dem literarischen Ereignis und den menschlichen Schwächen des Autors (Interesse an Frauen, verstärkt durch umgangssprachliche Wendung „hängengeblieben“; Unpünktlichkeit) sachlicher Berichtstil bildhafte Schilderung eines Zeitgenossen (Zitat)

d) Überprüfen Sie auf der Grundlage Ihrer Analyseergebnisse Ihr Verständnis der Kernaussagen.

▶ Lösung Seite 207

Schritt

Schritt 4: Einen Schreibplan erstellen

Der Aufbau einer (vergleichenden) Textanalyse ergibt sich aus:

- den Vorgaben der Aufgabenstellung (Teilaufgaben, Analyseaspekte)
- den Analyseschwerpunkten (Ihre Wahl der Aspekte)
- den grundsätzlichen Möglichkeiten einer vergleichenden Analyse
  - getrennte Analyse mit anschließendem Vergleich
  - nach Aspekten geordneter Vergleich

Übung 4:

a) Überlegen Sie, an welchem Aufbaumuster Sie sich orientieren wollen. Wägen Sie Vor- und Nachteile der verschiedenen Möglichkeiten ab.
b) Überprüfen und ergänzen Sie folgenden Schreibplan:

1. Publikationen zu Gedenktagen als Spiegel der aktuellen Sichtweise von Dichtern
2 Vergleichende Analyse der Texte von Hage und Safranski
2.1 Der Blick auf den Klassiker
2.1.1 Eine „feurige Seele“ – der faszinierende Mensch
2.1.2 Idealismus als Freiheit, sich und die Welt zu gestalten
2.2 Textsorte und Textstrategie
2.2.1 Schiller zum Anfassen: eine SPIEGEL-Geschichte
2.2.2 Den Geist des Idealismus verständlich machen: ein populärwissenschaftliches Sachbuch
2.3 Aufbau und Argumentation

3. Vergleich der Sichtweisen und Wertungen

4. Eigene Beurteilung der Sichtweisen und Wertungen

▸ Lösung Seite 208

4. Erörterndes Schreiben

Erörtern heißt, sich mit Sachverhalten und Problemen in **argumentierender Weise** auseinandersetzen und **eine eigene Position entwickeln**.

In der Oberstufe und in Abiturprüfungen werden folgende Formen des Erörterns verlangt:

- die **Erörterung im Anschluss an Sachtexte (Texterörterung, materialgestützte Erörterung)**, in der Sie die in Texten vertretenen Positionen, Meinungen, Sichtweisen untersuchen, sich damit auseinandersetzen und zum Problem eine eigene Position beziehen
- die **Erörterung** von Themen, Problemen und Darstellungsweisen **literarischer Texte** oder **literaturbezogener Fragen (literarische Erörterung)**
- die **Erörterung von Problemen** auf der Grundlage von Texten und Materialien **(materialgestützte Problemerörterung)**
- die Problemerörterung ohne Textgrundlage **(freie Erörterung)**

Alle Formen des Erörterns verlangen

- **Sachkenntnisse** im Bereich der vorgegebenen Themen und Problemstellungen
- Einsicht in Zusammenhänge und **Problemverständnis**
- Eigenes **Urteilsvermögen**
- **Fähigkeiten des Argumentierens**

Übung

Übung 1:

a) Ordnen Sie die folgenden Aufgabenstellungen den verschiedenen Formen des Erörterns zu.

Aufgabenstellung 1:

Nehmen Sie Stellung zu der Notwendigkeit, den Möglichkeiten und den Grenzen der Sprachpflege in der heutigen Zeit! Beziehen Sie sich bei Ihren Ausführungen auch auf die beigefügten Bild- und Textmaterialien!

Musterabitur Bayern ISB

Aufgabenstellung 2:

1. Analysieren Sie den Text von Ulrich Greiner „Die ZEIT-Schülerbibliothek". (57 Punkte)

2. Erörtern Sie anschließend, ob Schlinks Roman „Der Vorleser" unter Berücksichtigung der hier angeführten Kriterien eine Aufnahme in den literarischen Kanon rechtfertigt. (30 Punkte)

NRW Grundkurs 2007

Aufgabenstellung 3:

„Betrug ist überall" (Schiller, Wallensteins Tod)

Untersuchen und vergleichen Sie, wie das Thema „Betrug" bzw. „Intrige" in zwei literarischen Werken gestaltet wird! Beziehen Sie dabei den jeweiligen literaturgeschichtlichen Hintergrund mit ein!

Grundkurs-Abitur Bayern 2008

Aufgabenstellung 4:

„Die Vergangenheit wirkt oft mehr in die Zukunft, als einem lieb ist."

(Hermann Lahm)

Erörtern Sie das Zitat! Belegen Sie Ihre Aussagen anhand literarischer, historischer und persönlicher Beispiele!"

GK-Abitur Thüringen 2008

http://www.thueringen.de/de/tkm/schule/schuleonline/datenbank/content.asp?year=2008&sf=Abitur

b) Klären Sie die thematischen und fachlichen Anforderungen des jeweiligen Themas.

► **Lösung Seite 208 f.**

4.1 Texterörterung

Texte, die zu relevanten **Themen des gesellschaftlichen und kulturellen Lebens** Stellung beziehen, fordern durch ihre Sichtweise von Problemen, ihre Wertungen und Urteile oder durch ihre Argumentationsweise oft zu einer **kritischen Auseinandersetzung** heraus. Grundlage dafür ist eine **differenzierte Analyse des Textes**, bei der im Unterschied zur Textanalyse ohne Erörterungsauftrag (vgl. S. 70 ff.) der Schwerpunkt auf der Problemstellung, der Position des Verfassers, seiner Denkweise und der Begründung seiner Meinungen und Urteile liegt.

Die Texterörterung besteht daher meist aus zwei Teilen:

- der **problem- und argumentationsbezogenen Analyse**
- der begründeten eigenen **Stellungnahme in einer textbezogenen Erörterung**

Kernstück des analytischen Teils ist eine differenzierte **Untersuchung der Argumentation**, die oft in Aufgabenstellungen auch ausdrücklich verlangt ist. Dabei können folgende Elemente überprüft werden (vgl. S. 72):

- Sichtweise des Themas, Problems
- Grundlagen (Prämissen) des Urteilens
- Argumentationsstrategien
- Argumentationstechniken

Aufgabenstellung:

a) Erarbeiten Sie die Argumentationsstruktur des folgenden Textes! Klären Sie insbesondere, zu welchen Werten sich die westliche Welt nach Meinung des Autors bekennen soll und wie dieses Bekenntnis erreicht werden kann!

b) Erörtern Sie anhand von ausgewählten Beispielen, auch aus Ihrem eigenen Erfahrungsbereich, die Realisierbarkeit dieses Vorschlags, eine kulturelle Identität zu begründen!

Gerhard Schulze (geb. 1944):
Vom Glück des sündigen Lebens
Eine Verteidigung der westlichen Gesellschaft (2006)

In den politischen Kulturen des Westens herrscht eine Grundstimmung von Unzufriedenheit und Protest. Problematisierung ist die Herangehensweise der Medien gleich an welches Thema. Und gerade in den reichsten Nationen der Welt ist von nichts häufiger die Rede als von ihren Problemen und einer drohenden Armut. Haben es da die Nigerianer nicht besser? Sie leben unter ungleich ungünstigeren Bedingungen als wir, sind jedoch nach den Befunden der international vergleichenden Zufriedenheitsforschung die glücklichsten Menschen der Welt. Ein nigerianischer Publizist bezeichnete in einem Interview aber gerade dies als das eigentliche Unglück seines Landes; er wünschte sich nichts sehnlicher als die konstruktive Kraft der Unzufriedenheit.

Permanente Kritik ist eine wesentliche Ressource des Erfolgs. Mit ihrer Kultur der Problematisierung und Bemängelung haben sich die Menschen des Westens bestens arrangiert, sie ist Teil ihrer Lebensqualität. Nichts macht sie misstrauischer als Schönfärberei, nichts provoziert schneller ihren Spott als Harmonie. Und nichts ist für den kulturfremden Beobachter schwerer zu verstehen als die exzessive Zulassung der Negation. Wer Verneinung als Kulturtechnik gelernt hat und praktiziert, empfindet eine öffentliche Kultur der Bejahung als Gesinnungsterror. Wer aus einer affirmativen Kultur kommt ist von nichts so sehr befremdet wie vom allgegenwärtigen Infragestellen.

Darin liegt die tiefste Schicht des Gegensatzes von Westlichkeit und Fundamentalismus: In der öffentlichen Kultur des Westens dominiert die Verneinung; Fundamentalismus dagegen heißt Affirmation total. Das öffentliche Leben wird bestimmt von Gefolgschaft, Glauben und Bekenntnis. Es gibt keine Diskurse. Zweifel wird bestraft. Öffentlich auftretende Verneiner sind wie zur Zeit der Inquisition vom Tod bedroht.

Gefordert ist ein unbedingtes Ja; ein Ja, das auf Emotion, auf Glauben und expliziter Unterdrückung des Eigensinns beruht. Wenn die Menschen des Westens ihre Lebensart behaupten wollen, müssen sie sich ebenso ein Bekenntnis abverlangen wie ihre Gegner. Das ist ihnen ausgesprochen unangenehm und ungewohnt. Es ist ihnen geläufig, dass alles an Voreinstellungen und Paradigmen gebunden ist und dass alles Wissen als Vermutungswissen gelten muss, wie Karl Popper es formuliert hat. Ist ein Bekenntnis des Westens deshalb nicht geradezu widersinnig? Es ging die ganze Zeit ohne, doch bedrängt vom Wiedererstarken magischer Religionen sehen auch wir Ungläubigen uns mehr und mehr herausgefordert, unsere Vorstellungen explizit zu machen und so genau das zu leisten, wozu Bekenntnisse immer gedient haben: Selbstvergewisserung und Grenzziehung. Das Bekenntnis der Moderne kann freilich kein Glaubensbekenntnis sein, sondern nur ein Vermutungsbekenntnis.

Woher aber könnte das Bekenntnis des Westens zu sich selbst seine emotionale Anziehungskraft beziehen? Was könnte man der Rhetorik metaphysischer Rückwärtsgewandtheit entgegensetzen? Salman Rushdie gibt diesem Bekenntnis in einem Essay eine überraschende Gestalt: „Küssen in der Öffentlichkeit, Schinkenbrote, Meinungsverschiedenheiten, neueste Mode, Literatur, Großzügigkeit, sparsamer Umgang mit Wasser, eine gleichmäßigere Verteilung der Ressourcen in dieser Welt, Filme, Musik, Gedankenfreiheit, Schönheit, Liebe."

Ungewöhnlich an dieser Ortsbestimmung des Westens ist die Verbindung von Vernunft und Sinnlichkeit, von öffentlicher Ordnung und Privatsphäre, von Bedingungen des Glücks mit Glück selbst. In den öffentlichen Diskursen des Westens ging es bisher zu einseitig um die institutionellen Grundlagen des schönen Lebens: um Verfassung, Demokratie, Menschenrechte. Das ist viel, aber es genügt nicht. Es muss auch vom schönen Leben selbst die Rede sein – denn die Feinde des Westens entrüsten sich weniger über seine politische und rechtliche Grundordnung als über das, was dabei herauskommt. Zu überzeugen versucht der Westen auf der Ebene des Grundgesetzes, zurückgewiesen wird er auf der Ebene des Lebensstils. Wie wir leben wollen und was wir unter Glück verstehen, gehört deshalb zum Bekenntnis des Westens dazu: Diesseitigkeit, Oberfläche, Sinneseindruck, Begegnung mit dem Konkreten, das irdische Glück. Dass es den Begriff „westlicher Lebensstil" überhaupt gibt, ist angesichts der Verschiedenheit des Privatlebens nur nachzuvollziehen, wenn man sich in nicht-westliche Beobachter hineinversetzt. Die immer größere Formenvielfalt des Wohnens, der Bekleidung, der Musikstile, der Designs und der Lebensläufe lässt sich kaum noch in Begriffe fassen, ein gemeinsamer Nenner scheint unmöglich. Dies als Individualisierung zu beschreiben, wirkt wie eine soziologische Kapitulation: Die Kollektivdiagnose endet mit dem Befund, dass es nichts Kollektives mehr gibt. Aber dies ist ein Trugschluss; Individualisierung ist die kollektive Lebensform des Westens, und sie wird von außen auch so wahrgenommen.

Trotz aller Differenzierung hat „westlicher Lebensstil" eine konkrete Bedeutung, die den Menschen des Westens intuitiv zugänglich ist. Es gibt Gemeinsamkeiten, die etwa den Unterschied zwischen einem Harley-Davidson-Fahrer und einer Studentin, die sich bei den Grünen engagiert, klein erscheinen lassen im Verhältnis zu dem, was beide von jemand trennt, der nicht zur Kultur des Westens gehört. Letzterer kann nicht sagen: Ich mache, was mir gefällt.

Wie beispielsweise eine Frau mit ihrem Körper und ihrem Gesicht umgehen soll, wie ein Mann mit seiner Frau, und wie beide Geschlechter mit ihrer Fähigkeit zu denken, gerät zum Manifest. Jede Seite sieht die andere mit Unverständnis und

Verachtung. Dialog zu fordern, ist zwar aller Ehren wert und – wenn sich beide Seiten darauf einlassen – auch sinnvoll, aber es genügt nicht. Die gegenwärtige Schwäche des Westens in dieser Konfrontation besteht nicht etwa in einem Defizit an Wertvorstellungen, sondern in ihrer Versiecktheit. Bisher gab es keinen rechten Anlass, das Selbstverständliche explizit zu machen. Erst jetzt ändert sich dies allmählich, nachdem plötzlich das alte Stigma, der Makel der Sünde, wieder auferstanden ist. Gerade das, woran das Herz der Menschen des Westens am meisten hängt – sein Erlebnishunger, sein Eigensinn und seine Experimentierfreude –, macht sie in den Augen der magischen, vormodernen Religionen schuldig. Der Hass auf den Westen zielt auf sein normatives Zentrum: das Projekt des schönen Lebens.

Der Westen polarisiert. Ob prowestlich oder antiwestlich – keiner kann sich seiner Faszination entziehen. Dass sich die Differenz der Mentalitäten aber durch globale Verwestlichung von selbst aufheben würde, scheint von Jahr zu Jahr zweifelhafter. Stattdessen ist ein schleichender Vorgang der Entwestlichung vorstellbar geworden. Man kann trotz aller Zählebigkeit nicht einfach darauf vertrauen, dass die Aufklärung ein point of no return für die ganze Menschheit war.

Inzwischen erscheint der Westen als eine Provinz neben anderen. Unsere Skepsis trifft auf unerschütterliche Orthodoxie; unsere Lebensfreude wird als Sünde gebrandmarkt. Erneut steht der Westen der Missbilligung des Menschlichen gegenüber, doch unter neuem Vorzeichen. Im 18., 19. und 20. Jahrhundert war aufgeklärtes Denken eine Kampfansage an Aberglauben, überkommene Moralvorstellungen und autoritäre Strukturen. Im 21. Jahrhundert dagegen tritt aufgeklärtes Denken nicht mehr als Herausforderer auf, sondern wird selbst angegriffen. Nicht auf der Ebene der Verfassung, sondern auf der Ebene des Lebensstils.

Und damit kommt das Private in den Fokus: Der Mensch tritt sich selbst nahe und fragt nach dem konkret gefühlten Wert oder Unwert, den die Moderne für ihn hat. Lebensstandard, wissenschaftlicher und technischer Fortschritt, Infrastruktur, Museen und Schwimmbäder: schön und gut. Aber was bedeutet uns das? Für die Zukunft des Westens ist es entscheidend, das Privatleben als Feld der Moderne zu erschließen. Hier liegen noch ungehobene Ressourcen für eine Erneuerung modernen Wertbewusstseins. Das Odium der Nüchternheit und Kälte konnte nur entstehen, weil die Reflexion der Moderne den nackten Menschen vernachlässigte. Es ist schwer, die Menschenrechte, das Parlament oder das Verfassungsgericht zu lieben, selbst wenn man bereit wäre, sein Leben dafür zu riskieren.

Aus: aviso. Zeitschrift für Wissenschaft und Kunst in Bayern 3, 2006, S. 20–25.
Leistungskurs-Abitur Bayern 2007

Übung 2:

a) Untersuchen Sie die Aufgabenstellung. Klären Sie, an welchen Vorgaben Sie sich orientieren müssen (Teilaufgaben, Aspekte usw.).

b) Klären Sie den Begriff „kulturelle Identität". Halten Sie Ihre Ergebnisse in einer Mindmap fest. Nutzen Sie dabei die folgenden Möglichkeiten:

- **Wortbedeutungen erschließen**: Wortbildung, Wortfelder, Bedeutungszerlegung
- **Aspekte durch Sachfragen erschließen:**
  - Ursachen, Entstehung
  - Erscheinungsformen
  - Wirkung, Folgen
  - Zusammenhänge, Probleme
- **Sach- und Fachwissen reaktivieren**
  - eigne Erfahrungen
  - fachübergreifend: Sozialkunde, Ethik, Religion, Geschichte
  - behandelte Themen, Probleme

c) Notieren Sie Problemaspekte, die in der heutigen Lebenswelt mit diesem Begriff verbunden werden können.

▶ **Lösung Seite 209**

Arbeitsschritte

Schritt 1: Das Textverständnis sichern

- Lesen Sie den Text mehrmals genau.
- Klären Sie Schlüsselwörter und wichtige Begriffe.
- Stellen Sie Fragen an den Text, die sich vor allem aus dem Problemgehalt ergeben.
- Lesen Sie den Text „mit dem Stift" (unterstreichen, markieren, Randnotizen).
- Halten Sie die Kernaussage stichpunktartig fest.

Übung 3:

Überprüfen Sie folgende Formulierungen der Kernaussage:

A

Die kulturelle Identität des Westens besteht im „Projekt des schönen Lebens", das in der Konfrontation mit dem „Fundamentalismus" offensiver vertreten werden muss.

B

Kennzeichen des „westlichen Lebensstils" ist die Pluralität individueller Glückvorstellungen, die nicht normiert sind, sondern immer wieder kritisch hinterfragt werden können.

▶ **Lösung Seite 209**

Schritt 2: Position des Textes im Problem- und Diskussionszusammenhang klären

Problemorientierte Sachtexte sind in Diskussionszusammenhänge eingebunden, die sich oft aus Fragen unserer gegenwärtigen Lebenswelt ergeben. Um den Text in diesen Zusammenhängen zu verorten, können Sie

- die **Bezüge im Text** selbst untersuchen (Textstellen, die auf den Problem-Diskussionszusammenhang verweisen),
- das **eigene Wissen** über Kontexte aktivieren und
- die **Position des Verfassers** in den Diskurs einordnen.

Übung 4:

a) Erschließen Sie den Diskussionszusammenhang.
b) Überprüfen Sie folgende Aspekte der Verortung:

- zunehmende Bedeutung kultureller Identität im Zeitalter der Globalisierung
- Konflikte zwischen verschiedenen kulturellen Identitäten, vor allem zwischen dem Westen und dem Islam („clash of civilisations", Huntington)
- Zunahme von Integrationsproblemen durch Migranten
- Multikulturelle Gesellschaft oder „Leitkultur"

c) Ordnen Sie die Position des Verfassers in den Diskussionszusammenhang ein.

▶ **Lösung Seite 209**

Schritt 3: Sichtweise und Argumentation genauer untersuchen

Die genauere Analyse eines problemorientierten Sachtextes steht in einem engen **Zusammenhang mit dem Erörterungsauftrag**. Im Zentrum stehen deshalb die Fragen, wie der Verfasser das Problem sieht, welche thematischen Aspekte er berücksichtigt und wie er seine Position begründet. Hilfen bietet Ihnen dabei die folgende Übersicht:

Info

Sichtweise und Argumentation analysieren

Position, Meinung und Intention des Verfassers

Sichtweise des Themas, Problems
- Wahrnehmungsweise
- Erfahrungen
- Denkmuster
- (wissenschaftliche) Erklärungsmuster
- Beschreibungskategorien
- Bezug zu wissenschaftlichen Theorien und Erkenntnissen

Grundlagen des Urteilens
- Wertvorstellungen
- Normen
- Beurteilung von Ursachen und Folgen
- Berücksichtigung von Interessen

Argumentationsstrategien
- Berücksichtigung der verschiedenen Aspekte
- Wahl der Argumente: ethisch-moralisch, sachbezogen usw.
- Argumentationslinie, -struktur
- Eingehen auf Einwände
- Argumentationsmuster: induktiv, deduktiv, entfaltend, kontrastiv usw.

Argumentationstechniken
- Stützen von Argumenten durch
  - allgemeine Denkmuster
  - Normen
  - Autoritäten
  - logische Folgerungen
- Veranschaulichen von Argumenten durch Beispiele, Vergleiche
- Rhetorische Taktiken
  - Übertreibung
  - Polarisierung
  - Auf- und Abwertungen
  - usw.

Wichtig ist, dass Sie die **Ergebnisse** Ihrer Analyse **übersichtlich festhalten**. Hilfreich sind dabei

- Markierungen im Text (Analysieren mit dem Stift),
- Notizen an den Texträndern,
- systematisch (nach Aspekten) geordnete Notizen auf dem Konzeptpapier.

Übung 5:

a) Wählen Sie im Hinblick auf die Aufgabenstellung Aspekte aus, die Sie für ergiebig halten. Nutzen Sie dabei das Schaubild.

b) Untersuchen Sie den Text und halten Sie Ihre Ergebnisse schriftlich fest.

c) Überprüfen und ergänzen Sie folgende Ausschnitte aus Analyseergebnissen:

► **Lösung Seite 210**

Thematisch-gedanklicher Aufbau

Thematischer Aspekt	**Entfaltung**	
Gegensatz zwischen westlicher und nicht-westlicher Kultur (Z. 1-25)	Westlich „Unzufriedenheit und Protest“ (Z. 2) ist die Folge von „Problematisierung und Bemängelung“ (Z. 12) als Basis des Fortschritts	Nicht-westlich - Affirmation; „unbedingtes Ja“ (Z. 26) zu den politisch- gesellschaftlichen und kulturellen Gegebenheiten - Unterdrückung und Verfolgung von „Verneinern“ (Z. 24)
Herausforderung des Westens durch verstärkten Fundamentalismus (Z. 26-38)	- Behauptung der westlichen Lebensart fordert ein offensives Bekenntnis zur eigenen kulturellen Identität - scheinbare Diskrepanz zwischen dem Bekenntnis zur eigenen Kultur und der Haltung des Infragestellens Einräumung: „kein Glaubensbekenntnis“, sondern „Vermutungsbekenntnis“ (Z. 37 f.)	
Erläuterung der westlichen Werte (Z. 39-72)	- __________ - __________	
....	- __________ __________	

Grundlagen der Sichtweise und Position

Wertvorstellungen
- Individualität
- Bedeutung von sinnlichem Glück
- Freiheit verschiedener Lebensentwürfe

Beschreibungskategorien der Lebenswelt
- nicht politisch und ökonomisch, sondern auf der Ebene des Erlebens („Erlebnisgesellschaft")
- keine Differenzierung nach unterschiedlichen Möglichkeiten der verschiedenen sozialen Gruppen, Schichten

Position, Intention
Aufwertung und Verteidigung des westlichen Lebensstils; Appell

Argumentationsweise

Argumentationsstrategien	
• Aufbau, Argumentationslinie	– Kontrastierung von westlicher und nicht-westlicher Kultur
• Thematische Entfaltung	– Erläuterung der Gegensätze und ihrer Verschärfung durch den Fundamentalismus
• Argumentationsziel	– Bekräftigung des Appells, den westlichen Lebensstil offensiv zu vertreten
• Argumentationsmuster	– ____________________
• Eingehen auf mögliche Einwände, Abwägen	– ____________________
Argumentationstechniken	
• Stützen von Argumenten	– kulturwissenschaftliche Beschreibung von Merkmalen des Gegensatzes – normative Setzung der Werte des westlichen Lebensstils
• Veranschaulichen von Argumenten	– ____________________
• Rhetorische Taktiken	– ____________________ – ____________________

Schritt 4: Den Text kritisch prüfen und beurteilen

Im Unterschied zu einer sachlichen, möglichst objektiven Analyse und Beschreibung wird der Text in der erörternden Auseinandersetzung aus Ihrer eigenen Sicht kritisch beurteilt.

Bei einer **kritischen Prüfung** können Sie sich auseinandersetzen mit

- der Art und Weise, wie der Verfasser ein **Problem** sieht und wie er sich darauf einlässt,
- der **Intention** und dem **Standpunkt** des Verfassers,
- der Denkweise, den Normen und **Wertvorstellungen**, die seiner Sichtweise und Argumentation zugrunde liegen,
- den möglichen **Konsequenzen** seiner Auffassung,
- der **Überzeugungskraft** der Argumentation,
- der **Darstellungsweise** (Stil, Rhetorik etc.).

Kritikpunkte und Einwände gegen einen Text ergeben sich oft daraus, dass Sie das behandelte Thema anders sehen als der Verfasser, Probleme anders beurteilen, von anderen Denkweisen und Wertvorstellungen ausgehen. Dabei können Ihnen folgende **Fragen** helfen:

- Wie relevant ist das behandelte Thema für mich selbst?
- Worin sehe ich das entscheidende Problem?
- Von welchen Wertvorstellungen gehe ich dabei aus?
- Welche Forderungen, Konsequenzen oder Lösungsmöglichkeiten ergeben sich aus meinem Standpunkt?

Übung 6:

a) Markieren Sie Stellen, an denen Sie dem Verfasser zustimmen oder ihm widersprechen.
b) Beurteilen Sie die Sichtweise und Position des Verfassers und seine Argumentationsweise.
c) Formulieren Sie in Thesenform Ihre eigene Sichtweise und Position.
d) Setzen Sie sich mit folgenden Notizen einer kritischen Beurteilung des Textes auseinander.

Sichtweise	• Polarisierende Gegenüberstellung von Kulturen • Keine Differenzierung innerhalb einer „Kultur" nach sozialen Gruppen, Schichten, Nationen usw. • Einseitig positive Einschätzung der „westlichen" Werte wie sinnliches Glück, „schönes Leben" • Ausblenden der Verlierer des westlichen Lebensstils • Ausblenden der Problematik von Glückssuche im Bereich des Privaten
Position	• Keine dialogisch vermittelnde Haltung im „Kampf der Kulturen" • Einseitige Forderung nach offensivem Vertreten des westlichen Lebensstils • Unkritische Einschätzung der Bedeutung des „Privatlebens" für eine kulturelle Identität
Argumentationsweise	• Argumentation dient nur der Stützung und Bekräftigung des Appells. • Durchwegs Behauptungsgestus statt differenzierender Argumentation • Vordergründig plausible Anschaulichkeit

▶ Lösung Seite 211

Schritt 5: Den eigenen Standpunkt begründen

Überzeugend wird Ihre Auseinandersetzung mit einem Text, wenn Sie **Zustimmung und Widerspruch** differenziert darlegen und Ihre eigene Sichtweise und Position schlüssig begründen. Dabei ist es meist sinnvoll, dialektisch zu argumentieren, d. h. abzuwägen, was für und was gegen die Sichtweise und Position des Verfassers und seine Argumentationsweise spricht.

Überzeugungskraft gewinnen Ihre eigenen Argumente durch

- einen engen Bezug zum Thema (Relevanz),
- eine stichhaltige Entfaltung (Begründung durch Tatsachen, Normen usw.; Veranschaulichung durch Beispiele),
- schlüssige Gedankenführung,
- klare Formulierung.

Übung 7:

a) Formulieren Sie Ihre eigene Position zum Problemgehalt des Textes in Thesenform.
b) Überlegen Sie Argumente, mit denen Sie Ihre Position begründen können.
c) Notieren Sie in Stichpunkten, wie Sie Ihre Argumente entfalten können.
d) Überprüfen Sie folgende Position und ihre Begründung:

These: Kulturelle Identität kann nicht nur durch Verwirklichung westlicher Werte im Privatleben verstärkt werden

- Individualisierung birgt die Gefahr einer verantwortungslosen Bedürfnisbefriedigung → „Spaßkultur"
- Selbstverwirklichung im Privatleben führt zu Entpolitisierung
- Gefahr der Orientierungslosigkeit in der Vielfalt privater Glücksvorstellungen
- Möglichkeiten des westlichen Lebensstils hängen von sozialen Faktoren ab → Einkommen, Schulbildung, Lebensraum usw.

▶ **Lösung Seite 211**

Schritt 6: Einen Schreibplan konzipieren

Bei der Konzeption des Schreibplans können Sie sich an zwei **Aufbaumöglichkeiten** orientierten:

- eine **klare Trennung** zwischen analytischem und erörterndem Teil (Schema A)
- eine **Integration** der beiden Teile (Schema B)

Schema A	**Schema B**
1. Einleitung	1. Einleitung
2. Hauptteil:	2. Thema und Problemstellung
2.1 Analyse des Textes	2.1 Diskussionszusammenhang
2.1.1 Sichtweise des Problems	2.2 Standpunkt, Meinung und Sichtweise des Verfassers
2.1.2 Position	2.3 Gegenüberstellung der eignen Sichtweise, Meinung, Auffassung
2.1.3 Argumentation	3. Argumentation
2.2 Erörterung des Textes	3.1 Kritische Analyse des Textes
2.2.1 Pro-Argumente	3.2 Begründung der eigenen Position
2.2.2 Kontra-Argumente	4. Schluss
3. Schluss	

Schema A bietet ein einfacheres Gerüst für den Aufbau, Schema B verlangt eine stärkere individuelle gedankliche Strukturierung. Die Wahl eines Aufbausschemas hängt ab von

- der Aufgabenstellung (Vorgabe von zwei Aufgabenteilen, Schwerpunkte der Analyse und Auseinandersetzung),
- Ihren eigenen Fähigkeiten der gedanklichen Ordnung und Gliederung.

Übung 8:

a) Wählen Sie ein Aufbauschema. Berücksichtigen Sie dabei die Aufgabenstellung.
b) Ergänzen Sie folgenden Schreibplan.

1 Einleitung: Verschärfung kultureller Gegensätze in der globalisierten Welt?
2 Hauptteil: Analyse und Erörterung von Schulzes „Vom Glück des sündigen Lebens“
2.1 Schulzes Sichtweise und Position im Diskussionszusammenhang
2.1.1 Notwendigkeit, die westliche kulturelle Identität offensiv zu vertreten
2.1.2 Gefährdung des interkulturellen Dialogs
2.2 Werte des westlichen Lebensstils
2.2.1 Positiv: Freiheit und Pluralität in der Erfüllung von Glücksansprüchen
2.2.2 Negativ: Ungebremster und verantwortungsloser Subjektivismus in der Spaßkultur
3 Argumentationsweise

____

4 Eigene Position

____

5 Schluss: ______________________________

▶ **Lösung Seite 212**

4.2 Materialgestützte Erörterung und Essay

Erörtern im Anschluss an Sachtexte kann in verschiedenen **Formen** verlangt werden:

- Erörternde Auseinandersetzung mit den in einem Text vertretenen Auffassungen, Meinungen und Urteilen auf der Grundlage einer Textanalyse: **Texterörterung**
- Auseinandersetzung mit einem bestimmten Thema und Problem auf der Grundlage einer Auswertung vorgelegter Sachtexte und Materialien (Bilder, Diagramme): **materialgestützte Erörterung** oder **Essay**

Die Aufgabenarten verlangen:

- themenbezogene Kenntnisse und Problemverständnis,
- ein eigenständiges Urteil (meist auf der Grundlage einer Abwägung unterschiedlicher Sichtweisen und Positionen),
- einen schlüssigen und themengerechten gedanklichen Aufbau.

Aufgabenstellung:

Nehmen Sie Stellung zu der Notwendigkeit, den Möglichkeiten und den Grenzen der Sprachpflege in der heutigen Zeit! Beziehen Sie sich bei Ihren Ausführungen auch auf die beigefügten Bild- und Textmaterialien!

Material 1:

Jens Jessen:
Die verkaufte Sprache

Aus dem Kreis der Weltsprachen ist das Deutsche schon verschwunden. Nun wird es auch in seiner Heimat zum Sanierungsfall.

Es gibt einen Typus des übellaunigen, heimattümelnden Sprachschützers, dem man nicht im Dunklen begegnen möchte. Aber es gibt auch Gründe, im hellen Mittagslicht der aufgeklärten Vernunft Sorge um den Bestand der deutschen Sprache zu empfinden. Warum ist auf Bahnhöfen kein Schalter für Auskünfte, sondern ein *Service Point?* Was hat der englische Genitiv-Apostroph in *Susi's Häkelstudio* zu suchen? Welcher Teufel trieb eine deutsche Wissenschaftsministerin zu einer Kampagne mit dem Motto »Brain up«, was weder auf Deutsch noch auf Englisch Sinn ergibt?

Die Überflutung mit englischen Wendungen ist nur ein, wahrscheinlich der kleinste Teil des Problems. Der größere Teil besteht in ihrer kenntnislosen Aneignung zu dekorativen Zwecken. Viel spricht dafür, den Geist einer aufschneiderischen Werbung dabei am Werk zu sehen. Die deutsche Bahn will sich nicht nur technisch modernisieren; sie will auch modern wirken. Dass ihre sprachliche Modernisierung ein *fake* ist (um ein gutes englisches Wort zu verwenden), scheint ihr egal zu sein. Ähnliches gilt für ihre Neigung, jede Neuigkeit à tout prix ***kommunizieren*** zu müssen, anstatt sie einfach mitzuteilen.
Der Ausdruck ***à tout prix*** ist übrigens aus einer älteren Epoche überkommen. Den Import von französischen Wendungen des 18. Jahrhunderts hat das Deutsche allerdings gut überstanden. Die meisten Ausdrücke sind wieder verschwunden; die übrigen haben sich bis zur Unkenntlichkeit in den Wurzelbestand des Deutschen eingemoost. Von der erfolgreichen Anverwandlung zeugt sogar die Wortbildung: Die Endung ***-ieren***, die ursprünglich dazu diente, französische Verben einzudeutschen ***(parlieren)***, wurde bald auch zu Neubildungen mit deutschen Wortstämmen benutzt ***(spintisieren, verlustieren)***.
Um sprachschützerische Einfalt von berechtigter Sorge zu trennen, muss man sich klarmachen, dass Deutsch seit Langem eine Hybridsprache ist, die nicht nur Fluten fremder Wörter aufgenommen hat, sondern auch in ihrer Grammatik mehrfach überformt wurde. Den Anfang machten Mönche des Mittelalters, die zahllose Lehnbildungen nach lateinischem Vorbild prägten – berühmtes Beispiel ist die Neubildung ***Gewissen*** nach lateinisch ***conscientia***. Den zweiten Schub besorgten Humanismus und Reformation, als die Syntax dem Lateinischen anverwandelt wurde. Man vergleiche die einfachen Satzmuster des Mittelhochdeutschen mit dem Frühneuhochdeutschen, erst recht aber mit dem barocken Deutsch, in dem die Hypotaxen, die Partizipialkonstruktionen und Verschachtelungen geradezu explodieren. Die Sprache eines Kleist oder Hegel wäre ohne diese syntaktische Überfremdung nicht denkbar.
Daraus folgt freilich keine Entwarnung für die Gegenwart. Denn die früheren Übernahmen haben das Deutsche komplexer, reicher, intellektueller und expressiver, philosophischer und dichterischer, auch wissenschaftsfähiger gemacht. Unter dem Einfluss des globalisierten Englisch aber vollzieht sich eine geradezu atemberaubende Simplifizierung. Die englischen oder pseudoenglischen Ausdrücke kommen nämlich nicht einfach hinzu, sie ersetzen auch nicht nur deutsche Wörter, was schlimmstenfalls überflüssig wäre. Sie verdrängen vielmehr die natürliche Wortbildung des Deutschen, die keinerlei Schwierigkeiten mit Neologismen hätte, weil sie mit ihrer Leichtigkeit der Wortzusammensetzung sonst nur im Altgriechischen einen Vergleich hat.

Es scheint aber, dass die Eigenarten des Deutschen inzwischen selbst zum Ärgernis geworden sind, vielleicht schon als Standortrisiko gelten. Das Hauptärgernis lässt sich freilich nur schlecht leugnen. Es gibt, mit Schweiz, Österreich und Südtirol, kaum 100 Millionen Sprecher des Deutschen. Das Englische, jedenfalls in seiner globalisiert heruntergekommenen Spielart, wird dagegen auf der ganzen Welt verstanden.

Es hat daher seine Logik, wenn sich der Gebrauch des Deutschen aus der Wissenschaft zurückzieht, die auf weltweiten Austausch angewiesen ist. Aber muss deshalb neu gegründeten Universitäten in Deutschland gleich das Englische als Unterrichtssprache aufgezwungen werden? Manches spricht dafür, dass hier nicht internationale Konkurrenz, sondern ein Zeitgeistopportunismus am Werk ist, der das Deutsche wie eine überholte Technologie ablegen will. Denn es sind ja nicht Amerikaner, die uns ihre Wörter aufzwingen. Es sind Deutsche, die in ihrer Bewunderung für alles Amerikanische mit der transatlantischen Praxis zugleich die Begriffe dafür mitbringen – wie Geschenke, die glitzernd verpackt werden müssen, damit ihrem dürftigen Inhalt Respekt gezollt werde.

Es lohnt sich, bei der Psychologie des Sprachimporteurs zu verweilen. Es ist nicht deutscher Selbsthass, der ihn antreibt, wie manche Sprachschützer meinen. Der Sprachimporteur ist vor allem ein Marketingexperte in eigener Sache. Er will angeben mit der frisch erworbenen Kenntnis, er kehrt ins verschnarchte Dorf seines Ursprungs zurück und brilliert dort im Glanze seiner Glasperlen, die er den zurückgebliebenen Landsleuten andrehen will. Die Undeutlichkeit und die Euphemismen des Business-Englisch sind kein Mangel, sie sind die Voraussetzung des betrügerischen Tuns. So werden dem ***Trainee*** (deutsch: Lehrling) die ***Karriere-Optionen eröffnet*** (deutsch: Hoffnungen gemacht), zum ***Asset Manager*** (deutsch: Kaffeekocher) aufzusteigen. Unvergessen ist der Bertelsmann-Chef Thomas Middelhoff, dessen Lieblingsmotto *»**Speed, speed, speed**«* lautete und der selbst im internen Schriftverkehr seine leitenden Angestellten anwies, englisch zu schreiben.

Es ist nicht so, dass überpersönliche Mächte für den Unfug verantwortlich wären. Es sind identifizierbare Sprecher, die der Sprache Gewalt antun, und nur selten unterläuft es ihnen. In den allermeisten Fällen ist, was uns ärgert, auch beabsichtigt. Der Business-Schwafler will uns ein X für ein U vormachen. Der Vergleich mit den Glasperlen ist nicht zufällig gewählt. Der Sprachimporteur handelt mit Waren, die in ihrem Herkunftsland bereits als wertlos gelten. Über die Ausdrucksweise der PowerPoint-Präsentationen wird in den USA längst gespottet.

Der Geist eines ridikülen Marketings, der in der Managersprache steckt, will Exklusivität, die elitäre Anmutung eines arkanen Wissensvorsprungs. Den Zweck der Ausschließung teilt sie mit der Jugendsprache, der es seit alters darum geht, sich von der Erwachsenenwelt abzuschotten. Töricht wäre es, sich über Kürzel aufzuregen, die von den Eltern nicht verstanden werden – denn das ist ihr Sinn. Es fragt sich allerdings, was von Geschäftsleuten zu halten ist, die sich wie Kinder gebärden, die Erwachsene verblüffen und ärgern wollen.
Es liegt bei uns, die Antwort zu formulieren. Es liegt in der Macht jeden einzelnen Sprechers, die Zukunft des Deutschen zu gestalten. Das unterscheidet marodes Deutsch etwa von einem maroden Kernkraftwerk, das nur Experten reparieren können. Das Deutsche wird nicht sterben, es sei denn, die Deutschen wollen es. Es sei denn, sie kapitulieren vor der Werbung, vor der Geschäftssprache, vor dem kollektiven Hass auf alles Komplizierte, den die Medien nähren.
Aber selbst wenn das Deutsche stürbe – es würde als tote Sprache weiterleben, als eine Art Griechisch oder Latein der Neuzeit. Die Zahl kanonischer Autoren, von Philosophen wie Dichtern, wird den Gelehrten das Deutsche immer attraktiv erhalten. Das ist vielleicht kein Trost – aber ein Gedankenspiel, das uns Heutigen Respekt vor der achtlos malträtierten Umgangssprache einflößen sollte.

Aus: DIE ZEIT, 26.07.2007, Nr. 31

Material 2:

Sprachpflege. Form der → Sprachlenkung: »beratende Bemühung« um die Verbesserung des Sprachgebrauchs bzw. der sprachlichen Kompetenz (Greule & Ahlvers-Liebel [1986]). Die moderate S. beruht auf wissenschaftlicher Sprachkritik, ihre Kriterien sind funktionale, strukturelle, soziale, historische (z. B. in der Fremdwort-Diskussion), aber auch ästhetische, kulturkritische (Korn [1962]) oder politische (z. B. in der Planungsphase der Rechtschreibreform). Die S. ist in Frankreich institutionalisiert (Académie Française), in Deutschland gehören S. und Sprachberatung zum Tätigkeitsfeld des »Instituts für Deutsche Sprache« (Mannheim), der Redaktion des → Duden am »Bibliographischen Institut« und der »Gesellschaft für Deutsche Sprache« (GfdS), dem Nachfolgeinstitut des puristisch und politisch ausgerichteten »Allgemeinen Deutschen Sprachvereins«.
[...]

Aus: Hadumod Bußmann: Lexikon der Sprachwissenschaft. Stuttgart: Kröner, 4. Auflage 2008.

Material 3:

© Berliner Stadtreinigung und Heymann Schnell AG

Musterabitur Bayern 2011

Arbeitsschritte

Schritt 1: Die Aufgabenstellung erfassen

Beim Erfassen der Aufgabenstellung müssen Sie achten auf

- die verlangte **Art des Erörterns** (Operatoren!),
- **Schlüsselbegriffe**, die das Thema und die Problemstellung benennen.

Übung 9:

a) Klären Sie, welche Art des Erörterns gefordert ist und um welches Thema bzw. Problem es geht.
b) Aktivieren Sie Ihr fachliches Wissen zum Problem der „Sprachpflege". Ziehen Sie dazu auch Material 2 heran.
c) Überprüfen Sie folgenden Notizen zum Begriff „Sprachpflege":

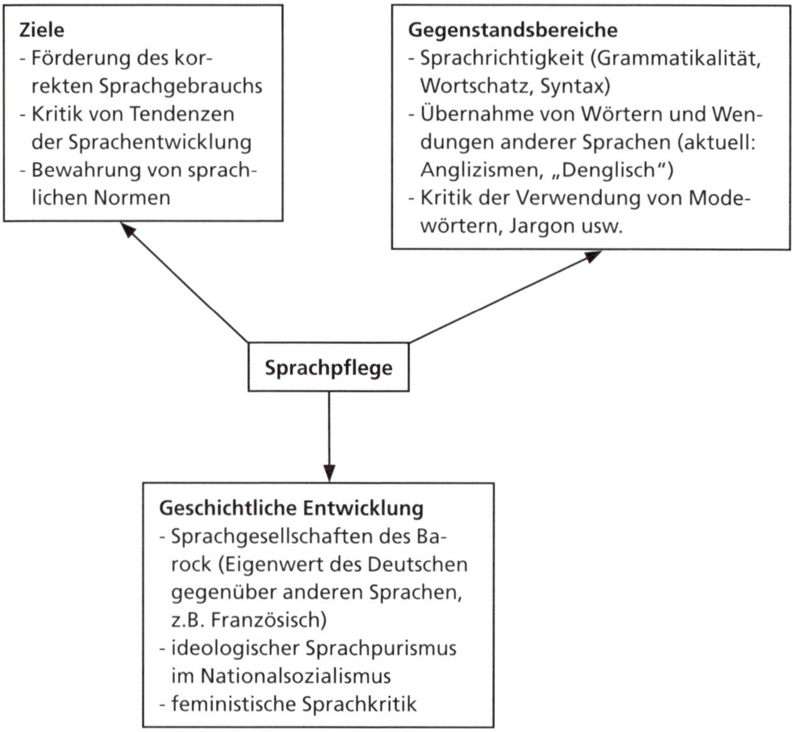

▶ Lösung Seite 212

Schritt

Schritt 2: Die vorgegebenen Materialien (Dossier) auswerten

Vorgegebene Materialien erleichtern Ihnen eine ergiebige Erschließung von Themen und Problemen, weil dadurch bereits bestimmte thematische Aspekte sowie mögliche Sichtweisen und Problemstellungen deutlich werden. Es wird aber auch erwartet, dass Sie in ihrer eigenen Auseinandersetzung darauf differenziert und kritisch Bezug nehmen.

Bei der Auswertung können Sie achten auf

- **Sachinformationen**, die Ihre eigenen Kenntnisse ergänzen,
- **Thematische Aspekte**, die Ihre Wahrnehmungsweise des Problems erweitern,
- **Sichtweisen und Problemstellungen**, die Ihre eigene Auseinandersetzung mit dem Problem vertiefen können.

Übung 10:

Übung

a) Werten Sie die Texte und das Bildmaterial unter dem thematischen Schwerpunkt der „Sprachpflege" aus und legen Sie eine Stoffsammlung an.
b) Untersuchen Sie, wie im Text von Jessen Notwendigkeit, Möglichkeiten und Grenzen der Sprachpflege gesehen werden.
c) Überprüfen und ergänzen Sie folgende Auswertung des Textes von Jessen:

Aspekte der Auswertung	Ergebnisse der Auswertung
Kernaussage	Gefahr der Simplifizierung der deutschen Sprache durch ein „globalisiertes Englisch" (Z. 42) im öffentlichen Sprachgebrauch
Position	Abgrenzung einer berechtigten Sorge von „sprachschützerischer Einfalt" (Z. 27); „Sprachpflege" ist die Aufgabe der einzelnen Sprachverwender
Thematische Aspekte	• Einfluss anderer Sprachen im Laufe der Sprachgeschichte – Latein (Lehnwörter, Syntax) – Französisch (Wörter teilweise verschwunden, teilweise anverwandelt) → Bereicherung der deutschen Sprache: komplexer, intellektueller usw. • Gefahren durch den heutigen Sprachimport eines „globalisierten Englisch" – ______ – ______ • ______ – ______ – ______
Sachinformationen	• Beispiele für Einfluss des Lateinischen und Französischen • ______ • ______ • ______ ______

▶ Lösung Seite 212 f.

Schritt 3: Sich mit dem Thema auseinandersetzen: Stoff sammeln und eine eigenständige Position entwickeln

Ausgangspunkt für Ihre weitere Auseinandersetzung mit dem Thema sind die Ergebnisse

- der Erschließung des Themas,
- der Auswertung der Texte und Materialien.

Bei der **Stoffsammlung** helfen Ihnen:

- sachbezogene **W-Fragen** (Ursachen, Folgen, Vor- und Nachteile für betroffene Personengruppen, Interessen, Möglichkeiten usw.)
- **Techniken der Findung und Ordnung** des Fachwissens, eigener Ideen usw. (Cluster, Mindmap)
- **Klärung von Kontexten, Normen, Wertvorstellungen**, die für die Beurteilung des Problems eine Rolle spielen.

Um eine differenzierte **eigene Position** zu entwickeln, sollten Sie sich auch in **andere Sichtweisen und Beurteilungen** hineindenken. Sie können überlegen:

- Wie nehme ich das Problem selbst wahr? Wie nehmen es andere Personengruppen, Institutionen usw. wahr?
- In welcher Weise betrifft mich das Problem? In welcher Weise sind andere betroffen?
- Wie beurteile ich Entwicklungen, Folgen usw.? Wie können diese von anderen beurteilt werden?
- Von welchen Wertvorstellungen gehe ich meiner Sichtweise aus?
- Welche Maßnahmen, Entscheidungen usw. halte ich für sinnvoll?
- usw.

Ihre Sichtweise und Ihren Standpunkt müssen Sie von anderen Positionen abgrenzen und durch **Argumente** begründen. Dabei kann Ihnen folgende Übersicht über Arten von Argumenten und Begründungsmöglichkeiten helfen:

Arten und Begründungsmöglichkeiten von Argumenten

Problemstellungen		Begründungsmöglichkeiten
Sachfragen Einschätzung der Sachlage, der Ursachen, Entwicklungen usw.	→	**Begründung durch Sachverhalte** • Wahrnehmungen, Beobachtungen • Fachkenntnisse • Sichtweisen von Experten usw.
Bewertungen, Urteile • Sachlage • Entwicklungen, Folgen usw. • Maßnahmen	→	**Begründung durch Werte und Normen** • ethisch-moralisch • ökonomisch, politisch usw.
Handlungen, Forderungen • Verhaltensweisen • Maßnahmen • usw.	→	**Begründung durch** • Sachliche Notwendigkeiten • Motive • Handlungsziele

Übung 11:

a) Beurteilen Sie aus Ihrer eigenen Sicht den Einfluss eines „globalisierten Englisch“. Ziehen Sie dazu eigene Beobachtungen heran.
b) Überlegen Sie Möglichkeiten, aber auch Grenzen von „Sprachpflege“, diese Entwicklung zu beeinflussen.
c) Entwickeln Sie eine eigene Position zur Problemstellung und begründen Sie diese durch stichhaltige Argumente.
d) Beurteilen Sie folgende Position und ihre Begründung:

Position und Sichtweise der Entwicklung	Der negative Einfluss des Englischen wird überschätzt, Maßnahmen versprechen wenig Erfolg
Beurteilung der Notwendigkeit	• Entwicklung betrifft nicht alle Sprachverwender; abhängig von – der Rolle des dialektal geprägten Sprachgebrauchs – Alter, Schichtzugehörigkeit, sozialen Gruppen • Einfluss der Entwicklung auf die Sprachverwendung des Einzelnen hängt ab von – der Sprachkompetenz (Wahl zwischen verschiedenen Codes) – dem Sprachbewusstsein (Gegenstands-, Situations- und Adressatenbezug) • Anglizismen in Semantik und Syntax verändern nicht die Gesamtqualität der deutschen Sprache, sondern nur die Sprachverwendung von bestimmten Gruppen (Wirtschaft, Werbung usw.)
Beurteilung zugrunde liegender Sprachnormen	• Überhöhte Einschätzung der Bedeutung von Sprache für individuelle und kollektive Identität • Überbewertung tradierter Entwicklungen gegenüber den aktuellen Veränderungen
Einschätzung von Möglichkeiten und Grenzen	• Sprachlenkung durch Institutionen (Politik, Verwaltung, Schule, „Gesellschaft für deutsche Sprache“ usw.) – Kritik des Sprachgebrauchs – Förderung von Sprachbewusstsein – „Aktion Lebendiges Deutsch“ – usw. • Grenzen und Gefahren – Geringe Einflussmöglichkeiten – Gefahren der Orientierung an tradierten Sprachnormen

▶ Lösung Seite 213 f.

Schritt 4: Eine Gliederung erstellen

Bei der Gliederung einer Erörterung können Sie sich an zwei Grundmustern orientieren:

- dem **steigernden (linearen) Aufbau nach Sachaspekten**
- dem **dialektischen Aufbau** durch **Darlegung und Abwägung von Pro- und Kontra-Argumenten**

Die Wahl des Grundmusters ergibt sich meist aus der Aufgabenstellung und den vorgegebenen **Operatoren**, z.B.

- „Nehmen Sie Stellung zu ..."
- „Setzen Sie sich auseinander mit ..."
- „Erörtern Sie ..."

Bei der **dialektischen Erörterung** können Sie entweder

- Pro- und Kontra-Argumente in zwei Blöcken gegenüberstellen und in einem dritten Teil durch Abwägung Ihre eigene Position darlegen („Sanduhr-Schema"). Um den Leser zu überzeugen, kann man mit den Argumenten, die man nicht vertritt, beginnen und diese fallend anordnen (vom stärksten zum schwächsten Argument), die Argumente, die man eher vertritt, dagegen steigernd anordnen.
- Pro- und Kontra-Argumente nach Sachaspekten geordnet gegenüberstellen („Ping-Pong-Schema"). Auch hier kann man jeweils mit einem Argument der Kontra-Position beginnen, die man nicht vertritt.

Sanduhr-Schema

Einleitung

Gegenthese, Kontra-Teil	Gegenargument 1 Gegenargument 2 Gegenargument 3

Überleitung, Drehpunkt

These, Pro-Teil	Argument 1 Argument 2 Argument 3

Abwägung, eigene Position

Schluss

Ping-Pong-Schema

Einleitung

1. Sachaspekt	Pro-Argument 1 Kontra-Argument 1
2. Sachaspekt	Pro-Argument 2 Kontra-Argument 2
3. Sachaspekt	Pro-Argument 3 Kontra-Argument 3
weitere Sachaspekte	weitere Pro- und Kontra-Argumente

Abwägung, eigne Position

Schluss

Einleitung und Schluss haben die Aufgabe, einen leserorientierten gedanklichen Rahmen zu bilden, in den die Erörterung eingebunden ist. Das gelingt durch folgende Möglichkeiten:

Info

Einleitung	Schluss
• Problem kontextuieren (Diskussionszusammenhang) • (provozierende) Fragen stellen • von eigenen Erfahrungen ausgehen • Bedeutung des Problems aufzeigen • Von Zitaten, Beispielen, Fakten usw. ausgehen, die Interesse wecken	• Eigene Position zusammenfassen • Auf ähnliche Probleme hinweisen • Gedanken aus der Einleitung aufgreifen • Blick auf das Thema aus anderer Perspektive • Ausblick auf Zukunft (Entwicklung, Auswirkungen usw.)

Übung

Übung 12:

a) Überlegen Sie, welche Vorgaben sich aus der Aufgabenstellung für den gedanklichen Aufbau ergeben.
b) Wählen Sie ein Aufbaumuster aus und ordnen Sie nach diesem Ihre Notizen.
c) Untersuchen und beurteilen Sie auf der Grundlage Ihrer eigenen Überlegungen folgende Gliederung:

1	Allgegenwärtigkeit des Sprachwandels
2	Notwendigkeit der Sprachpflege in der heutigen Zeit
2.1	Bedeutung von Sprache als Kommunikationsmittel
2.2	Verlust der allgemeinen Verständlichkeit und damit der Kommunikationsfunktion
2.2.1	durch falschen Gebrauch der eigenen Sprache
2.2.2	durch falschen oder übertriebenen Gebrauch von Anglizismen /Fremdwörtern
3	Das Problem der Sprachpflege in der heutigen Zeit
3.1	Möglichkeiten der Sprachlenkung
3.1.1	Staatliche Institutionen und Reglements
3.1.2	Spracherziehung in Kindergarten und Schule

3.2 Grenzen der Sprachlenkung
3.2.1 Einfluss der modernen Medien
3.2.2 Rolle der Globalisierung in Wissenschaft und Handel
3.2.3 Sprache als „lebendiges Objekt"
3.2.4 Künstlichkeit/mangelnde Präzision bei Übersetzungen
4 Relativierung des Sinns und der Möglichkeiten der Sprachpflege

http://www.isb.bayern.de/isb/index.aspx?MNav=0&QNav=11&TNav=0&INav=0&VTyp=26&Fach=12&VJg=38

► **Lösung Seite 214**

Übung 13:

a) Rekapitulieren Sie wesentliche Unterschiede zwischen einer Erörterung und einem Essay im Hinblick auf
   - Umgang mit dem Thema / Problem,
   - Aufbau und Gedankenführung,
   - sprachlich-stilistische Gestaltung.

b) Vergleichen Sie die oben abgedruckte Gliederung mit folgendem Schreibplan eines Essays zum Problem der „Sprachpflege".

Schreibplan

A: „Wie kehr for you" – humorvolle Sprachspiele in der Imagekampagne der Berliner Stadtreinigung

B: Sprache – ein „Pflegefall"?

I. Was „Sprachpfleger" und „Sprachschützer" umtreibt und bewegt
1. Englisch auf dem Vormarsch
2. Fehlender Sprachstolz
3. Multi-Kulti ohne „Leitkultur"

II. Sprache als Kulturgut
1. Das Erbe der „Dichter und Denker"
2. Kulturelle Identität durch Sprache
3. Sprache und Weltbild?

III. Sprache spiegelt Veränderungen der Lebenswelt
1. Globalisierung macht vor der Sprache nicht halt.
2. Macht der digitalen Bildwelten verändert das Sprachbewusstsein.

IV. Hilflose Rettungsversuche
1. Sprachpfleger sind wie „Gutmenschen".
2. Halbherzige Unterstützung durch die politisch Verantwortlichen

C: Probleme der modernen Lebenswelt liegen woanders.

► **Lösung Seite 214f.**

4. Literarische Erörterung

Der Begriff „literarische Erörterung" bezeichnet die **Erschließung** von literarischen Texten unter **thematisch-problemorientierten Aspekten** und die **Auseinandersetzung** mit den gestalteten Problemen und Grundfragen der menschlichen Existenz. Der Begriff „Erörterung" ist dabei etwas unscharf, weil damit auch Aufgabenstellungen bezeichnet werden, die eine erläuternde Darstellung ohne eigene Stellungnahme verlangen. Die Art der Aufgabenstellung ist vielfältig, es lassen sich aber folgende Grundtypen unterscheiden:

- **Erschließung** eines vorgegeben Textes oder Textausschnitts unter einem **problemorientierten Aspekt** (z.B. Inhalt und Gestaltungsweise des Menschenbildes, der Wirklichkeitsauffassung, der Wahrnehmung der Gesellschaft usw.)
- **Auseinandersetzung mit dem in einem Text oder Textausschnitt dargestellten Thema und Problem** (Macht, Verantwortung usw.) auf der Grundlage einer Texterschließung
- **Vergleichende Erschließung von Werken** im Anschluss an die Untersuchung eines vorgegebenen Textes bzw. Textausschnitts
- Vergleichende Darlegung der **Gestaltung eines Themas, Problems in selbst gewählten literarischen Werken** (meist aus verschiedenen Epochen)
- **Erörterung von Themen und Problemen aus dem Bereich des literarisch-kulturellen Lebens** (freie Erörterung)

Übung 14:

a) Untersuchen Sie die folgenden Aufgabenstellungen:

Aufgabenstellung 1:

„Man schreibt, weil das Gehirn ein unendlicher Zufluchtsraum ist, der in den unwegsamsten Ausläufern nur schriftlich bereist werden kann. Sobald es um die inneren, traumhaften Zusammenhänge geht, sind alle anderen Kunstformen angewiesen auf eine Synthese durchs Wort. Der Traum, und das stellt sich erst schreibend heraus, ist das Wirkliche am Ich. Mehr als das wird man nie gewesen sein."

Aus Durs Grünbein: Warum schriftlos leben. Aufsätze. Frankfurt a. M (Suhrkamp) 2003, S. 64

Setzen Sie sich auf der Grundlage Ihrer eigenen Leseerfahrungen mit dieser Auffassung von Durs Grünbein auseinander.

Aufgabenstellung 2:

„Da macht ein Hauch mich von Verfall erzittern."

(Georg Trakl, Verfall)

Stellen Sie mithilfe geeigneter Beispiele unterschiedliche Gestaltungen des Phänomens „Verfall" in literarischen Werken dar! Gehen Sie dabei auch auf den jeweiligen literaturgeschichtlichen Hintergrund ein!

Bayern, Leistungskurs 2007

Aufgabenstellung 3:

1. Analysieren Sie das Gedicht von Nelly Sachs „Wenn im Vorsommer". (48 Punkte)
2. Nehmen Sie Stellung zu der These, dass poetische Sprache eine problematische Wirklichkeit wirkungsvoller erfassen kann als rhetorische Sprache. Beziehen Sie sich dabei auf das vorliegende Gedicht und aus dem Unterricht bekannte Reden. (24 Punkte)

Nordrhein-Westfalen Grundkurs 2008

Aufgabenstellung 4:

Peter Hacks:
Omphale

Interpretieren Sie den Ausschnitt aus dem Drama und setzen Sie sich mit den unterschiedlichen Lebensvorstellungen auseinander!

Thüringen Leistungskurs 2007

Aufgabenstellung 5:

Text: Friedrich Hebbel, Judith

a) Erschließen Sie den folgenden Szenenausschnitt, indem Sie Inhalt und Aufbau sowie die dramaturgischen und sprachlich-stilistischen Gestaltungsmittel untersuchen! Arbeiten Sie dabei vor allem die Gesprächsstrategie der Protagonistin heraus!
b) Vergleichen Sie die hier deutlich werdenden geschlechtsspezifischen Gegensätze mit deren Gestaltung in einem anderen literarischen Werk!

Musterabitur Bayern 2011

b) Ordnen Sie den Aufgabenstellungen folgende Kompetenzen zu, die auch in anderen Aufgabenarten eine Rolle spielen:
   - Erschließen und Interpretieren literarischer Texte
   - Auseinandersetzung mit Themen und Problemen
c) Rekapitulieren Sie, welche Aufgabenstellungen Sie im Unterricht eingeübt haben. Machen Sie sich die besonderen Anforderungen und Schwierigkeiten der Aufsatzart „literarische Erörterung" bewusst.

▶ **Lösung Seite 215**

Arbeitsschritte

Je nach Art der „literarischen Erörterung" und spezifischer Aufgabenstellung müssen Sie in Schritten vorgehen, die Sie auch bei anderen Aufgabenarten eingeübt haben: u. a. Schritte des Erschließens von Texten, der vergleichenden Gegenüberstellung, der Auseinandersetzung mit Themen und Problemen. Dabei lassen sich drei Grundmuster unterscheiden:

Info

Textgebundenes Erschließen und Erörtern	**Textüberschreitendes Erschließen und Erörtern**	**Erörtern ohne Textgrundlage**
1 Aufgabenstellung erfassen	**1 Aufgabenstellung** erfassen	**1 Aufgabenstellung** erfassen
2 Schritte der **themabezogenen Texterschließung** und Interpretation (vgl. S. 16 f.)	2 Schritte der **themabezogenen Texterschließung** und Interpretation (vgl. S. 16 f.)	**2 Gegenstandserschließung und Stoffsammlung**
3 Kontextuierung	**3 Kontextuierung**	
4 Erörternde Auseinandersetzung (vgl. S. 104 ff.)	**4 Vergleichenden Erschließung** anhand selbst gewählter Werke (vgl. S. 44 f.)	**3 Eigene Sichtweise, Position entwickeln**
5 Gliederung /Schreibplan	**5 Gliederung /Schreibplan**	**4 Gliederung / Schreibplan**
6 Ausführung	**6 Ausführung**	**5 Ausführung**
7 Überprüfung	**7 Überprüfung**	**6 Überprüfung**

Übung

Übung 15:

a) Vergleichen Sie die Arbeitsschritte bei den verschiedenen Arten der literarischen Erörterung. Markieren Sie die entscheidenden Unterschiede.
b) Skizzieren Sie, in welchen Schritten Sie bei folgender Aufgabenstellung vorgehen müssen:

Aufgabenstellung:

1. Erschließen Sie die Szene II,2 aus Schillers Drama „Wallensteins Tod" (S. 50 ff.), indem Sie Inhalt und Aufbau sowie die dramaturgischen und sprachlich-stilistischen Gestaltungsmittel untersuchen! Arbeiten Sie das unterschiedliche Welt- und Menschenbild der Figuren heraus.
2. „Dem bösen Geist gehört die Erde, nicht dem guten."
   Setzen Sie sich mit dem Welt- und Menschenbild Wallensteins auseinander.

► **Lösung Seite 216**

Übung 16:

Übung

a) Entwickeln Sie eine eigene Position bei der Beurteilung von Wallensteins Welt- und Menschenbild. Halten Sie Ihre Argumente in Stichpunkten fest.
b) Überlegen Sie mögliche Aufbaumuster (S. 95) Ihrer Auseinandersetzung.
c) Erarbeiten Sie einen Schreibplan.

► **Lösung Seite 216**

4.4 Freie Erörterung

In einer freien, d. h. **nicht an vorgegebene Texte oder Materialien gebundenen Erörterung** müssen Sie sich mit komplexen Themen des **literarisch-kulturellen Lebens**, mit unterschiedlichen **Welt- und Menschenbildern** oder politisch-gesellschaftlichen und ethischen Problemen der heutigen **Lebenswelt** auseinandersetzen. Aufgabenstellungen zu literarisch-kulturellen Themen werden teilweise auch als literarische Erörterung ohne Textvorlage bezeichnet.
Im Unterschied zur Erörterung im Anschluss an Texte (S. 84 ff.), bei der sich thematische Aspekte aus der Untersuchung der Texte ergeben und bei der Sie Ihre eine eigene Sichtweise des Problems in der Auseinandersetzung mit vorgegebenen Positionen entwickeln können, spielt bei der freien Erörterung die **eigenständige Erschließung des Problems** eine wichtige Rolle. Sie können sich dabei stützen auf

- **themenbezogenes Wissen**, das Sie im Deutschunterricht, in anderen Fächern und durch Nutzung der Medien gewonnen haben,
- Ihre **eigenen Wirklichkeitserfahrungen, Denkweisen und Wertvorstellungen.**

Methodisch sorgfältig und gezielt müssen Sie folgende **Arbeitsschritte** durchführen:

Info

Arbeitsschritte	Methoden
1 Themenstellung untersuchen und Begriffe klären	• Art der **Fragestellung** (Sachfrage, Wertfrage, Entscheidungsfrage) • Methoden der **Begriffsklärung** anwenden (S. 88) • Thema in größere **Problemzusammenhänge** einordnen (Wirklichkeitsbereiche, ethisch-philosophische Fragen usw.) • **Denkmuster und Realitätsvorstellungen**, die mit dem Thema verbunden sind
2 Problemerschließung und Stoffsammlung	• **Thematische Aspekte** durch **W-Fragen** erschließen • Das eigene **Wissen sortieren** • **Überblick visualisieren** (Mindmap, Skizze) • unterschiedliche **Interessen und Positionen klären**
3 Eigene Position, Sichtweise entwickeln	• **Stoffsammlung** für den eigenen Standpunkt **auswerten** (Zustimmung, Abgrenzung usw.) • **Argumente** finden und sortieren (Pro und Kontra) • Möglichkeiten der **Stützung von Argumenten** (Fakten, Normen usw.) notieren
4 Gliederung entwickeln und formulieren	• Für das Thema geeignetes **Aufbaumuster** (S. 107) wählen • **Gliederungspunkte** formulieren • Gedanken für **Einleitung** und **Schluss**
5 Erörterung schreiben	• Adressantenbezug beachten • Sachstil verwenden • Klare Gedankenentwicklung (sprachliche Verknüpfungen usw.) • Sachlich differenzierte und gedanklich schlüssige Entfaltung der Argumente
6 Erörterung überprüfen	• Sprachrichtigkeit • Inhaltliche Richtigkeit, Differenzierung usw. • Gedankliche Schlüssigkeit

Übung

Übung 17:

a) Untersuchen Sie folgende Aufgabenstellungen. Klären Sie
- Erörterungsauftrag (Operatoren)
- Themenbereich
- zentrale Begriffe

Im Sommer 2006 fand in Deutschland die Fußballweltmeisterschaft statt. In bis dahin nicht gekanntem Maße zogen Menschen aller Generationen mit schwarz-rot-goldenen Fahnen der Bundesrepublik Deutschland durch die Straßen, in die Fußballstadien oder hefteten sie an das eigene Auto. Auf diese Situation bezieht sich folgende Aufgabe.

Aufgabenstellung 1:

„Es ist ein wunderbares Nebenprodukt dieser Weltmeisterschaft, dass auf eine sehr einfallsreiche Art und Weise Flagge gezeigt wurde."

(Günter Grass, Süddeutsche Zeitung vom 7.7.2006)

Stellen Sie, ausgehend von einer präzisen Klärung des Begriffs „Patriotismus", dar, welche Erscheinungsformen im letzen Jahr dazu geführt haben, dass von einem neuen Patriotismus in Deutschland gesprochen wurde! Erörtern Sie im Anschluss daran, ob der diesbezügliche, auch im Zitat zum Ausdruck kommende Optimismus berechtigt ist!

Bayern, Leistungskurs 2007

Aufgabenstellung 2:

„Warum sind Menschen seit jeher derart hinter den Medien her? [...] Medien können das Bewusstsein – ähnlich wie Liebe – über seine Geschlossenheit, über seine Abgrenzung von der Welt und von der Welt anderer großartig (hinweg) täuschen. Mediennutzung verspricht dem Bewusstsein die Überwindung seiner Isolation. Um das ungeheuere Interesse an Medien (welcher Art auch immer) zu erklären, muss man mehr Gründe nennen als nur das Bedürfnis nach Unterhaltung und Information. Hinausgehend über diese oft genannten Funktionen [...] tragen Medien stets dazu bei, das „Hier und Jetzt" des jeweiligen Lebens, die jeweiligen Routinen alltäglichen Fühlens und Handelns zu überbieten. [...] Kein Mensch hält es ohne Unterbrechung im „Hier und Jetzt" aus; ein solcher Fall ist jedenfalls nie dokumentiert worden. Zum Glück/zum Unglück gibt es die Medien. Überall lässt sich ein energisches Streben nach Lebenssteigerung beobachten, überall zeigen sich einfache oder aufwendige Versuche, sich aus dem „Hier und Jetzt" wegzuträumen."

Aus: Bernd Scheffer: Medien als Passion. In: www.medienobservationen.unimuenchn.de/artiekl/theorie/scheffer_medienpassion.html (2004)

Setzen Sie sich auf der Grundlage Ihrer eigenen Erfahrungen und Ihres Umgangs mit Medien mit der Auffassung Scheffers auseinander.

Aufgabenstellung 3:

Konfuzius (551 - 479 v. Chr.)

„Was bleibt vom Heldentum? Ein verfallener Hügel, bewachsen mit Unkraut."

Erörtern Sie Sinn und Unsinn von Heldenvorstellungen in der Geschichte der Menschheit! Belegen Sie Ihre Aussagen anhand historischer und literarischer Kenntnisse zum Rahmenthema!

Thüringen Grundkurs, 2007

b) Wählen Sie eine der Aufgabenstellungen und führen Sie die Arbeitsschritte 1 mit 4 durch.

▶ **Lösung Seite 217**

5. Adressatenbezogenes Schreiben und gestaltendes Interpretieren

Mit Sachtexten und literarischen Texten können Sie sich nicht nur analysierend oder erörternd, sondern auch durch **produktive und kreative Gestaltungsweisen** auseinandersetzen. Die Aufgabenstellungen bestehen in der Regel aus **zwei Teilen:**

- **Analyse bzw. Interpretation** eines vorgegebenen Textes
- Auseinandersetzung in Form eines **gestaltenden Textes**

In manchen Aufgabenstellungen wird von Ihnen in einem **dritten Teil** verlangt, Ihren **gestaltenden Text zu erläutern**.

Welche Gestaltungsweisen oft in Aufgabenstellungen verlangt werden, zeigt folgender Überblick:

Adressatenbezogenes Scheiben (im Anschluss an die Analyse eines Sachtextes)	**Gestaltendes Interpretieren (im Anschluss an die Analyse eines Sachtextes)**
• Leserbrief • Rezension / Kritik • Kommentar • Glosse • Rede • Essay	• Monologe und Dialoge von Figuren • Gestaltung von Szenen • Um- und Weitererzählen • Perspektivenwechsel • Neue Figur einführen • Rolle einer Figur übernehmen: Brief, Tagebucheintrag, Dialoge usw.

Info

Adressatenbezogenes Schreiben und gestaltendes Interpretieren verlangen von Ihnen, dass Sie

- den vorgegebenen **Text unter ergiebigen Aspekten untersuchen,**
- **eigene Gestaltungsideen** entwickeln,
- bei der Gestaltung sich an den **Merkmalen der jeweiligen Textsorte** orientieren,
- Ihre **Gestaltungsweise reflektieren**.

Trotz des Freiraums für eigene Gestaltungsideen ist es wichtig, dass Sie die spezifischen **Anforderungen der jeweiligen Aufgabenstellung** genau beachten und umsetzen.

Übung 1:

Ordnen Sie die folgenden Aufgaben den beiden Grundformen zu und klären Sie die Vorgaben.

Übung

Aufgabenstellung 1:
Textgrundlage:
Actenmäßige Darlegung des wegen Hochverraths eingeleiteten gerichtlichen Verfahrens gegen Pfarrer D. Friedrich Ludwig Weidig, verfasst von Dr. Friedrich Noellner (1844)

Der Literat als Revolutionär: Georg Büchners und Ludwig Weidigs Flugschrift „Der Hessische Landbote" (1834)

Gestalten Sie eine Fortsetzung des Textes von Dr. Noellner, die den Inhalt, den Stil und die politische Brisanz des „Hessischen Landboten" ins Zentrum der Darstellung rückt. Untersuchen Sie zunächst die inhaltliche Position und die stilistischen Besonderheiten des vorliegenden Textes und stellen Sie Ihre Ergebnisse in einem eigenständigen Text dar.

Aus: Probeklausur Gk Deutsch. Berlin 2006. www.isq-bb.de/uploads/media/grundkurs-gestaltung-aufgabe-und-text.pdf

Aufgabenstellung 2:
Textgrundlage:
Johann Wolfgang Goethe: Die Leiden des jungen Werther. Stuttgart (Reclam, S. 125 ff.)

1. Skizzieren Sie als Grundlage für die Bearbeitung der zweiten Teilaufgabe die Situation, in der das Gespräch zwischen Werther und Lotte stattfindet, und beschreiben Sie das Bild, das der Leser von beiden gewinnt!
2. Schreiben Sie einen Brief!
   Gehen Sie dabei von folgender Annahme aus: In dieser angespannten Situation möchte Lotte jemandem mitteilen, was in ihr vorgeht.
3. Erläutern Sie Ihre Überlegungen und gestalterischen Entscheidungen für das Verfassen des Briefes!

Aus: EPA-Deutsch, Kultusministerkonferenz Bonn 2002, S. 49 f.

Aufgabenstellung 3:
Textgrundlage:
Rede von Bundespräsident Horst Köhler über Friedrich Schiller, 2005

a) Bundespräsident Horst Köhler hat mit einer Rede bei einer Schillerfeier in Berlin Position zum sogenannten Regietheater bezogen. Arbeiten Sie aus dem Text die Argumentationsstruktur heraus!
b) An Ihrer Schule wird am Ende des Schuljahres ein Treffen bayerischer Schultheatergruppen stattfinden. Verfassen Sie für die Eröffnungsveranstaltung eine inhaltlich und sprachlich eigenständige Rede, die die zentralen Aspekte der Rede Köhlers berücksichtigt! Entwickeln Sie dabei eine These zur Bedeutung des Schultheaters heute und ziehen Sie für Ihr Redemanuskript Ihre literaturgeschichtlichen Kenntnisse und Erfahrungen heran! Vorgegeben ist ein Umfang von etwa 900 Wörtern!

Musterabitur Bayern 2011 www.isb.bayern.de

► Lösung Seite 218

Übung 2:
Wählen Sie eine der Aufgaben und skizzieren Sie die Merkmale der geforderten Textsorte.
▶ **Lösung Seite 218**

5.1 Adressatenbezogenes Schreiben

Adressatenbezogenes Schreiben heißt, einen Text so zu gestalten, dass die **beabsichtigte Wirkung** auf den Leser erreicht wird. Sie müssen dabei auf folgende Faktoren achten:

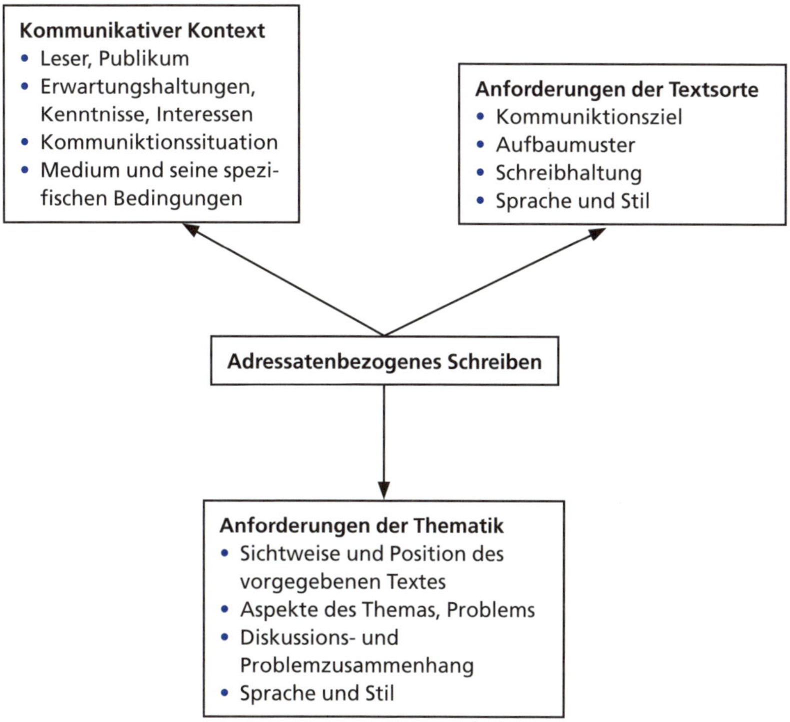

Der erste Aufgabenteil, die **Analyse des vorgegebenen Sachtextes**, verlangt in der Regel eine **Schwerpunktsetzung**, die sich meist aus der Thematik und der Argumentation ergibt. Im Unterschied zu Textanalyse wird dabei eine genauere Analyse der Gestaltungsweise (Sprache, Stil, rhetorische Mittel) nicht erwartet. Bei der Bewertung hat dieser Aufgabenteil meist weniger Gewicht als die Gestaltungsaufgabe. Aus der Analyse ergeben sich die thematischen Aspekte, mit denen Sie sich in Ihrem eigenen Text auseinandersetzen müssen.

Die **Gestaltungsaufgabe** verlangt

- eine über den Text hinausgehende **Auseinandersetzung mit dem Thema** (Stoffsammlung),
- die Klärung des **kommunikativen Kontexts,**
- die Reflexion der **Merkmale** der vorgegebenen oder frei gewählten **Textsorte,**
- **Gestaltungsideen**, aus denen sich ein Schreibkonzept ergibt (Schreibplan),
- eine **Bewusstmachung Ihrer Überlegungen und Entscheidungen**, die gegebenenfalls in einem dritten Aufgabenteil dargelegt werden müssen.

Falls ein **dritter Aufgabenteil** verlangt wird, müssen Sie dort in einer zusammenhängenden Darlegung den Bezug zwischen Ihrer Textanalyse und der Konzeption und Gestaltung Ihres eigenen Textes erläutern und Ihre **Entscheidungen begründen**.

Arbeitsschritte

Schritt 1: Die Aufgabenstellung klären und das erste Textverständnis festhalten

Aufgabenstellung:

1. Untersuchen Sie Thematik, Textstrategie und Intention des Zeitungsartikels von Jens Voss.
2. Setzen Sie sich in einer Abiturrede mit den Aufgaben von Schule und Lernen in der modernen Informationsgesellschaft auseinander. Beziehen Sie dabei Ihre eigenen Erfahrungen mit ein.
3. Erläutern Sie die Konzeption, Strategie und Intention Ihrer Rede.

Jens Voss:
Surfen statt denken (1999)

Büffeln ade, es klingt so schön: Fakten, Formeln, Grafiken – alles auf Festplatte gespeichert oder abrufbereit im Internet. Wissen – nur noch ein technisches Problem in einer Gesellschaft, die sich wortselig „Wissensgesellschaft" nennt. Die Sache hat nur einen Haken: Man weiß nur, was man weiß. Mit diesem lapidaren Satz stört der in Bonn lehrende Erziehungswissenschaftler Volker Ladenthin die Plausibilität der Vorstellung, man könne abgespeicherte Informationen einfach abrufen und dann eben „wissen". Computer und Internet, spottet der Professor, „sind die letzte Hoffnung darauf, das Lernen zu vermeiden".

Ladenthin warnt nicht nur vor falschen Hoffnungen, er schlägt Alarm: Die Informationsbeschaffung per Mausklick hat Nebenwirkungen für die geistige Verfasstheit ganzer Generationen. Wenn Wissen einfach abgerufen wird, verändert sich schleichend auch das Denken. „Wir sind auf dem Wege", warnt Ladenthin, „keine wissenschaftsorientierte Gesellschaft mehr zu sein".

Gerade das Surfen im Internet zeigt augenfällig, worum es geht. Diese Art der Suche nach Informationen gehorcht einem Prinzip, das im Kern zutiefst wissenschaftsfeindlich ist: dem Zufall. Informationen aus dem Internet häufen sich zu Fakteninseln in einem weiten Meer aus Ahnungslosigkeit. Es fehlt die Systematik der Aneignung, es fehlen bewusst gesteuerte Strategien im Fragen, Suchen und Finden einer Lösung für ein Problem – Ladenthin: „Schüler und Studenten arbeiten zunehmend ergebnisorientiert und nicht methodenorientiert." Was dabei auf der Strecke bleibt, nennt er „gewusstes Wissen", Wissen also, das um den Weg und die Mühe des Erkennens weiß. Wissen ohne methodisches Wissen aber sei nicht „zukunftsträchtig" – es bleibe stumm für kommende Probleme.

Die Folgen sind für Ladenthin bereits bei seinen Studenten klar ablesbar: Bestimmte Fähigkeiten schwinden, die Fähigkeit etwa, sich über längere Intervalle zu konzentrieren oder Problemlösungsstrategien von einem Gebiet auf ein anderes zu übertragen. Forciert wird diese Tendenz für Ladenthin durch die uferlose Bildlichkeit, die im Fernsehen, im Computer oder im Internet zur Vermittlung von Sachverhalten genutzt wird. Komplexe Zusammenhänge werden visuell so eingängig dargeboten, dass sich die Mühe abstrakten Denkens erübrigt.

Tendenz zu Kernfächern

Ladenthin betont im Gegenzug die Bedeutung von methodisch bewusst erarbeiteten Informationen: Sie sind, weil unterfüttert mit Wissen um den Weg zur Erkenntnis, ungleich gewichtiger als ihre schnellen Nichten aus dem Internet. Insofern ist für Ladenthin der oft zu hörende Eindruck, Schüler würden wesentlich mehr Informationen über die Welt aus Fernsehen, Computer und Internet als aus der Schule holen, eine optische Täuschung: Bilder drängen sich in der Erinnerung viel mächtiger in den Vordergrund als abstraktes Denkvermögen und methodische Fertigkeiten.

Der Bonner Wissenschaftler wertet die Tendenzen in der Schul- und Bildungspolitik – hin zu Kernfächern, zu klar definierten Kanon-Listen im Wissensbestand, zu mehr Leistung – als bitter nötigen Reflex gegen die drohende Erosion des Denkens. Entschieden plädiert er für die Rückkehr zu kognitiven, also erkenntnisbestimmten Unterrichtsformen, für die Zurückdrängung spielerischer Elemente in der Schule. Kognitiv bestimmter Unterricht heißt allerdings auch: Unterricht, in dem die Schüler in erster Linie nicht auf den Spaßfaktor an einer Sache, sondern auf die Sache verpflichtet werden – Lustverlust inbegriffen. Ladenthin pocht zudem darauf, dass die Güte solchen Unterrichts nicht daran zu messen ist, wie sehr er lebensweltlich eingebunden ist.

Die Behandlung von Struktur-Phänomenen im klassischen Drama kann, darf und soll eben nicht damit begründet werden, ob man später leichter einen Lohnsteuerjahresausgleich auszufüllen vermag. Im Vergleich dazu mag Rationalität – also die Fähigkeit zur Diziplinierung des Geistes in der Auseinandersetzung mit einer Sache – die unauffälligere Tugend sein. Sie bleibt aber – und es scheint nötig, daran zu erinnern – die wichtigere.

Aus: Rheinische Post, 21.09.1999

Übung

Übung 3:

a) Lesen Sie die Aufgabenstellung und den Text. Klären Sie, was von Ihnen verlangt wird.
b) Notieren Sie Ihr erstes Verständnis des Textes und der Problemstellung. Formulieren Sie Sichtweise und Position in Thesenform.
c) Halten Sie Ihre ersten Reaktionen auf den Text und die Sichtweise fest.

► **Lösung Seite 218 f.**

Schritt

Schritt 2: Den Text unter ausgewählten Aspekten untersuchen

Welche Aspekte Sie für eine genauere Untersuchung auswählen, hängt ab von

- der **Aufgabenstellung** (Schlüsselwörter!),
- von besonderen **Merkmalen des Textes** (Thematik, Sichtweise, Intention usw.),
- Ihrem **eigenen Textverständnis** und Ihrer **eigenen Sichtweise** des Problems.

Die Ergebnisse Ihrer Untersuchung müssen Sie im ersten Aufgabenteil schriftlich darlegen. Diese liefern zugleich das Material für Ihre **eigene Auseinandersetzung** mit dem Thema und für Ihre Gestaltungsideen.

Übung

Übung 4:

a) Erschließen Sie den Text unter ergiebigen Aspekten und halten Sie Ihre Ergebnisse in Stichpunkten fest.
b) Überprüfen Sie folgende Notizen:

Thema, Problemgehalt	Wissen und Lernen in einer durch die digitale Revolution geprägten Informationsgesellschaft
Position (des Erziehungswissenschaftlers Ladenthin, die auch der Verfasser vertritt)	• Informationsbeschaffung im Internet führt nicht zu einem methodenorientierten Wissen • Schulisches Lernen muss wieder mehr kognitiv bestimmt sein (Abkehr vom „Spaßfaktor“ und von falscher Schülerorientierung durch Aktualität)
Kernthesen	• Informationsbeschaffung im Internet und digitale Speicherung von Daten helfen, das Lernen zu vermeiden. • Negativer Einfluss auf die Entwicklung des Denkvermögens • Studenten und Schüler arbeiten zunehmend ergebnis- statt methodenorientiert. • Verringerung von längerfristiger Konzentrationsfähigkeit und der Ausbildung von Problemlösungsstrategien • Visuelle Informationen verdrängen Abstraktionsfähigkeiten und methodische Fertigkeiten • Schule muss zu erkenntnisorientierten Lernformen zurückkehren.
Zugrundeliegende Wertvorstellungen	• Bedeutung von systematischem Wissen, methodischen Fähigkeiten und Problemverständnis für die Zukunft einer Wissensgesellschaft
Argumentationsweise	• Begründung der Position durch Aufzeigen der negativen Auswirkungen • Wertvorstellungen nicht hinterfragt

▶ **Lösung Seite 219**

Schritt 3: Ein Gestaltungskonzept entwickeln

Schritt

Ideen und Konzepte für Ihren eigenen Text ergeben sich aus:

- Ihrer **eigenen Auseinandersetzung** mit dem Thema und Problem
- der (vorgegebenen) **Kommunikationssituation**
- den Gestaltungsanforderungen der jeweiligen **Textsorte**

Bei der **Auseinandersetzung mit dem Thema und Problem** können Sie von den Ergebnissen Ihrer Textanalyse ausgehen, sollten aber über den Text hinausgehende thematische Aspekte und Fragestellungen einbeziehen.

Methodisch können Sie dabei so vorgehen:
- Ihr Wissen zum Thema und Problem reaktivieren,
- eigene Erfahrungen berücksichtigen,
- thematische Aspekte des Problems durch W-Fragen erweitern,
- Sichtweise und Position des Textes hinterfragen,
- Ihre eigene Position entwickeln und durch Argumente begründen.

Die **Kommunikationssituation** ist ein wichtiger Faktor für einen überzeugenden Adressatenbezug Ihres Textes. Sie ist bestimmt durch
- Rolle des Schreiber, Redners
- Adressaten des Textes: soziale Rollen, Alter, Bildungsgrad usw.
- Erwartungshaltungen der Adressaten: Wertvorstellungen, Einstellungen und Haltungen, Vorwissen usw.
- Mediale Faktoren: Publikationsmedium, Redeanlass usw.
- bei mündlicher Kommunikation: räumlich-zeitliche Situation

Textsorten sind Muster der Kommunikation, die sich in ihrer Funktion, im Aufbau und in der sprachlichen Gestaltung unterscheiden. Innerhalb spezifischer **Grundmuster** haben Sie einen **individuellen Gestaltungsspielraum**, den Sie bei der Konzeption und Ausführung kreativ nützen können. Bei allen Formen des adressatenbezogenes Schreibens können Sie sich folgende **Fragen** stellen:
- Was will ich mit dem Text erreichen?
- Welche Position vertrete ich, welche Sichtweise möchte ich verdeutlichen?
- Wie schätze ich die Vorstellungen und Erwartungen des Publikums ein, wie gehe ich damit um?
- Welche thematischen Schwerpunkte wähle ich?
- Mit welchen Darstellungsstrategien kann ich mein Ziel erreichen (z. B. sachlich argumentativ, witzig unterhaltsam usw.)

Wenn in einem dritten Aufgabenteil eine **Reflexion und Begründung ihrer Gestaltungskonzeption** verlangt wird, ist es hilfreich, wenn Sie schon bei diesem Schritt Ihre Überlegungen in Stichpunkten festhalten.

Übung 5:

a) Setzen Sie sich mit dem Thema des Textes weiterführend auseinander. Berücksichtigen Sie dabei Ihre eigenen Erfahrungen mit dem Internet und dem schulischen Lernen.

b) Entwickeln Sie eine eigene Position zum Thema und finden Sie dafür überzeugende Argumente.

c) Klären Sie die verschiedenen Faktoren der Kommunikationssituation „Abiturrede".

d) Aktivieren Sie Ihr Wissen über die Merkmale und Anforderungen der Textsorte „Rede".

e) Beurteilen und ergänzen Sie folgende Gestaltungsüberlegungen:

Ziel, Intention	Aus der Schülerperspektive deutlich machen, dass die Rückkehr zur alten Lernschule mit einseitig kognitiver Ausrichtung nicht der richtige Weg ist.
Kritik der Sichtweise von Ladenthin	• Einseitige und undifferenzierte Einschätzung der Folgen von Internetrecherche → kein systematisches und methodenorientiertes Denken, keine Förderung des Abstraktionsvermögens durch Bilder • Einseitige Betonung der kognitiven Ebene • Abwertung spielerischer Elemente und schülerorientierter Aktualisierung
Eigene Position	Chancen des Internets und der digitalen Datenbanken sinnvoll nutzen, ohne bewährte Lernformen zu ersetzen • Rasche und globalisierte Zugriffsmöglichkeiten auf Informationen → Demokratisierung des Wissens • Effektive Recherche erfordert kognitive Fähigkeiten und geistige Kreativität • ______________________________ ______________________________ • ______________________________ ______________________________

▶ Lösung Seite 219 f.

Schritt 4: Eine Gliederung anfertigen

Die Grundstruktur Ihrer Arbeit ist in der Regel durch die Aufgabenstellung vorgegeben:

- Analyse des vorgegeben Textes
- Gestaltung eines eigenen Textes (Leserbrief, Kommentar, Rede, ...)
- (gegebenenfalls) Darstellung der eigenen Gestaltungsüberlegungen

Wie bei der Textanalyse können Sie sich im ersten Aufgabenteil an den untersuchten Aspekten des Textes orientieren. Aufbaumöglichkeiten des eigenen Textes hängen von der Textsorte ab.

Schritt

Übung 6:

a) Überprüfen und beurteilen Sie folgendes Gliederungsbeispiel:

Übung

Gliederungsbeispiel

1 Analyse der Argumentationsstruktur der Rede des Bundespräsidenten
1.1 Vorinformation zum Text
1.2 Schillers Bedeutung heute
1.3 Aufforderung zur Pflege der Klassiker in der Schule und auf dem Theater
1.4 Identitätsstiftende Bedeutung des klassischen Theaters
1.5 Vorbildfunktion der Sprache Schillers
1.6 Bekenntnis zum eigenen kulturellen Erbe

2 Rede zur Eröffnung der Schultheatertage
2.1 Anrede
2.2 Bezugnahme auf Köhlers Rede
2.3 Gegenüberstellung von Regietheater und Werktreue
2.4 Bezüge zur Dramentheorie
2.5 Plädoyer für schülergerechte Aktualisierung
2.6 Veranschaulichung am Beispiel des Programms der Theatertage
2.7 Schlussformel: Eröffnung der Theatertage

Musterabitur Bayern 2011 www.isb.bayern.de

b) Leiten Sie aus Ihrer Überprüfung Merksätze für den Aufbau einer Rede ab.
c) Fertigen Sie eine Gliederung für die Abiturrede, in der Sie sich mit der Position von Ladenthin und den Anforderungen an das Lernen in der modernen Wissensgesellschaft auseinandersetzen.

▶ **Lösung Seite 220 f.**

5.2 Einen literarischen Text gestaltend interpretieren

Gestaltendes Interpretieren heißt, das in einer Erschließung eines vorgegebenen literarischen Textes gewonnene **Verständnis in der Produktion eines eigenen fiktiven Textes** umzusetzen. Der vorgegebene Text ist dabei nicht ein Impuls für eigene subjektive Schreibideen (kreatives Schreiben), sondern muss in einer **gestaltenden Antwort interpretiert** werden (produktive Hermeneutik). Dazu müssen Sie

- sich in die Erlebnis-, Denkweisen und Gefühle literarischer **Figuren** einfühlen,
- **Handlungszusammenhänge** beachten,
- **historische Kontexte** berücksichtigen,
- sich in der Gestaltungsweise an **Sprache und Stil** des vorgegeben Textes orientieren.

In Klausuren oder in Abituraufgaben werden deshalb meist Ausschnitte aus epischen und dramatischen Texten vorgelegt, die Sie im Unterricht als Ganzschriften gelesen haben und mit denen sie sich erschließend und interpretierend auseinandergesetzt haben.

Um einen engen Zusammenhang zwischen Erschließung und produktiver Interpretation zu gewährleisten, besteht die **Aufgabenstellung** aus folgenden Teilen:

- **Erschließung und Interpretation** des vorgegebenen Textes
- **Gestaltende Auseinandersetzung**, meist unter Vorgabe einer Textsorte und eines Handlungskontexts
- Gegebenenfalls die **Darlegung und Begründung** der Konzeption und Ausführung Ihres gestaltenden Textes.

Im **ersten Aufgabenteil** müssen Sie den Text unter bestimmten **Schwerpunkten** erschließen, die eng mit der Gestaltung eines eigenen Textes zusammenhängen. Es wird also keine Interpretation erwartet, die alle wichtigen und ergiebigen Erschließungsaspekte berücksichtigt.

Beim **zweiten Aufgabenteil** müssen Sie auf die Merkmale der geforderten oder von Ihnen gewählten Textsorte sowie den plausibeln Zusammenhang zwischen Ihren Erschließungsergebnissen und Ihren Gestaltungsideen (Handlungszusammenhang, Figurencharakterisierung, Sprechweise der Figuren, Stil usw.) achten.

Falls ein **dritter Aufgabenteil** verlangt wird, müssen Sie dort den Zusammenhang zwischen Erschließung und Gestaltungsidee erläutern und Ihre Darstellungsweise begründen.

Aufgabenstellung:

1. Interpretieren Sie den Schluss von Fontanes Roman „Effi Briest". Gehen Sie dabei vor allem auf die Figurencharakterisierung und die Dialoggestaltung ein.
2. Gestalten Sie einen inneren Monolog, in dem Gedanken und Gefühle der Frau v. Briest nach diesem Gespräch deutlich werden.
3. Erläutern Sie Ihre Gestaltungsüberlegungen.

Theodor Fontane (1819–1898):
Effi Briest, Letztes Kapitel (Auszug)

Es war einen Monat später, und der September ging auf die Neige. Das Wetter war schön, aber das Laub im Parke zeigte schon viel Rot und Gelb, und seit den Äquinoktien, die drei Sturmtage gebracht hatten, lagen die Blätter überallhin ausgestreut. Auf dem Rondell hatte sich eine kleine Veränderung vollzogen, die Sonnenuhr war fort, und an der Stelle, wo sie gestanden hatte, lag seit gestern eine weiße Marmorplatte, darauf stand nichts als »Effi Briest« und darunter ein Kreuz. Das war Effis letzte Bitte gewesen: »Ich möchte auf meinem Stein meinen alten Namen wiederhaben; ich habe dem andern keine Ehre gemacht.«
Und es war ihr versprochen worden.

Ja, gestern war die Marmorplatte gekommen und aufgelegt worden, und angesichts der Stelle saßen nun wieder Briest und Frau und sahen darauf hin und auf den Heliotrop, den man geschont und der den Stein jetzt einrahmte. Rollo lag daneben, den Kopf in die Pfoten gesteckt.

Wilke, dessen Gamaschen immer weiter wurden, brachte das Frühstück und die Post, und der alte Briest sagte: »Wilke, bestelle den kleinen Wagen. Ich will mit der Frau über Land fahren.«

Frau von Briest hatte mittlerweile den Kaffee eingeschenkt und sah nach dem Rondell und seinem Blumenbeete. »Sieh, Briest, Rollo liegt wieder vor dem Stein. Es ist ihm doch noch tiefer gegangen als uns. Er frisst auch nicht mehr.«

»Ja, Luise, die Kreatur. Das ist ja, was ich immer sage. Es ist nicht soviel mit uns, wie wir glauben. Da reden wir immer von Instinkt. Am Ende ist es doch das Beste.«

»Sprich nicht so. Wenn du so philosophierst ... nimm es mir nicht übel, Briest, dazu reicht es bei dir nicht aus. Du hast deinen guten Verstand, aber du kannst doch nicht an solche Fragen ...«

»Eigentlich nicht.«

»Und wenn denn schon überhaupt Fragen gestellt werden sollen, da gibt es ganz andere, Briest, und ich kann dir sagen, es vergeht kein Tag, seit das arme Kind da liegt, wo mir solche Fragen nicht gekommen wären ...«

»Welche Fragen?«

»Ob wir nicht doch vielleicht schuld sind?«

»Unsinn, Luise. Wie meinst du das?«

»Ob wir sie nicht anders in Zucht hätten nehmen müssen. Gerade wir. Denn Niemeyer ist doch eigentlich eine Null, weil er alles in Zweifel lässt. Und dann, Briest, so Leid es mir tut ... Deine beständigen Zweideutigkeiten ... und zuletzt, womit ich mich selbst anklage, denn ich will nicht schuldlos ausgehen in dieser Sache, ob sie nicht doch vielleicht zu jung war?«

Rollo, der bei diesen Worten aufwachte, schüttelte den Kopf langsam hin und her, und Briest sagte ruhig:

»Ach, Luise, lass ... das ist ein *zu* weites Feld.«

Aus Theodor Fontane: Effi Briest. Stuttgart 2002, S. 331-333

Übung 7:

a) Klären Sie die Vorgaben und Anforderungen der Aufgabenstellung.
b) Notieren Sie in Stichpunkten die Gestaltungsmerkmale der Textsorte „innerer Monolog"

► **Lösung Seite 221**

Arbeitsschritte

Schritt 1: Das erste Textverständnis festhalten

Wenn Sie den Text im Unterricht als Ganzschrift gelesen haben, können Sie bereits nach dem ersten Lesen

- die Textstelle in den **Handlungszusammenhang** einordnen,
- ihr Wissen über die **Figuren** im Romankontext aktivieren,
- die Textstelle in den Problemzusammenhang des Romans einordnen.

Beim **zweiten Lesen** sollten Sie den Blick auf **Aspekte** richten, die sich aus der Gestaltungsaufgabe ergeben, z.B. die Figurencharakterisierung.

Übung 8:

a) Ordnen Sie den Schluss des Romans in den Handlungszusammenhang und den Problemgehalt des Romans ein.
b) Klären Sie, wie die Figuren im Gespräch mit dem Schicksal Effis umgehen. Stellen Sie Bezüge zur Charakterisierung der Figuren im Roman her.
c) Halten Sie Ihr Verständnis der Textstelle in Stichpunkten fest.

► **Lösung Seite 221 f.**

Schritt 2: Den Text unter ergiebigen Aspekten untersuchen

Ergiebige Erschließungsmöglichkeiten ergeben sich aus

- Aspekten der **Aufgabenstellung** (auf Schlüsselwörter achten),
- wichtigen **Elemente des Textausschnitts** (Figurenkonstellation, Handlungszusammenhang, Problemgehalt usw.),
- Ihrem eigen **Sinnverständnis,**
- der **Gestaltungsaufgabe**.

Wie beim Interpretationsaufsatz sollten Sie Ihre Erschließungsergebnisse schriftlich festhalten und in einer Stoffsammlung ordnen, damit Sie beim Schreiben des ersten Teils darauf zurückgreifen können. Sie sind auch Ausgangsbasis für die Entwicklung Ihrer eigenen Gestaltungsideen.

Übung 9:

a) Überprüfen Sie folgende Auswahl von Erschließungsaspekten:

Erschließungsaspekte

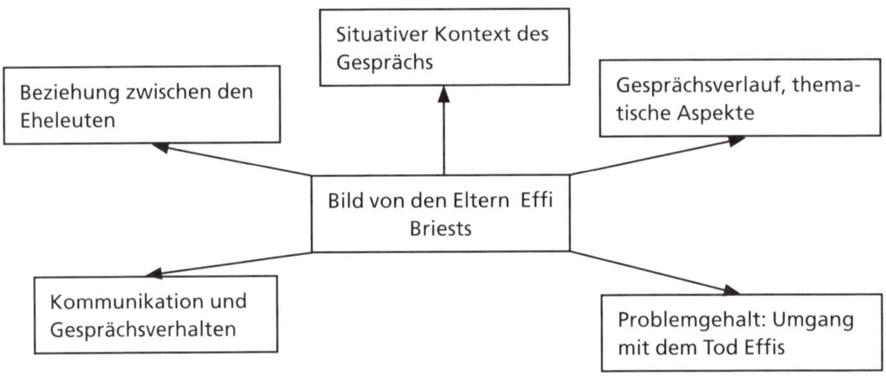

b) Untersuchen Sie den Text unter Erschließungsaspekten, die Sie selbst für ergiebig halten. Notieren Sie Ihre Ergebnisse.

c) Beurteilen Sie folgende Charakterisierung der Frau v. Briest:

Verhalten gegenüber dem Ehemann	Spricht ihm die Fähigkeit ab, über tiefer gehende philosophische und psychologische Probleme zu reden (tierischer Instinkt – menschliches Empfindungsvermögen)
Gesprächsverhalten	Dominiert durch Gesprächssteuerung; Kritik am Ehemann; Anspruch, die wirklich relevanten Fragen zu stellen
Umgang mit der Situation	Beobachtung von Rollos Verhalten löst Frage nach der Verarbeitung von Effis Schicksal und Tod aus → Problem der Schuld
Thematisierung von Fehlern in der Erziehung	Zu wenig Erziehung zu festen moralischen Grundsätzen (Pastor Niemeyer und Herr v. Briest) Eigene Schuld: zu jung verheiratet

Verdrängung der eigenen Schuld: gesellschaftlich-moralische Normen über die Liebe zum eigenen Kind zu stellen (→ „Verstoßung" Effis nach ihrem Fehltritt)

Romankontext:
- Projektion eigener Bedürfnisse nach sozialem Aufstieg durch die Karriere des Mannes auf die Tochter
- Abhängigkeit von gesellschaftlichen Normen
- Verhalten eher vernunft- als gefühlsorientiert

▶ Lösung Seite 222

Schritt 3: Ein Gestaltungskonzept entwickeln und begründen

Die Entwicklung eines Gestaltungskonzepts muss sich orientieren an
- den Ergebnissen Ihrer **Texterschließung** (Situation, Figurenkonstellation, Handlungszusammenhang, Figurencharakteristik usw.),
- Ihrem Verständnis der Textstelle im **Zusammenhang des Textganzen** (Drama, Roman),
- Ihren **literaturgeschichtlichen** Kenntnissen (Autor, Genre, Epoche),

- den Merkmalen der vorgegebenen oder von Ihnen gewählten **Textsorte** bzw. Darstellungsform (Brief, Tagebuch, innerer Monolog, Dialog, Rollenbiografie usw.),
- **Sprache und Stil** des vorgegebenen Textes,
- **inhaltlichen Vorgaben** der Aufgabenstellung (thematische Aspekte, Situation usw.).

Bei der **Reflexion und Begründung** Ihres Gestaltungskonzepts und der Darstellungsweise können Sie eingehen auf

- die Ergebnisse Ihrer **Erschließung und Interpretation** des Textausschnitts (Sichtweise einer Figur usw.),
- Ihrem Verständnis der Textstelle im **Zusammenhang des Textganzen** (Drama, Roman),
- Ihren **inhaltlich-thematischen** Überlegungen (Gedanken und Motive einer Figur, Themen eines Gesprächs usw.),
- die Wahl von **Gestaltungsmitteln** (Aufbau, Sprache, Stil),
- mögliche **Gestaltungsalternativen**.

Übung 10:

a) Skizzieren Sie in einer Stoffsammlung Fragen, Überlegungen und Gefühle der Frau von Briest. Gehen Sie dabei von den Ergebnissen Ihrer Erschließung und Ihrer Sichtweise der Figur aus.
b) Wählen Sie eine Situation im Handlungszusammenhang, in die Sie den inneren Monolog einbinden wollen.
c) Überprüfen und ergänzen Sie folgende Notizen:

Inhalt des inneren Monologs, thematische Aspekte	• Motive für das Arrangement einer Hochzeit zwischen dem ehemaligen Verehrer Innstetten und der Tochter • Einschätzung der Wünsche und Bedürfnisse der Tochter • ____________________ ____________________ ____________________ ____________________ ____________________ ____________________
Situation, Handlungszusammenhang	• Innerer Monolog als alternativer Romanschluss • Abend nach dem Ausflug (Landpartie) • Frau v. Briest allein in ihrem Zimmer
Aufbau	• Konnte sich nicht über die Landpartie freuen, musste immer wieder über die Schuldfrage nachdenken • Briests Haltung („zu weites Feld“, Z. 40) ist für sie keine Lösung. ____________________ ____________________ ____________________ ____________________
Sprache und Stil	• Sachlich reflexiv, weniger emotional • Viele Fragen ____________________ ____________________ ____________________

▶ Lösung Seite 222

Schritt 4: Eine Gliederung (Schreibplan) anfertigen

Durch die verschiedenen **Aufgabenteile** ergibt sich folgendes Grundschema:

- **Erschließender Teil**, untergliedert nach Sachaspekten
- **Gestaltung des eigenen Textes**, untergliedert nach dem thematischen Aufbau
- **Reflexionsteil**, untergliedert nach Sachaspekten

Schritt

Die **Einleitung** sollte auch zur eigenen Gestaltung hinführen, indem Sie z.B. eingehen auf

- Fragen (Leerstellen), welche der vorgegebene Textausschnitt aufwirft,
- eigene Reaktion auf den Text,
- Haltung des Erzählers gegenüber der Schuldfrage,
- usw.

Im **Schluss** können Sie darauf eingehen, warum der Autor eine Leerstelle, z.B. hier die Gedanken und Gefühle der Frau v. Briest, nicht gestaltet hat und wie solche Leerstellen mit autor- und epochenspezifischen Darstellungsweisen zusammenhängen.

Übung 11:

Übung

a) Fertigen Sie eine Gliederung.
b) Prüfen und beurteilen Sie folgendes Gliederungsbeispiel:

1	Schuldfragen – ein „zu weites Feld?“
2	Erschließung und Interpretation der Textstelle
2.1	Romanschluss: „und alle Fragen offen“
2.2	Gesprächssituation und Thematik
2.3	Beziehung zwischen den Eheleuten
2.4	Charakterisierung der Frau v. Briest
2.4.1	Dominanz im Gesprächsverhalten
2.4.2	Prägung durch Konvention und gesellschaftliche Normen
2.4.3	Schuldfrage spart wesentliche Aspekte aus.
3	Gestaltung des inneren Monologs
3.1	Situativer Kontext
3.2	Thematischer Verlauf
3.3	Resignativer Ausblick in die Zukunft
4	Reflexion der eigenen Gestaltung
4.1	Umsetzung der eigenen Sichtweise der Frau v. Briest
4.2	Orientierung an Sprache und Stil des Ausgangstextes
5	Warum Herr v. Briest das letzte Wort im Roman hat.

▶ **Lösung Seite 222**

6. Was Sie beim Schreiben können sollten

So unterschiedlich die Anforderungen der in der Oberstufe und im Abitur gestellten Aufgabenarten auch sind, bei der Darstellung von Untersuchungsergebnissen, der gedanklichen Auseinandersetzung oder bei der produktiven Gestaltung brauchen Sie Schreibfähigkeiten, die Sie vor allem in Übungsaufsätzen trainiert haben. Ihre **Schreibkompetenz** können Sie verbessern, wenn Sie sich bewusst sind, welche **Teilfähigkeiten** im Schreibprozess eine Rolle spielen. Diese Teilfähigkeiten ergeben sich aus den allgemeinen Merkmalen von guten und gelungenen Texten.

Die **Qualität der Gestaltung von Texten (Aufsätzen)** wird durch folgende Aspekte bestimmt:

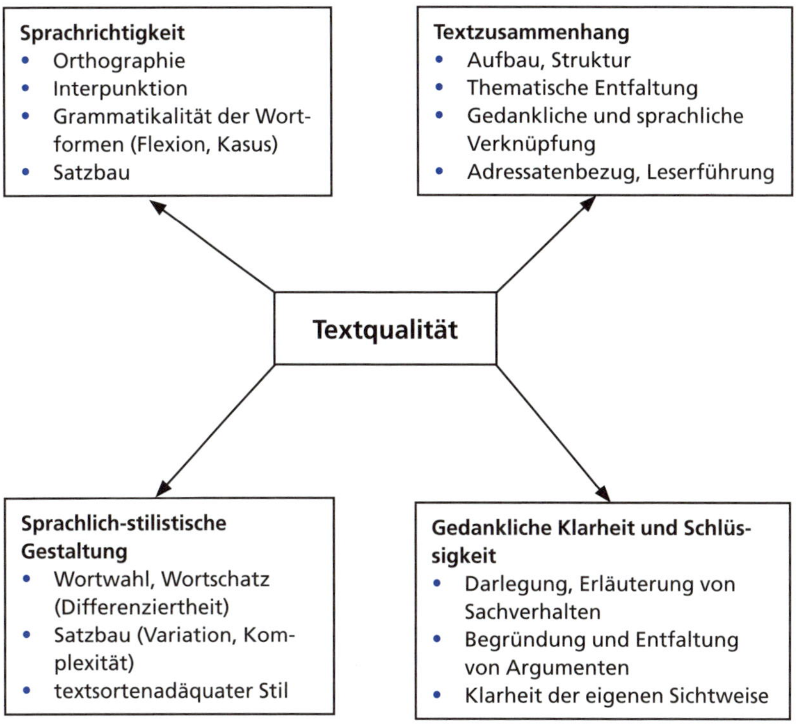

Übung 1:

a) Vergleichen Sie die Textqualität der folgenden beiden Ausschnitte aus Interpretationen von Hoffmannswaldaus „Vergänglichkeit" der Schönheit. Legen Sie dabei die Aspekte und Kategorien der Übersicht zugrunde.

b) Überlegen Sie, wie man Text A überarbeiten müsste, um die Textqualität zu verbessern.

A

In dem Barockgedicht „Vergänglichkeit der Schönheit" von Christian Hoffmann von Hoffmannswaldau, 1695 entstanden, beschreibt ein Sprecher den körperlichen Zerfall eines Menschen und erklärt schließlich die Sinnhaftigkeit des Prozesses.

In den ersten beiden Strophen wird besagter Prozess im Detail ausgeführt, dabei nennt der Sprecher diverse Körperpartien und erläutert verschiedene Verfallsformen eben jener. In der dritten Strophe fährt der Sprecher vorerst fort, leitet aber mit dem letzten Vers zu dem Gedanken über, dass die beschriebene Person nach dem Verlust ihrer Schönheit für einen Gott ihren Wert verliert. Zu der letzten Strophe schließlich sagt der Sprecher, dass das Herz jener Person aus Diamant sei und zeitlos alleine bestehen kann.

Nach dem ersten Lesen fällt es einem poetischen Fachpublikum nicht schwer das Gedicht der Epoche des Barocks, und damit dem 17. Jahrhundert (1620 – 1700) exakt zuzuordnen. Viele Details in der Struktur des gesamten Gedichts, sowie in Wortwahl und auf inhaltlicher Ebene, auf die ich im Folgenden eingehen werde sprechen eindeutig dafür. Außerdem liegt die Vermutung nahe, dass sich der Autor in Bezug auf den Zentralbegriff des Barock, Vanitas, hier für die Behandlung des Memento-Mori-Aspekts entschieden hat, also der bewussten Zurückhaltung von Genüssen im Leben um nach dem Tod in einer besseren Welt wiedergeboren zu werden (Transzendenz).

Bei näherer Betrachtung lassen sich viele typische Barockmerkmale in Struktur und Thema feststellen, jedoch auch einige für den Barock sehr spezielle Besonderheiten im Inhalt.

Das Gedicht ist anhand der Anzahl von Strophen und Versen sehr leicht als Sonnet zu identifizieren. Es setzt sich aus zwei Quartetten und den beiden folgenden Terzetten zusammen und fügt sich somit zu einem Sonnet. Auch das Metrum ist sehr typisch für die Gedichte des Barocks. Aus den jambischen Hexametern jeweils mit Diärese, also einer Zäsur bzw. einem Einschnitt nach der dritten Hebung, ergibt sich die spezielle Versform des Alexandriners (12- bzw. 13-silbig), der gerade im Barock sehr beliebt war. Außerdem spielt die Reimform eine große Rolle im strukturellen Bereich, da mit den hier verwendeten umarmenden Reimen in den Quartetten bzw. Paarreimen und umarmender Reim in den Terzetten eine poetische Ordnung und Zusammenhang erzeugt wird.

Im Detail reimt sich das Sonnet folgendermaßen: abba abba ccd eed.

Analog dazu funktionieren die Versenden, die männlich „Hand", „Sand" (V. 1, 4), oder weiblich „streichen", „weichen" (V. 2, 6) ausfallen, und das Gedicht damit rhythmisch wirken lassen.

In der Wortwahl beschränkt Hoffmann von Hoffmannswaldau sich auf die barocktypischen Wortfelder der Vergänglichkeit bzw. des Todes und der Schönheit, die er hier geschickt kombiniert, um mit den zahlreichen Autoren gleichzuziehen, die sich mit Memento-Mori auseinandergesetzt haben.

[...]

www.didaktikdeutsch.de/lehre/ws0809/Lyrik%20Datei3.pdf

B

Schon der Titel des Gedichts scheint das Thema zu nennen, und nach dem genaueren Lesen zeichnet sich bereits ein auf den ersten Blick griffiges Sinnverständnis ab: In drastischen Bildern wird einem offensichtlich weiblichen Du die Vergänglichkeit seiner Schönheit bewusst gemacht und dieser Vergänglichkeit des Körpers die Beständigkeit des Herzens gegenübergestellt. Wer auch nur grobe Vorstellungen von der Epoche hat, in der das Gedicht entstand, wird sich an das beherrschende Motiv der Vanitas und die Sprechhaltung des Memento-mori erinnern. Die Botschaft des Textes scheint gefunden, und es ginge in der weiteren Erschließung nur noch darum, die Mittel zu untersuchen, mit denen diese in barocker Manier dem Leser wirkungsvoll verdeutlicht wird.
Wer an dieser Stelle des Sinnverständnisses beginnt, den Text nach dem systematischen Raster weiter aufzuschließen, läuft Gefahr, Wesentliches zu übersehen. Auffallend ist, dass das Gedicht in seiner Komposition, d.h. der Grundidee des Aufbaus, auf die letzten beiden Verszeilen zielt, in denen die Beständigkeit des Herzens betont wird, das die „Natur aus Diamant gemacht“ (Z. 14) hat. Anders als in den bekannten Vanitas-Gedichten eines Andreas Gryphius fehlt hier die Blickrichtung auf die Ewigkeit, das Jenseits, dem sich das Du, die Schönheit missachtend, mit der Beständigkeit eines gläubigen Herzens zuwenden soll. Es lohnt also, dem Bedeutungsgehalt der Metapher vom Herz aus „Diamant“ noch etwas genauer auf die Spur zu kommen. Die wesentliche Eigenschaft des Diamanten ist seine Härte; Härte des Herzens kann aber nicht nur – im Kontext des Memento mori - positiv als Beständigkeit verstanden werden, sondern auch als Unempfindlichkeit. Hinter dem scheinbaren Lob wird die Kritik des Sprechers an der Unempfindlichkeit des Du sichtbar.Wir haben deshalb Anlass, an der Memento-mori-Botschaft zu zweifeln, die unser erstes Sinnverständnis bestimmt hat.Was aber hat der Sprecher an dem unempfindlichen Herzen des weiblichen Du auszusetzen? Die letzte Verszeile des ersten Terzetts macht der Dame deutlich, dass dann, wenn die Schönheit des Körpers „zu Staub“ (Z. 10) geworden ist, „keiner mehr der Gottheit“ ihrer „Pracht“ opfert (Z. 11).
Sie wird mit diesen Worten daran erinnert, dass sie in ihrer Schönheit ein Gegenstand männlicher Anbetung und körperlichen Begehrens ist. Diese erotische Dimension wird bereits in der ersten Strophe deutlich, wenn der Tod als (letzter) Liebhaber auftritt, der um ihre „Brüste streichen“ (Z. 2) wird.

Bringt man diese Hinweise auf das männliche Begehren mit der Unempfindlichkeit des Herzens zusammen, so liegt die Deutung nahe, dass der Sprecher nur deshalb die Vergänglichkeit der Schönheit vor Augen führt, um die Angesprochene aufzufordern, dem Begehren nachzugeben und auf dem Altar der sinnlichen Liebe zu opfern, so lange es noch Zeit ist. Wer einige Liebesgedichte des Barock kennt, wird sich an das Motiv des „Carpe diem“ erinnern, das hier bei genauerer Betrachtung als tiefere Bedeutungsschicht sichtbar wird.

Warum aber kleidet der Sprecher seine Botschaft des „Carpe diem“ in eine Argumentation, die zunächst auf die Aufforderung zur tugendhaften Beständigkeit zielt? Es bietet sich im nächsten Schritt an, die Sprechhaltung des (impliziten) lyrischen Ich genauer zu untersuchen. Hier klagt kein individuelles Ich, das von der Angebeteten nicht erhört wird, sondern der Autor führt ein literarisch und kulturell geprägtes Rollenverhalten vor: die Rolle der stolzen, sich verweigernden Schönen; die Rolle des begehrenden Liebhabers, der zum Genuss auffordert, indem er an die Vergänglichkeit erinnert. Da die Aufforderung des „Carpe diem“ nicht ausgesprochen wird, kann man die letzten beiden Zeilen auch als geistreich witzige Pointe lesen, in der die Unempfindlichkeit der Dame, die so stolz auf die „Pracht“ ihrer „Schönheit“ zu sein scheint, im rhetorischen Gewand eines Tugendlobs verspottet wird.

▶ **Lösung Seite 223 f.**

6.1 Schreiben als Prozess: Schritte und Fähigkeiten

Gute Texte sind meist das Ergebnis eines klar strukturierten und methodisch bewussten Schreibprozesses, der sich in folgende Phasen gliedern lässt:

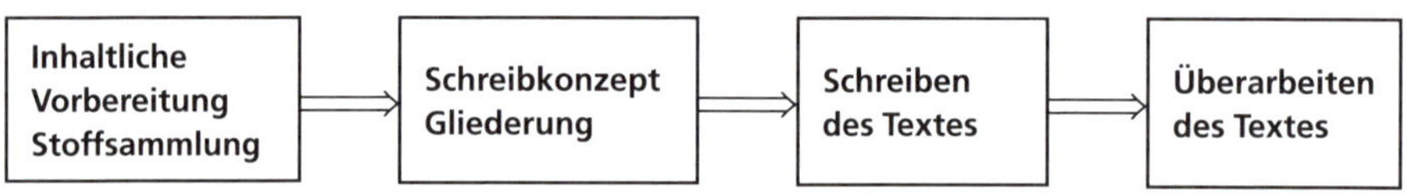

Jede Phase verlangt spezifische **methodische Fähigkeiten**, die Sie gezielt trainieren können:

Inhaltliche Vorbereitung	• **Untersuchen von Texten** – Markieren, semantische Kartografie, Randnotizen, W-Fragen, Strukturen visualisieren usw. • **Auseinandersetzen mit Texten, Themen, Problemen** – Begriffe klären, W-Fragen, Cluster, Mindmap usw. • **Ergebnisse festhalten** – Thesen formulieren, Notizen in Stichpunkten – Ordnung nach Sach-, Erschließungsaspekten – Zusammenhänge visualisieren usw.
Schreibkonzept entwickeln	• Vorgaben der Aufgabenstellung (Teilaufgaben, Aspekte) • Grundmuster des Aufbaus beim Interpretieren, Erörtern, Verfassen produktiver Texte • Ausdifferenzierung des Grundmusters durch Unterpunkte • Ideen für Einleitung und Schluss • Formulierung der Gliederungspunkte • Inhaltliche und gedankliche Schlüssigkeit überprüfen
Text schreiben	• Stimmigkeit des Stils – Analysieren und Erörtern: Sachstil, argumentativ – produktive Gestaltung: textsortenspezifische Darstellungsweisen • Sprachliche Mittel der gedanklichen Verknüpfung einsetzen (Konnektoren, Satzbau) • Stiladäquate Wortwahl • Signale der Leserführung • Textstellen wiedergeben und zitieren

Text überprüfen und überarbeiten	• Orthographie, Zeichensetzung, Grammatikalität • Stimmigkeit von Stil und sprachlicher Gestaltung (der Aufsatzart adäquat) • Schlüssigkeit der Gedankenführung (roter Faden) • Inhaltliche Richtigkeit, Differenziertheit usw.

Übung 2:

a) Beurteilen Sie selbstkritisch Ihre Stärken und Schwächen in den einzelnen Phasen des Schreibprozesses. Fertigen Sie eine tabellarische Übersicht und eine „Dringlichkeitsliste" an.

b) Überlegen Sie auf der Grundlage Ihres fachlichen Wissens, wie Sie Ihre Fähigkeiten in Teilbereichen verbessern könnten.

▶ **Lösung Seite 224**

6.2 Ein Schreibkonzept entwickeln: Gliederung und Schreibplan

Voraussetzung für das Schreiben eines guten Textes ist ein klares und differenziertes Konzept, das **inhaltliche Aspekte und Aufbau** festlegt. Es dient beim Schreiben als **„Route"**, mit der Sie den Überblick behalten, nichts Wichtiges weglassen, sich nicht in Details verlieren und einen „Faden" für Ihre Gedankenführung haben.

Schreibkonzepte werden im Aufsatzunterricht meist als **„Gliederungen"** bezeichnet, bei Interpretationsaufsätzen, Textanalysen und gestaltenden Interpretationen wird auch der Begriff **„Schreibplan"** verwendet. Während beim erörternden Schreiben meist erwartet wird, dass Sie sich an klar vorgegebenen Schemata beim Aufbau und in der Formulierung orientieren (z.B. „Sanduhr-Schema", Nominalstil, Nummerierung), haben Sie bei Schreibplänen einen größeren individuellen Spielraum, auch wenn Grundmuster des Aufbaus oft durch Teilaufgaben vorgegeben sind.

Ein Schreibkonzept ist das **Ergebnis** Ihrer Untersuchung von Texten, der Auseinandersetzung mit Themen und Problemen oder der Entwicklung von Gestaltungsideen. Auf der Grundlage Ihrer Notizen müssen Sie das **inhaltliche Material sichten und ordnen,** damit Sie es beim Schreiben jederzeit im Blick haben.

Möglichkeiten der Ordnung ergeben sich aus

- Schwerpunkten der **Aufgabenstellung**
- systematischen **gattungsspezifischen Erschließungsaspekten**
- **thematischen** Aspekten
- Ihren **eigenen Schwerpunktsetzungen**

Den Überblick erleichtern verschiedene **Möglichkeiten der Anordnung**:

- in Form von **Tabellen** (z. B. Untersuchungsaspekte, Untersuchungsergebnisse, Textbelege)
- **Mindmaps** (sachsystematische Ausdifferenzierung)
- **Schaubilder** (z.B. Überblick über ausgewählte Aspekte; Zusammenhänge zwischen Faktoren usw.)
- **Entwicklungslinien** (z.B. Flussdiagramm)

Die Sichtung und Ordnung Ihrer Stoffsammlung führt zu einem **Schreibkonzept**, das in Form einer Gliederung oder eines Schreibplans schriftlich formuliert wird. Der Leser wird damit informiert über

- den **Aufbau** Ihres Textes,
- die **behandelten Aspekte**,
- den **kommunikativen Rahmen** (Einleitung und Schluss).

Gliederung und Schreibplan sind informativer, wenn Sie verschiedene **Ebenen der Ausdifferenzierung** durch Unterpunkte wählen. Der Grad der Ausdifferenzierung und damit der Umfang der Gliederung sollte aber in einem sinnvollem Verhältnis zur Länge des Textes stehen. Die Gefahr in Klausuren und in Abiturprüfungen besteht aber meist mehr in einer zu geringen als in einer zu starken Ausdifferenzierung durch Unterpunkte.
Gliederungspunkte werden meist nummeriert, wobei in der Schule meist zwei **Schemata** eingeübt werden:

A	**B**
A. Einleitung	1 Einleitung
B. Hauptteil	2 Hauptteil
I. Aufgabenteil 1	2.1 Aufgabenteil 1
1. Aspekt 1	2.1.1 Aspekt 1
a) Unterpunkt 1	2.1.1.1 Unterpunkt 1
....	......
II. Aufgabenteil 2	2.2 Aufgabenteil 2
....	.....
C. Schluss	3 Schluss

Info

Bei Schema B wird oft auch auf die Nummerierung des Hauptteils verzichtet, so dass die Aufgabenteile als oberste Ebene erscheinen:

1 Einleitung
2 Aufgabenteil 1
...

In Schreibplänen kann die Untergliederung auch durch Spiegelstriche gekennzeichnet werden.

Bei der **Orthographie und Zeichensetzung** innerhalb einer Gliederung sollten Sie beachten:

Info

Großschreibung des ersten Wortes eines Gliederungspunktes	I. Vergleichende Erschließung der Erzählanfänge 1. Situierung des Erzählten a) Märchenhaft unbestimmter Sommerabend vor Lucca
Bei einer syntaktischen Verknüpfung von Ober- und Unterpunkten: Groß-/Kleinschreibung und Zeichensetzung wie im fortlaufenden Text	1. Medien prägen unser Bild von der Wirklichkeit durch a) die Auswahl der Informationen, b) die Darstellungsweise.

Gliederungspunkte sollten so knapp wie möglich, aber trotzdem aussagekräftig formuliert werden. Das gelingt meist am besten durch Verwendung des **Nominalstils**.

Übung

Übung 3:

a) Suchen Sie in dieser Lernhilfe Beispiele für die verschiedenen Ordnungsmöglichkeiten von Ergebnissen der Untersuchung von Texten und der Auseinandersetzung mit Problemen. Beurteilen Sie, was diese jeweils leisten.
b) Überprüfen Sie die folgende Gliederung eines Schüleraufsatzes. Achten Sie dabei auf:
   - Nummerierungsschemata
   - Aufbaumuster
   - Umfang und Grad der Ausdifferenzierung
   - Formulierung der Gliederungspunkte (Informationsgehalt für den Leser)

Erarbeiten Sie eine knappere, aber trotzdem aussagekräftige Version.

Aufgabenstellung:

1. Erschließen und interpretieren Sie die Szene „Wald und Höhle“ in Goethes „Faust I“.
2. „Du, Hölle, musstest dieses Opfer haben!“ (V 3361)
Erläutern Sie, wie Faust die „Tragödie“ seiner Beziehung zu Gretchen und die Rolle Mephistos sieht.
Setzen Sie sich mit der Deutung auseinander, Fausts Verhalten gegenüber Gretchen sei die „eines Titanen, der aus Vermessenheit und Lebensverachtung [...] menschliche Werte kaltsinnig übergeht“. (Ralf Sudau).

Schreibplan

A. Einleitung: Altruismus und Egoismus als Grundlage unseres Handelns
B. Erschließung und Interpretation der Szene „Wald und Höhle“
  I. Ort und Bedeutung
    1. Höhle als Systole
    2. Szene als Ausdruck von Fausts Willen, Gretchen zu schüzen
    3. Szene als Ausdruck des „Gretchen-Konflikts“ durch Mephisto
  II. Problemgehalt der Szene
    1. „Gretchen-Konflikt“ wird verdeutlicht.
    2. Unfreiheit Fausts wird ausgedrückt.
  III. Figurenkonstellation und Aufbau
    1. Monolog Fausts
      a) Dialogischer Charakter
      b) Einteilung in zwei thematische Teilabschnitte
    2. Dialog Fausts mit Mephisto
      a) Unterschiedliche Gesprächsrollen der beiden Dialogpartner
      b) Einteilung in drei Teilabschnitte
  IV. Mittel der dramaturgischen und sprachlichen Gestaltung
    1. Unterschied der beiden Figuren in der Verssprache
    2. Sprachliche Bilder und Redeverteilung
C. Erörterung der Tragödie des Gretchen-Konflikts
  I. Erläuterung des Konflikts und der Rolle Mephistos
  II. Auseinandersetzung mit der Deutung von Fausts Verhalten durch R. Sudau
    1. Argumente dafür
      a) Triebreaktionen Fausts
      b) Morde an Familienmitgliedern
    2. Argumente dagegen
      a) Schutzwunsch Fausts in „Wald und Höhle“
      b) Rettungswunsch in den Szenen „Walpurgisnacht“, „Trüber Tag. Feld“ und „Kerker“
    3. Urteil: Faust als unfreier Romantiker gefangen in seinen Trieben

c) Rekapitulieren Sie Ihre eigenen Erfahrungen beim Anfertigen von Gliederungen / Schreibplänen. Klären Sie, was Sie verbessern könnten. Lassen Sie sich dabei von den abgedruckten Beispielen anregen.
d) Formulieren Sie Merksätze, die Sie beim Anfertigen von Gliederungen / Schreibplänen beachten sollten.

▶ **Lösung Seite 224 f.**

6.3 Einen Text schreiben

6.3.1 An den Leser denken – Adressatenbezug und Rezipientenführung

Aufsätze sollten als „Texte für Leser" geschrieben werden, auch wenn sie meist nur von Lehrern und Mitschülern gelesen werden. Wer an den Leser denkt, muss überlegen, wie man

- bereits in der Einleitung das **Interesse weckt** und im Verlauf der Arbeit wach hält,
- die **eigene Verstehensweise, Sichtweise, Position** deutlich macht,
- die **Gedankenführung** transparent und nachvollziehbar entwickelt („roter Faden"),
- wo und wie man **informieren, analysieren, argumentieren, deuten und werten** muss,
- die **Verständlichkeit** sichert (Veranschaulichen durch Beispiele usw.),
- das richtige Verhältnis zwischen **Verknappung und Ausführlichkeit** der Darlegung sichert,
- am **Schluss** abrundet, einen Ausblick gibt usw.

Als **Signale** der Leserlenkung können Sie verschiedene **sprachliche Mittel** einsetzen, z. B.

Interesse wecken	Fragen stellen; pointiert formuliertes Zitat
Sichtweise, Position	„Ich bin der Meinung …"; „Meine These ist"
Gedankenführung	„Wichtig ist …"; „Das Entscheidende ist …" konjunktionale Verknüpfungen („weil"; „folglich"; „obwohl" usw.
Verständlichkeit	„Dies zeigt sich vor allem in Zeile …"
usw.	

Übung 4:

a) Markieren Sie die Mittel der Leserführung in Interpretationsbeispiel B (S. 137 f.).

b) Ergänzen Sie die Mittel der Leserführung in der Tabelle durch weitere Beispiele.

c) Überprüfen Sie die Gestaltungsweise der Leserführung an folgenden Einleitungen. Machen Sie Verbesserungsvorschläge.

Aufgabenstellung:

s. Übung 3, Aufgabenstellung 2 zu Goethe: Faust I, Wald und Höhle, S. 143:

A (Ausschnitt)

Altruismus und Egoismus sind zwei Haltungen, die entscheidend unser Leben bestimmen. Alle unsere Handlungen werden entweder zu unseren Gunsten oder zu Gunsten anderer ausgeführt. Wie weitreichend die Folgen des jeweiligen Handelns sind, ist sehr unterschiedlich. Daher entstehen oft im Leben eines Menschen Situationen, in denen er entscheiden muss, zu wessen Gunsten er handelt. Durch solche Situationen können Konflikte entstehn, die ein häufig behandeltes Thema der Literatur sind.
Auch in Goethes „Faust" steht der Protagonist vor der Frage, ob er zu seinen Gunsten handelt, nämlich seine Triebe befriedigt, oder Gretchen vor sich und den möglichen Folgen seines Egoismus schützt. Dies wird für den Leser in „Wald und Höhle" deutlich.
In dieser Szene befindet sich Faust zunächst allein in einer Höhle, isoliert von allen anderen Menschen. Sie stellt eine Wende in der Handlung des Dramas dar. Vor dieser Szene sind Fausts Handlungen und deren Auswirkungen im Hinblick auf Gretchens Situation noch relativ harmlos. Kurz darauf jedoch, bereits in der folgenden Szene, macht Gretchen ihre Sehnsucht deutlich. Sie will ohne ihn nicht mehr leben. Auch die dramatischen Ereignisse des Stücks werden alle nach dieser Szene vorbereitet und in Gang gesetzt.

B

Was wurde in Goethes „Faust“ im Laufe der Wirkungsgeschichte nicht alles hineininterpetiert! Er wurde im 19. Jahrhundert vom frühneuzeitlichen Teufelsbündler zur Verkörperung des deutschen Wesens mythisiert, zum Titanen, der im Streben nach Erkenntnis, nach Liebesglück und im Tatendrang Grenzen überschreitet und dabei doch nie mit dem Erreichten zufrieden sein kann. Die Liebe zu einem bürgerlichen Mädchens konnte dabei nur eine Station seines Lebensdranges sein, trotz aller Schuldgefühle, mit denen das Schicksal Gretchens verbunden ist. Aus weiblicher Sicht erscheint die Rezeptionsgeschichte auch als eine Abfolge männlicher Projektionen.
Nicht nur die Mythisierung, auch die literarische Figur des Faust selbst fordern zu einer Kritik heraus, wie sie in dem Zitat von Sudau zum Ausdruck kommt. Faust als verantwortungsloser Titan, der seine Bedürfnisse befriedigt und Gretchen ins Unglück stürzt. Aber sind „Vermessenheit und Lebensverachtung“ die wirklichen Triebfedern, und setzt er sich tatsächlich „kaltsinnig“ über menschliche Werte hinweg? Ausgehend von der Untersuchung der Szene „Wald und Höhle“ möchte ich mich mit diesen Fragen auseinandersetzen.

▶ **Lösung Seite 226**

6.3.2 Den adäquaten Stil wählen

Mit dem Begriff „Stil“ bezeichnet man die sprachliche **Gestaltungsweise** von Texten, wodurch die Wirkung wesentlich beeinflusst wird. Stilentscheidungen hängen ab von

- den Schreibmustern einer bestimmten **Textsorte,**
- der **Wirkungsabsicht** des Schreibers,
- seiner **Spachkompetenz**.

Interpretationsaufsatz, Textanalyse und Erörterung sind Sachtexte, die einen **Sachstil** erfordern. Er ist geprägt durch

Info

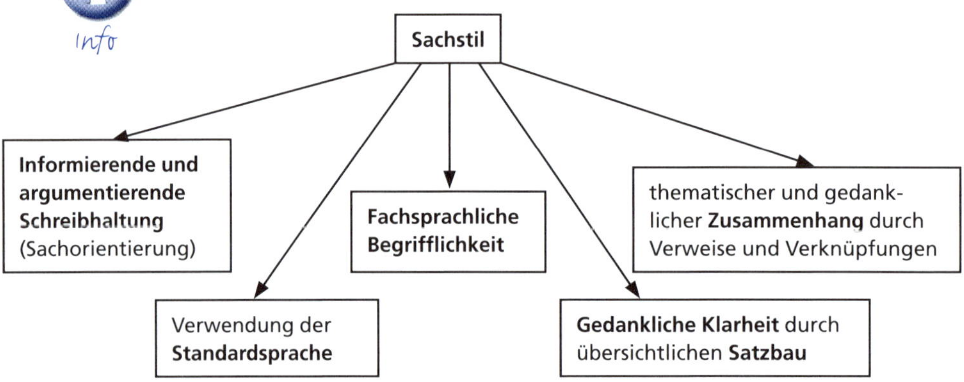

Stilentscheidungen beim Schreiben können Sie auf folgenden Ebenen treffen:

- **Wortebene** (Wortschatz, Wortwahl)
- **Satzebene** (Satzbau und Satzverknüpfung)
- **Textebene** (Textzusammenhang)

Die folgende Übersicht zeigt, was Sie dabei beachten sollten:

Info

Ebene	vermeiden	verwenden
Wortebene	• Jugendjargon • umgangssprachliche Wendungen • leere Floskeln, Worthülsen • unpräzise Begriffe	• Fachterminologie • genaue Begriffe • differenzierter Wortschatz • analytisch notwendige Abstraktion (richtige Ober- und Unterbegriffe, Definitionen usw.) • notwendige Konkretion (treffende und anschauliche Ausdrucksweise)
Satzebene	• Gleichförmigkeit in den Satzbaumustern • Zu wenig syntaktische Komplexität (Hypotaxen) • Unübersichtlichkeit (Schachtelsätze) • unverbundene Reihung von Parataxen • unklare Verknüpfungen und Beziehungen	• Abwechslung in den Satzbaumustern (Wortstellung, Satzlänge) • Übersichtlichkeit von Satzgefügen • klare Verweisungen (Pronomina) • Syntaktische Verdeutlichung von sachlichen und gedanklichen Zusammenhängen (Konjunktionen, Adverbien usw.)
Textebene	• gedankliche Brüche oder Sprünge • fehlende oder falsche Bezüge • fehlende thematische und argumentative Entfaltung	• gedankliche Folgerichtigkeit und Schlüssigkeit • klare thematische und logische Bezüge • nachvollziehbare thematische und argumentative Entfaltung

Übung 5:

Übung

a) Überprüfen und beurteilen Sie die sprachlich-stilistische Gestaltung in folgendem Ausschnitt aus einer Schülerarbeit.

b) Machen Sie Vorschläge für eine Überarbeitung.

Aufgabenstellung:

s. Übung 3, Aufgabenteil 2: Deutung Ralf Sudaus, S. 143

Ralf Sudaus Urteil über Faust als kaltsinnigem Titanen ist durchaus verständlich, da im Handeln Fausts oft die Triebe überwiegen und bestimmen, was zum Beispiel in der Szene „Gartenhäuschen“ zu erkennen ist, in der er Gretchen ohne Zögern küsst. Auch die Morde – an Valentin und auch der „Unfall“, der die Mutter tötet – deuten auf einen „kaltblütigen Krieger“ in Faust hin, da er Valentin beispielsweise ohne Zögern erstochen hat.
Der Schutzwunsch Fausts für Gretchen zeigt jedoch eindeutig, dass er Gretchen trotz der ausweglosen Situation nicht seinen Trieben opfert und dadurch Werte anerkennt.
Auch in der Szene „Walpurgisnacht“ denkt er trotz der Ablenkung durch Mephisto an Gretchen und ihr armes Schicksal, was ihn schließlich in der Szene „Trüber Tag. Feld“ Mephisto verfluchen und verwünschen lässt und ihn im Kerker verzweifelt Gretchen zu retten versuchen lässt.
Daher stimme ich Ralf Sudau nicht zu in der Bezeichnung Fausts als rücksichtslosen „Titanen“. Auch wenn durch die Fülle der Triebreaktionen im Drama eine Einsicht seiner Taten und deren Folgen schwer zu erkennen ist, zeigen einige Szenen eindeutige Hinweise darauf, dass Faust durchaus Werte besitzt und diese auch, soweit trotz Mephistos Einfluss auf Faust möglich, beherzigt und dadurch zu handeln versucht. Ich würde daher Faust eher als „unfreien Romantiker“ bezeichnen, der in Trieben durch den Teufel gefangen ist und damit zum Egoismus gezwungen wird.

▶ Lösung Seite 226

6.3.3 Auf klare Gedankenführung achten

Texte wirken überzeugend, wenn für den Leser jederzeit ein „roter Faden" erkennbar ist, d. h. genügend deutlich wird

- welche **Position** Sie vertreten, welche **Deutung** Sie darlegen,
- in welchen **gedanklichen Schritten** Sie vorgehen,
- wie das Thema durch **Sachaspekte entfaltet** oder die Position durch Argumente begründet wird,
- wie einzelne **Teile und Abschnitte** mit dem Ganzen **zusammenhängen**,
- welche Funktion Zitate, Wiedergaben von Textstellen, Beispiele usw. haben.

Dabei müssen Sie auf die Unterschiede zwischen der Darlegung von Analyse- und Interpretationsergebnissen und der Erörterung von Themen und Problemen achten:

Interpretieren und analysieren	Erörtern
Begründung Ihrer Verstehensweise durch • Darlegung Ihrer Untersuchungsergebnisse zu einzelnen Sachaspekten (ausführen, erläutern) • Sachsystematische Entfaltung • Stützung der Aussagen durch Textbelege, fachliche Kenntnisse usw.	**Begründung Ihrer Sichtweise und Position** bei Themen und Problemstellungen durch • argumentative Auseinandersetzung (oft in dialektischer Form) • Entfaltung der Argumente • Abwägung von Argumenten

Grundlage einer klaren Gedankenführung ist ein differenzierter Schreibplan, an dem Sie sich orientieren.

Gedankliche Zusammenhänge werden für den Leser deutlicher, wenn Sie sprachliche „Verstärker" verwenden:

Gedanklicher Schritt, Aussage	Sprachliche „Verstärker"
Position, Deutungshypothese	• **Konstatierende Wendungen:** „Meine These ist ..."; „Nach meinem ersten Leseeindruck geht es um ...." • **Modalität** (Abschwächung, Verstärkung): „Man könnte den Eindruck gewinnen"; „Ich bin der festen Überzeugung ..."
Schritte explizit nennen	- „Zuerst möchte ich eingehen auf ..." - „daraus ergibt sich als weiterer Aspekt ..."
Schritte durch gedankliche Überleitungen und Brücken verbinden	• **Reihende Weiterführung:** „Das zeigt sich auch bei der Untersuchung von ..."; „Eine weitere Gefahr ist ... • **Thematische Ausdifferenzierung:** „Ein weiterer Aspekt ist ..."; „Das zeigt sich in folgender Situation ..." • **Zusammenfassung:** „Betrachtet man das Verhalten der Figur X in den verschiedenen Situationen, so ..." • **Einräumung:** „Man muss allerdings bedenken ..."; „Man könnte einwenden ..."

Argumentative Entfaltung Grundmuster: These, Argument, Begründung, Stützung durch Belege, Rückführung zur These	• **Konjunktionale Verknüpfungen** (kausal, final, konsekutiv usw.) : „weil", „"sodass", „obgleich" usw. • **Argumentative sprachliche Wendungen:** „Die Ursache ist zu sehen in ...." ; „Daraus kann man schließen ..."; „Voraussetzung dafür ist ..." • **Abtönung** der Aussagen durch Modalverben, Modaladverben, Modi: „Man sollte ..."; „Zweifellos ..."; „Man könnte zu dem Schluss kommen" • Fragen stellen: „Zu fragen ist aber ..."
Interpretations- und Analyseschritte	• **aspektbezogen:** „Bei der Untersuchung der Bildlichkeit hat sich gezeigt ..."; „Dass es sich um ein lyrische Rollen-Ich handelt, erkennt man an ..." • **auf die Methode bezogen:** „Ergänzt werden kann die bisherige Erschließung durch den Blick auf epochenspezifische Themen ..." • auf die **Art des Umgangs mit dem Text** bezogen (untersuchen, beschreiben, deuten usw.): „Die Untersuchung der Bedeutungsfelder des Wortes ‚Diamant' bestätigt die Deutung, dass ..."

Übung 6:

a) Rekonstruieren Sie den Schreibplan, der dem folgenden Klausurausschnitt zugrunde liegt.

Aufgabenstellung:

In Lessings bürgerlichem Trauerspiel „Emilia Galotti" steht Emilia zwischen den Polen Moralität und Sinnlichkeit. Erörtern Sie diesen Sachverhalt und beurteilen Sie das Verhalten Emilias.

Zur Zeit der Aufklärung gewann der Stand des Bürgertums zunehmend an Bedeutung. Dies wirkte sich auf die Literatur aus, die sich nun auch mit dieser Gesellschaftsschicht beschäftigte. So entstand als neue literarische Gattung das bürgerliche Trauerspiel. Ein wesentliches Merkmal dieses Dramentyps ist die Darstellung von Konflikten innerhalb des Bürgertums, die innere Tragik enthüllen. Lessing, der zahlreiche bürgerliche Trauerspiele verfasste, stellt auch in seinem Drama „Emilia Galotti" eine solche Problematik dar.
Die Hauptperson, Emilia, befindet sich in diesem Werk im Zwiespalt zwischen der bürgerlichen Moral und der Sinnlichkeit. Ihre Gefühle für den Prinzen lassen sich mit ihren, hauptsächlich vom Vater anerzogenen, sittlichen Wertvorstellungen nicht vereinbaren. Dieser Konflikt soll im Folgenden erörtert und das daraus resultierende Verhalten Emilias beurteilt werden.
Emilia ist zwar im Begriff, den Grafen Appiani zu heiraten, und empfindet für diesen offensichtlich große Liebe (S. 29), doch kann sie trotzdem nicht verhindern, dass das Werben des Prinzen um sie Gefühle für diesen in ihr erweckt. So ist sie schon bei der ersten Begegnung in der Vegghia sicher geschmeichelt, dass der Prinz, der ja als Adeliger einem höheren gesellschaftlichen Stand angehört als sie selbst, Interesse für sie zeigt. Es lässt sie nicht unberührt, als er „von ihrer Munterkeit und ihrem Witze" so bezaubert (S. 24, Z. 1-2) ist und „von ihrer Schönheit mit so vielen Lobeserhebungen" (S. 24, Z. 4-5) spricht.
Auch als sie aus der Messe, während der der Prinz sie ansprach, nach Hause zurückkehrt, „stürzt [sie] in einer ängstlichen Verwirrung herein" (S. 24, Z. 31), ist also aufgeregt und erschreckt, jedoch im Grunde genommen nicht ärgerlich oder entsetzt, außer darüber, dass er in der Kirche, „an heiliger Stätte" (S. 25, Z. 11), zu ihr kommt. Dies beweist, dass sie dem Prinzen wohl zumindest nicht ganz abgeneigt sein kann. So war sie auch nicht in der Lage, „ihm in einem Blicke alle die Verachtung zu zeigen, die er verdienet" (S. 26, Z. 33-34), wie ihre Mutter es von ihr erwartet hätte, sondern hatte „nicht das Herz" (S. 26, Z. 36) dazu. Außerdem antwortete sie dem Prinzen nach eigener Aussage auf sein Liebesgeständnis (S. 27, Z. 5), wenn auch wohl nicht so, wie dieser es gerne hätte, da er ihre Reaktion später als „sprachlose Bestürzung" (S. 44, Z. 8) bezeichnet.

Doch ist Emilia sich über ihre Gefühle, oder vielmehr darüber, was sie empfindet und was sie ihrer Erziehung nach empfinden darf, anscheinend selbst nicht im Klaren. Sie ist so verwirrt, dass sie sich nicht mehr erinnern kann, wovon in ihrem Gespräch mit dem Prinzen die Rede war, denn sie sagt zu ihrer Mutter: „Aber was er sprach, was ich ihm geantwortet [...] Jetzt weiß ich von dem allen nichts. Meine Sinne hatten mich verlassen.“ (S. 27, Z. 5-8) Der Prinz jedoch behauptet über diese Unterredung: „Sie kam meinem Verlangen mehr als halbes Weges entgegen“ (S. 37, Z. 17-18). Demnach müsste Emilias Verhalten ihm Anlass zu Hoffnung gegeben haben. Es ist aber nicht auszuschließen, dass der Prinz dies nur äußert, um vor Marinelli zu prahlen, zumal dieser Satz einen Widerspruch zu seiner bereits zitierten Äußerung Emilia gegenüber darstellt. Emilias Reaktion ist sicher bestimmt von der Überraschung, die die Annäherungsversuche des Prinzen für sie darstellen.

Am Ende des Dramas zeigt sich, dass sie in der Zwischenzeit nachgedacht hat und sich nun ihrer Lage bewusst ist. Wirkliche Gefühle scheint sie für den Prinzen nicht zu empfinden, wohl auch, weil sie ihrer Erziehung nach keine empfinden darf, und sie ist bereit ihn abzuwehren: „Ich will doch sehen, wer mich hält – wer mich zwingt – wer der Mensch ist, der einen Menschen zwingen kann.“ (S. 46, Z. 27-29). Sie zweifelt jedoch daran, dass sie auf Dauer die Willensstärke besitzt, sich seiner Verführung, der „Kunst zu gefallen, zu überreden – die einem Prinzen, welcher liebt, nie fehlet“ (S. 41, Z. 10-11) zu widersetzen. Sie weiß also, dass die Schmeicheleien des Prinzen letztendlich die gewünschte Wirkung auf sie nicht verfehlen werden, denn sie sagt: „Ich habe Blut, mein Vater, so jugendliches, so warmes Blut als eine. Auch meine Sinne sind Sinne“ (S. 77, Z. 23-25), die durch die Absichten des Prinzen geweckt werden können. Sie fürchtet, dass es diesem gelingen wird, sie dazu zu bringen, sich seinen Wünschen zu fügen, denn „Verführung ist die wahre Gewalt“ (S. 77, Z. 23).

Der Grund dafür, dass sie nicht freiwillig nachgeben will und darf, liegt in der bürgerlichen Moralvorstellung, nach der ein „gefallenes Mädchen“ alle Tugend und Ehre verliert und aus der Gesellschaft ausgeschlossen wird. Die persönliche Ehre wird sehr hoch geschätzt und darf, vor allem nach Odoardos Meinung, unter keinen Umständen verletzt werden.

So äußert er über „die wenigen Schritte“ (S. 19, Z. 30), die Emilia allein zur Kirche geht: „Einer ist genug zu einem Fehltritt.“ (S. 19, Z. 31) Dieser „rauhen Tugend“ (S. 24, Z. 21-22) Odoardos scheint „alles [...] verdächtig, alles strafbar“ (S. 24, Z. 23). Er sieht sie ständig in Gefahr. Dies zeigt, wie wichtig die Wahrung der Ehre für ihn ist, sowohl seiner persönlichen als auch der seiner Tochter. Es ist für ihn selbstverständlich, dass Emilia die gleiche Auffassung vertritt. Die Bedrohung der Ehre hält Odoardo auf dem Lande für wesentlich geringer, da die Entfernung vom „Geräusch und [der] Zerstreuung der Welt“ (S. 22, Z. 36-37), wie sie der Adel sucht, größer ist.

Er wünscht bewusst, Abstand von dieser Gesellschaftsschicht zu gewinnen, da diese eine andere Ansicht von der Tugend vertritt, bei der wesentlich lockerere Sitten herrschen, die an Genuss orientiert sind, ohne auf den Schaden anderer zu achten. So sagt Emilia zum Beispiel über das Haus der Grimaldi: „Eine Stunde da [...] – und es erhob sich so mancher Tumult in meiner Seele, den die strengsten Übungen der Religion kaum in Wochen besänftigen konnten!" (S.77, Z. 27-30) Deshalb ist Odoardo „entzückt" (S. 22, Z. 24) davon, dass Appiani sich entschlossen hat, gemeinsam mit Emilia „in seinen väterlichen Tälern sich selbst zu leben" (S. 22, Z. 28-29), da die Ehre seiner Tochter dort so gut wie gesichert ist.

Emilia vertritt zu diesem Thema exakt denselben Standpunkt wie ihr Vater, denn aufgrund der damaligen bürgerlichen Familienstruktur hat dieser absolute Autorität über sie. Die Entscheidungen ihrer Eltern muss sie widerspruchslos akzeptieren und darf keine eigene Meinung haben. So sagt sie zu ihrer Mutter: „Ich habe keinen Willen gegen den Ihrigen" (S. 28, Z. 6-7). Wie Emilia aber ist Claudia Odoardo untergeordnet. So fürchten beide dessen Reaktion auf das Treffen Emilias mit dem Prinzen, die Claudia so vermutet: „In seinem Zorne hätt' er den unschuldigen Gegenstand des Verbrechens mit dem Verbrecher verwechselt. In seiner Wut hätt' ich ihm geschienen, das veranlasst zu haben, was ich weder verhindern noch vorhersehen können" (S. 26, Z. 26-30). Sie hat also Angst, Odoardo könnte meinen, sie hätte den Prinzen zu seinem Handeln veranlasst und seine unumschränkte Autorität sei hintergangen worden. Wie weit diese Bevormundung geht, zeigt sich, als Emilia sich in seine Entscheidung fügen muss, selbst als ihr Vater sie in der Hand des Prinzen lässt und den Versuch, ihr zu helfen, aufgibt (S. 76), obwohl ihre Situation Odoardos eigener Moralvorstellung zutiefst widerspricht.

Doch nicht erst zu diesem Zeitpunkt, als sie dem Prinzen völlig ausgeliefert scheint, bringt die Beziehung zum Prinzen Emilia in Konflikt mit ihrer Moral. So ist sie schon entsetzt, dass der Prinz sich erlaubt, sie in der Kirche „an heiliger Stätte" (S. 25, Z. 11) aufzusuchen, wohin man ihrer Auffassung nach nur zum ehrfürchtigen Gebet kommen sollte. Sie sieht dies als schlimmen Verstoß gegen die Sittlichkeit an, wagt aber nicht, sofort davonzulaufen, denn „mich loswinden würde die Vorbeigehenden zu aufmerksam auf uns gemacht haben." (S. 27, Z. 1-3) Sie hat wohl Angst, dass man ihr ebenfalls zu wenig Ehrfurcht vorwerfen könnte, da es zu dieser Zeit schon als ungehörig für sie galt, in der Öffentlichkeit ohne Begleitung mit dem Prinzen zu sprechen, zumal dieser einem höheren Stand als sie selbst angehört.

Als sie später nach dem Überfall auf das Schloss gebracht wird, ist sie „äußerst bestürzt" (S. 43, Z. 3), als sie erfährt, dass sie sich beim Prinzen befindet, wobei sie sicher an dessen Liebesgeständnis in der Kirche denkt. Möglicherweise fürchtet sie zu diesem Zeitpunkt auch schon, dass der Prinz seine Absichten auf sie verwirklichen könnte, wenn auch ihre Gefühle zunächst hauptsächlich vom Überfall bestimmt und belastet sind.

Als der Prinz dann selbst mit ihr spricht und ihr tatsächlich erneut seine Liebe bekennt, muss er sie erst trösten: „beben sie nicht, mein Fräulein“ (S. 44, Z. 18). Sie zittert wohl nur zum Teil noch aufgrund des Überfalls, bestimmt aber auch deswegen, weil sie bestürzt darüber ist, dass der Prinz ihr Liebe gesteht, was ihrer Moralvorstellung nach sowohl deshalb nicht sein darf, weil sie schließlich noch immer mit einem anderen verlobt ist, als auch, weil Liebe zwischen Angehörigen unterschiedlichen Standes nicht zur Ehe führen kann. Sie weiß, dass die Beziehung, die der Prinz wünscht, für sie gesellschaftlich und sittlich nicht erlaubt ist und ihre Ehre verletzen würde. Ihr ist aber auch bewusst, dass sie sich der Willkür des Fürsten kaum widersetzen kann. Sie steht dem Prinzen misstrauisch gegenüber und hält nach den Worten ihrer Mutter „den Prinzen in einer Entfernung, sie spricht mit ihm in einem Tone“ (S. 66, Z. 1-2), damit ihre Ehre nicht verletzt wird und sie ihren Aufenthalt in Gesellschaft des Prinzen mit ihrer Moralvorstellung vereinbaren kann.

Als sie jedoch fürchtet, dass dies nicht mehr möglich ist, fordert sie Odoardo auf: „Lassen Sie uns fliehen, mein Vater!“ (S. 76, Z. 19), um sich dem Prinzen zu entziehen und so ihre Tugend zu retten. Doch Odoardo sieht keinen Weg, ihre Bitte durchzuführen. Emilia aber stellt beharrlich klar, dass sie den Annäherungsversuchen des Prinzen nicht nachzugeben gedenkt, sie will nicht „leiden, was man nicht leiden sollte. Dulden, was man nicht dürfte“ (S. 76, Z. 32-33). In dieser Ansicht wird sie auch von ihrem Vater unterstützt, von dem sie ja auch ihre Moralvorstellung übernommen hat. Doch im Gegensatz zu diesem, der keinen Ausweg mehr sieht, will sie sich um keinen Preis damit abfinden, die Geliebte des Prinzen zu werden, ein Wort, das sie nicht einmal auszusprechen wagt. So sagt sie zu der Rose in ihrem Haar: „Du gehörst nicht in das Haar einer – wie mein Vater will, dass ich werden soll!“ (S. 78, Z. 8-9). Daran zeigt sich, dass sie sich in diesem Fall nicht so bereitwillig wie sonst in die Entscheidung ihres Vaters fügt. Entsprechend der Meinung ihrer Gesellschaftsschicht glaubt sie, „nur eine Unschuld“ (S. 77, Z. 19) zu verlieren zu haben. Dies ist gleichbedeutend mit dem Verlust der Ehre. Ohne Achtung vor sich selbst aber denkt sie, nicht weiterleben zu können, und zieht deshalb den Tod vor.

[...]

(Seiten- und Zeilenangaben beziehen sich auf die Primärtextausgabe.)

b) Untersuchen Sie die Überzeugungskraft der Gedankenführung. Markieren und notieren Sie sprachliche „Verstärker“.

c) Machen Sie Vorschläge für die Verbesserung der gedanklichen Rezipientenführung im letzten Abschnitt (Z. 130 – 146).

▶ **Lösung Seite 227**

6.3.4 Argumente entfalten

Argumente sind **Begründungen von Sichtweisen und Positionen**, die dadurch Überzeugungskraft gewinnen, dass sie in gedanklichen Schritten weiter entfaltet werden.

Das **Grundmuster der Entfaltung** haben Sie bereits in der Sekundarstufe I eingeübt, in der Oberstufe sollten Sie variabler und flexibler damit umgehen.

Info

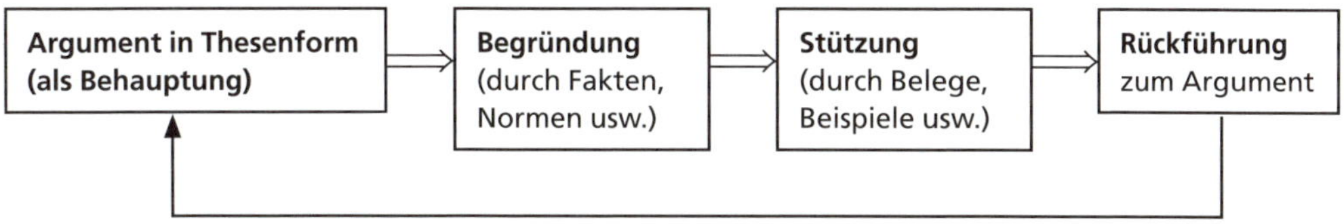

Der Aufbau der Argumentation führt dabei von einer allgemeinen und abstrakteren Ebene zum Konkreten und Besondern, ist also **deduktiv**.

Man kann die Schritte 1 bis 3 auch in der Reihenfolge umkehren und damit **induktiv** argumentieren, so dass der Leser vom Konkreten zum Allgemeinen hingeführt wird:

Info

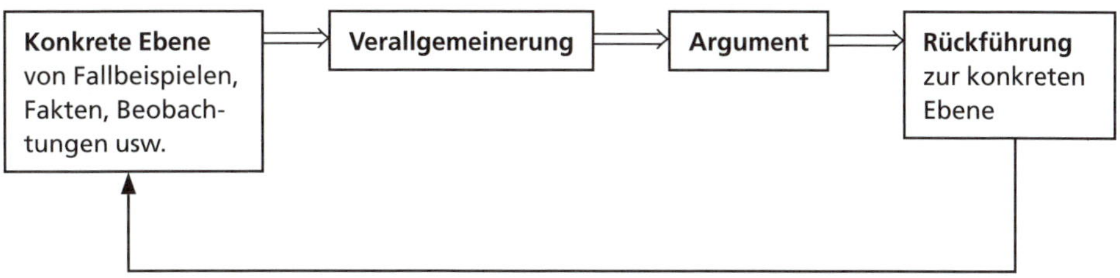

In einer steigernd aufgebauten Erörterung, in der Gegenargumente nicht dialektisch den Pro-Argumenten gegenübergestellt werden, kann man nach Schritt 3 auch **Gegenargumente entkräften.**

Info

Text	Argumentationsschritte
Position Rückkehr zur „Lernschule" wird den Anforderungen der modernen Wissensgesellschaft nicht gerecht.	
Kognitives Lernen muss in der modernen Lebenswelt durch affektive und soziale Kompetenzen ergänzt werden, da die Persönlichkeitsbildung gerade in komplexen und pluralistischen Gesellschaften von besonderer Bedeutung ist.	**Argument** in Thesenform
Wissen und Können werden durch Leistungsdruck und Konkurrenzdenken nur als Mittel für den eigenen Erfolg gesehen, sodass die Ausbildung von sozialer Verantwortung und Mitgefühl mit den sozial Schwächeren gefährdet ist.	**Begründung** durch Aufzeigen der Folgen
Die erschreckende Zunahme an Gefühlsarmut wird nicht nur bei jugendlichen Gewalttätern deutlich, sondern zeigt sich für Kritiker der Entwicklung der westlichen Lebenswelt auch in einem Klima der sozialen Kälte.	**Stützung** durch Belege für die Folgen und Gefahren – Beleg 1
Dazu tragen auch die Veränderungen der Familie in der modernen Industriegesellschaft bei, die Kindern immer weniger soziale Geborgenheit bietet.	– Beleg 2
Aufgabe der Schule ist es gerade deshalb, Wissensvermittlung durch soziale und affektive Lernformen in eine umfassende Persönlichkeitsbildung zu integrieren, um solchen Entwicklungen gegenzusteuern.	**Rückführung** als Folgerung

Übung 7:

a) Überprüfen Sie die inhaltliche Überzeugungskraft der Entfaltung in dem abgedruckten Beispiel. Finden Sie alternative Möglichkeiten der Begründung und der Stützung.
b) Entwickeln Sie die Entfaltung in induktiver Form.
c) Untersuchen und beurteilen Sie die Entfaltung von Argumenten in folgendem Ausschnitt aus einer Schülerarbeit.
d) Überlegen Sie, durch welche Beispiele aus Ihrem eigenen Erfahrungsbereich Sie die Argumentation anschaulicher gestalten könnten.

Aufgabenstellung:

Auseinandersetzung mit dem Text von Gerhard Schulze, S. 85ff.:

Kulturelle Identität einer Gesellschaft ist mehr als die Summe der Identitäten der Einzelnen, und sie kann sich deshalb auch kaum aus dem „Glück“ des Privatlebens entwickeln. Es dürfte eher umgekehrt sein: ohne verbindliche gesellschaftliche Werte und kulturelle Orientierung besteht die Gefahr, dass das „Privatleben“ durch die Vielfalt der Konsumbedürfnisse und Freizeitaktivitäten bestimmt wird, von denen die Menschen zunehmend abhängiger werden. Sozialpsychologen haben darauf hingewiesen, dass die Gefahr besteht, dass die Persönlichkeitsbildung durch Entstehung von „Patchwork“-Identitäten gefährdet ist. Wie aber soll aus der Pluralität solcher Patchwork-Identitäten eine kulturelle Identität entstehen, die ja auf der Grundlage einer Geltung und Anerkennung gemeinsamer Werte und Normen besteht? Auf diese muss sich der „westliche Lebensstil“ wieder mehr besinnen, wenn er in der Konkurrenz der Kulturen ein Vorbild sein möchte.

► **Lösung Seite 228**

Argumentieren müssen Sie auch beim **interpretierenden** und **erörternden Umgang mit literarischen Texten**, wenn Sie

- Ihre **eigene Verstehensweise und Deutung** begründen,
- sich mit **anderen Deutungen** auseinandersetzen.

Dabei müssen Sie die **Ergebnisse Ihrer Erschließung** unter den ausgewählten Aspekten heranziehen, z.B. Aufbau, Figurencharakterisierung, Handlungsführung, sprachliche Gestaltung usw.

Übung 8:

a) Überprüfen Sie die Argumentationsschritte in dem Ausschnitt eines Schüleraufsatzes zur folgenden Aufgabenstellung:

Aufgabenstellung:

Die theologische Fakultät der Universität Leipzig beantragte 1775 auf Veranlassung des Theologen und Rektors der Thomasschule, Johann Georg Ernesti, ein Verbot von Goethes „Werther“, weil dieser „eine Apologie und Empfehlung des Selbst Mordes“ sei.

Schreiben Sie ein Gegengutachten.

Auch an der Darstellung von Werthers Tod und an der Schilderung der Reaktionen der Mitmenschen kann man erkennen, dass die Behauptung Ernestis, das Buch würde den Selbstmord empfehlen, nicht haltbar ist. Die Sterbeszene wirkt im Gegenteil geradezu abschreckend auf den Leser durch die drastische Schilderung des qualvollen zwölfstündigen Todeskampfes (S. 150 f.) und der letzten Lebenszeichen: „Die Lunge röchelte fürchterlich, bald schwach, bald stärker“ (S. 150, Z. 31 f.). Dabei zeigt sich der noch stark ausgeprägte Lebenswille seines Körpers, wodurch deutlich wird, dass die Tat Werthers überstürzt ist, da er als Mensch noch gar nicht am Ende seines Lebens angelangt ist.
Die Trauer der Hinterbliebenen, die sich, angefangen von „Alberts Bestürzung“, in den „heißesten Tränen“ des Amtmanns und dem „Ausdrucke des unbändigsten Schmerzens“ bei den Geschwistern Lottes ausdrückt (S. 151, Z. 5-11), findet ihren Höhepunkt darin, dass man „für Lottes Leben“ „fürchtete“ (S. 151, Z. 19). Die Reaktion zeigt, welche verheerenden Folgen Werthers Tod nach sich zieht, die soweit gehen, dass er nicht nur sein eigenes Leben beendet hat, sondern sogar noch ein zweites gefährdet. Hier wird also indirekt die Rücksichtslosigkeit eines Selbstmörders gegenüber den ihm Nahestehenden deutlich vor Augen geführt.
(Seiten- und Zeilenanalyse beziehen sich auf die Primärtextausgabe.)

b) Beurteilen Sie die Art der Begründungen und ihre Stützung.

▶ **Lösung Seite 228**

6.3.5 Aussagen stützen: Zitieren und Belegen

Aussagen beim **Analysieren und Interpretieren** von Texten sowie bei der erörternden Auseinandersetzung müssen **begründet** werden.
In Interpretationsaufsätzen und Textanalysen erfolgt diese Begründung durch **konkrete Beachtungen am Text** und durch den **Verweis auf** entsprechende **Textstellen.**

Belegen können Sie Aussagen durch
- **Angabe der Zeile** (bei Versen Verszeilen), auf die sich die Aussage bezieht (Kurzbeleg),
- Wiedergabe von Textstellen durch **wörtliche oder sinngemäße Zitate,**
- **Zusammenfassungen** längerer Textstellen in knappen Inhaltswiedergaben.

Zitate können **unterschiedliche Funktionen** haben:
- als Textzitate inhaltliche **Stützung** der eigenen Erschließung, Beschreibung und Deutung,
- als Zitate von **Autoritäten** (z.B. Interpretationen von Fachwissenschaftlern) Stützung der eigenen Deutung oder zur Abgrenzung von anderen Verstehensweisen,
- Begriffe, Wendungen und kurze Textausschnitte als Beleg für die **sprachliche Gestaltungsweise** des Textes.

Bei der **Auswahl** von Zitaten müssen Sie darauf achten, dass die Textstelle
- als **Beleg** geeignet ist (Zusammenhang mit Ihrer Behauptung),
- in der zitierten Form (z.B. Auslassungen) genügend **verständlich** ist,
- inhaltlich und sprachlich besonders treffend ist.

Zitate müssen dem eigenen Gedankengang untergeordnet und syntaktisch eingebunden werden. Auslassungen oder (grammatikalische) Veränderungen müssen durch Klammern gekennzeichnet werden. Häufige Fehler beim Zitieren sind:
- **Häufung von aneinander gereihten Zitaten,** so dass der eigene Text und Gedankengang in den Hintergrund gedrängt wird,
- **zu lange Zitate,**
- zu wenig erkennbarer **Zusammenhang zwischen Aussage und Zitat,**
- fehlende syntaktische oder grammatikalisch falsche **Einbindung.**

Bei der Einbindung von Zitaten haben Sie folgende syntaktische Möglichkeiten:

Info

Sprachliche Form	Beispiel
Syntaktische Einbindung innerhalb von eigenen Sätzen	Das Gedicht mündet in der Pointe, das Herz der Dame könne „zu aller Zeit bestehen / Dieweil es die Natur aus Diamant gemacht" habe. (Z. 13 f.)
Wiedergabe in Form der **wörtlichen Rede** (vorangestellt, nachgestellt, eingebettet)	Wallenstein versucht Max deutlich zu machen, dass ein unaufhebbarer Gegensatz zwischen Ideal und Wirklichkeit besteht: „ Eng ist die Welt, und das Gehirn ist weit" (Z. 127). „Ich bin nicht Stiller!" Mit dieser kategorischen Behauptung eines Ich-Erzählers beginnt Frischs Roman.
Wiedergabe in Form der indirekten Rede	Am Ende behauptet der Autor, es sei wichtig, „das Privatleben als Feld der Moderne zu erschließen (Z. 106 f.)"
Zitieren von **Begriffen und Formulierungen im eigenen Text**	Das Erzähler-Ich wehrt sich in einem inneren Monolog dagegen, die von der Umwelt erwartete „Rolle zu spielen" (Z. 5), in „eine fremde Haut" gesteckt zu werden, zuzugeben, dass er der „verschollene Bürger" (Z. 6 f.) ist, für den ihn die Umwelt hält.
Kennzeichnen von Auslassungen und Hervorhebungen	Hage stellt die Aufführung der „Räuber" als „de[n] rasante[n] Start eines neuen Literaturstars, [...] die Geburt eines **Rebellen**" [Hervorhebung durch den Verfasser] hin. (Z. 15)
Kennzeichnen von Zitaten in zitierten Textstellen durch halbe Anführungszeichen	„Wissen" scheint nur „nur noch ein technisches Problem [zu sein] in einer Gesellschaft, die sich wortselig ‚Wissensgesellschaft' nennt." (Z. 2 f.)

Übung

Übung 9:

a) Untersuchen und beurteilen Sie die Verwendung und Einbindung von Zitaten in folgendem Ausschnitt aus einem Schüleraufsatz.

b) Überprüfen Sie die zitierten Stellen aus Goethes „Werther" (Vorbemerkung des fiktiven Herausgebers) und beurteilen Sie Auswahl und Kürzungen.

Aufgabenstellung:

s. Übung 8 b, Gegengutachten zu Ernesti, S. 158:

Bereits durch die Figur Wilhelms ermöglicht Goethe dem Leser eine kritische Perspektive und verhindert damit eine einseitige Identifikation mit der Darstellungsweise des Protagonisten („Dass ich des Glückes hätte teilhaftig werden können [...] zu sterben.", S. 149, Z. 15 f.). Denn das Buch beginnt und endet mit Wilhelm, der dafür sorgt, dass der Leser, der von der subjektiven Sichtweise Werthers beeinflusst wird, trotzdem objektiver Betrachter der Gesamthandlung bleibt und den Selbstmord als Folge von Werthers geistiger Verwirrung sieht: „Die Harmonie seines Geistes war völlig zerstört." (S. 112, Z. 25 f.)
Das einleitende Vorwort ruft den Leser zwar dazu auf, „seinem [Werthers] Charakter [...] Bewunderung und Liebe [...] nicht [zu] versagen", rät aber zugleich demjenigen, der „eben den Drang fühl[se] wie er [...], Trost aus seinem Leiden" zu „schöpfe[n]". Bevor man also überhaupt zum Lesen der Briefe kommt, wird man schon mit dem tragischen Ende des Romans konfrontiert, gleichzeitig aber darauf hingewiesen, „das Büchlein" als „Freund" zu betrachten und somit die „Geschichte des armen Werther" nicht auf sich persönlich zu übertragen.

► Lösung Seite 228 f.

6.4 Texte überprüfen und überarbeiten

In der Oberstufe wird von Ihnen eine große **Selbstständigkeit** bei der Verbesserung Ihrer Schreibfähigkeiten erwartet. Voraussetzung dabei ist, dass Sie Ihre **Stärken und Schwächen richtig einschätzen**. Dabei helfen Ihnen

- **Korrektur und Lehrerkommentare** bei Übungsaufsätzen und Klausuren,
- Rückmeldungen bei der **Überarbeitung** von Aufsätzen in Schreibkonferenzen,
- **eigene Erfahrungen** bei den verschiedenen Phasen des Schreibprozesses,
- eigene Überarbeitung ihrer **Übungsaufsätze**.

Aus der Einschätzung können Sie Schwerpunkte **für gezielte Übungen** ableiten, z.B. Gliederungen überarbeiten, gedankliche Zusammenhänge verbessern usw.
Sie schulen damit auch die Fähigkeit, Ihre eigenen Texte in **Prüfungssituationen** genau zu lesen, Fehler der Sprachrichtigkeit zu korrigieren und auch, soweit die Zeit reicht, inhaltlich und sprachlich zu verbessern.

6.4.1 Korrekturen und Kommentare genau lesen

Beim Lesen der Korrekturen und Kommentare sollten Sie achten auf

- **Sprachrichtigkeit** (Zeichensetzung, Rechtschreibung, Grammatik)
- **sprachliche Qualität** (Ausdrucksweise, Satzbau)
- **Textqualität** (Aufbau, roter Faden usw.)
- **inhaltliche Qualität** (Erfassen des Themas, Berücksichtigung der wesentlichen Aspekte, fachliches Wissen, Differenziertheit des Verstehens und der Auseinandersetzung usw.)

Ü
Übung

Übung 10:

a) Untersuchen Sie den Lehrerkommentar zum Aufsatz eines Schülers in einem Grundkurs. Ordnen Sie die Stärken und Schwächen verschiedenen Bereichen zu. Formulieren Sie Ratschläge, wie der Schüler seine Schreibfähigkeiten verbessern könnte.

Aufgabenstellung:
Gerhart Hauptmann: Bahnwärter Thiel (1887)

1. Interpretieren und erschließen Sie die abgedruckte Textstelle. Gehen Sie dabei besonders auf die Figurenzeichnung, den Erzählstil, die Thematik und die Problematik ein.

2. Sigmund Freud, der „Entdecker des Unbewussten“, hat in seinen Vorlesungen zur Einführung in die Psychoanalyse 1917 behauptet, dass der Mensch „nicht einmal Herr im eigenen Hause“ sei. Erörtern Sie, inwiefern der Text diese Auffassung bestätigt.
3. Erörtern Sie, ob die Novelle in der Thematik und Darstellungsweise repräsentativ für die Epoche des Naturalismus ist.

... Du hast einige Charaktereigenschaften von Thiel schön erkannt und anschaulich dargestellt sowie Bezüge zwischen Sprache und Charakter bzw. Ort und Charakter aufgeführt. Insgesamt bleibst Du leider auf einer inhaltlichen Ebene, problematisierst und interpretierst zu wenig. Deine Einleitung ist eine Inhaltszusammenfassung der gesamten Novelle, sie enthält leider keine Deutungshypothese. So bleibt unklar, welchen Gedanken Du in Deinem Aufsatz verfolgst. Die anschließende Inhaltszusammenfassung des Textausschnittes ist unvollständig. Auch untersuchst Du wesentliche, in der Aufgabenstellung geforderte Punkte, wie den Erzählstil, die Thematik und die Problematik nicht oder nur oberflächlich.

Die Untersuchung der Charaktere erfolgt nicht umfassend, so übersiehst Du wesentliche Charaktereigenschaften Thiels, kannst seine Handlungsunfähigkeit nicht begründen, erkennst seine sexuelle Abhängigkeit von Lene nicht. Das Verhältnis der beiden untersuchst Du zu wenig und zu unpräzise. Insgesamt legst Du einen zu großen Schwerpunkt auf den gesamten Text, untersuchst aber den vorgelegten Textausschnitt zu wenig, gehst nur oberflächlich auf einzelne Textstellen ein und deutest sie nicht funktional. So teilst Du den Text in zwei Abschnitte, zwischen denen ein Wendepunkt liegen soll, begründest Deine These aber nicht, so dass nicht deutlich wird, warum der von Dir angenommene Wendepunkt vorliegt und welche Konsequenzen er hat. Die These Freuds verstehst Du nicht richtig und wendest sie auch nicht präzise auf den Text an, sondern verbleibst in allgemeinen Aussagen. Die Einordnung des Textes in die Epoche des Naturalismus ist unvollständig und stellenweise nicht korrekt. Der Schluss Deines Aufsatzes ist schwach, er enthält neue Thesen, die nicht begründet oder ausgeführt werden, der Aufsatz wird nicht abgerundet und die Einordnung in größere Zusammenhänge ist zu unpräzise.

Achte beim Schreiben auf das richtige Tempus und arbeite an Deinem sprachlichen Ausdruck, immer wieder verwendest Du Formulierungen aus der Umgangssprache. Auch auf Sprachrichtigkeit und Zeichensetzung solltest Du mehr achten. Positiv erwähnt werden sollten Deine gut lesbare Schrift und Deine flüssig zu lesenden Formulierungen. Mit Zitaten gehst Du formal korrekt um, versuche sie auch funktional einzusetzen.

b) Schätzen Sie auf der Grundlage der Kommentierung Ihrer Übungsaufsätze und Klassenarbeiten Ihre eigenen Schreibfähigkeiten ein. Stellen Sie in einem Überblick zusammen, welche Teilfähigkeiten Sie verbessern könnten.

▶ **Lösung Seite 229**

6.4.2 Die Sprachrichtigkeit verbessern

Der erste Schritt bei der Verbesserung Ihrer Fähigkeiten in der Sprachrichtigkeit ist die bewusste **Wahrnehmung und Analyse** der Fehler, die Sie in Ihren Übungsaufsätzen und Klausuren machen. Dazu können Sie ein **Fehlerprofil** anlegen, das Ihnen einen Überblick über die Art und Häufigkeit Ihrer Fehler ermöglicht. Dabei können Sie sich an folgender Übersicht orientieren:

Info

Rechtschreibung	Grammatik	Zeichensetzung
• Groß-/Kleinschreibung • Vokale (lautähnliche Vokale; Dehnung und Schärfung) • Konsonanten (b – p; d – t; g – k; f – v – ph) • s-Laute • Zusammen- und Getrenntschreibung • Fremdwörter • Silbentrennung	• Deklination (Kasus, Numerus) • Konjugation (Tempusformen; Tempusgebrauch; Numerus) • Modalität (Indikativ, Konjunktiv) • Gebrauch von Pronomen, Artikeln, Präpositionen • Satzbau, Wortstellung • Satzverknüpfung (Konjunktionen, Relativpronomen)	• Satzschlusszeichen (Punkt, Ausrufezeichen, Fragezeichen) • Komma zwischen – Sätzen – Satzgliedern • Wörtliche Rede • Abkürzungen, Datumsangaben, Ordnungszahlen • Doppelpunkt, Strichpunkt, Gedankenstrich, Klammer

Fehler in der Sprachrichtigkeit sind Abweichungen von Regelungen der Schreibweise. Es ist deshalb für einen Lernfortschritt wichtig, wenn Sie sich die **„Regeln" bewusst machen**, die sie nicht beachtet haben, z.B. fehlende Großschreibung von substantivierten Wörtern, falscher Kasus nach einer Präposition; falscher Tempusgebrauch; falsche Konjunktivform usw.

Bei der Überprüfung der **Sprachrichtigkeit** von Prüfungsarbeiten können Sie gezielt auf **Fehlerschwerpunkte** achten, die sich bei ihrer Arbeit an der Verbesserung Ihrer Rechtschreibfähigkeiten ergeben haben.
Hilfen bei der **Rechtschreibprüfung** sind u. a.:

- **Lautschreibung:** Wörter deklinieren oder konjugieren; Schreibung verwandter Wörter; Schreibregeln (Dehnung, Schärfung usw.)
- **Groß-/Kleinschreibung:** syntaktische Prüfung von Nominalisierungen; Regeln bei Redewendungen, geographischen Namen usw.
- **Zeichensetzung:** Satzrhythmus prüfen (Sprechpausen), Regeln anwenden

Bei der Prüfung der **grammatikalischen Richtigkeit** können Sie achten auf:

- grammatikalische Bezüge zwischen Wörtern (Kasus, Numerus)

- Vollständigkeit der Satzkonstruktionen (notwendige Satzglieder)
- Wortstellung (z.B. Satzklammer)
- Tempus der Textsorte, Tempusrelation (z.B. Präsens – Perfekt; Präteritum – Plusquamperfekt)
- Konjunktivgebrauch (indirekte Rede; Irrealis)
- usw.

Übung 11:

a) Erstellen Sie Fehlerprofile Ihrer korrigierten Übungsaufsätze. Prüfen Sie, wo Ihre Fehlerschwerpunkte liegen und machen Sie sich die Regeln bewusst, die Sie zur Vermeidung von Fehlern beachten müssen.
b) Trainieren Sie beim Schreiben von Übungsaufsätzen Ihre Fähigkeit, Fehler wahrzunehmen, indem Sie Ihre Texte mehrmals nur unter dem Aspekt der Sprachrichtigkeit lesen.
   - Benutzen Sie Ihr Fehlerprofil als „Textlupe".
   - Klären Sie nach der Korrektur durch die Lehrkraft, welche Fehler Sie nicht gefunden haben. Prägen Sie sich die richtige Schreibung von Wörtern oder die entsprechenden grammatikalischen Regeln ein.

► **Lösung Seite 229**

6.4.3 Die sprachliche Gestaltung verbessern

Auf Korrektur und Bewertung der sprachlichen Gestaltung durch die Lehrkraft reagieren Schüler oft mit einer Abwehrhaltung, weil sie die zugrunde liegenden Stilvorstellungen als subjektiv, zu restriktiv, zu wenig flexibel, als „Schuldeutsch" o. ä. empfinden. Um die eigenen Schreibfähigkeiten zu verbessern, sollte man aber

- **Korrektur und Kritik** an der eigenen sprachlichen Gestaltung **akzeptieren,**
- die sprachliche Gestaltung **bewusst wahrnehmen,**
- bereit sein, das eigene **Repertoire** von Gestaltungsmöglichkeiten auf der Wort- und Satzebene zu **erweitern**.

Um die eigene **Wortwahl** bewusster wahrnehmen, muss man die verschiedenen Aspekte kennen, die bei der Beurteilung von Ausdrucksmöglichkeiten eine Rolle spielen. Dabei können Sie sich folgende Fragen stellen:

- Trifft meine Wortwahl das **Gemeinte und Bezeichnete:** Genauigkeit, Präzision, begriffliche Schärfe, fachliche Richtigkeit (Fachterminologie), Differenziertheit, Abstraktionsebene?
- Entspricht sie den stilistischen Anforderungen der **Textsorte:** Sachlichkeit, Analyse, Argumentation usw.?
- Ist sie genügend **adressatenbezogen:** Verständlichkeit, Anschaulichkeit, begriffliche Klarheit?

- Unterstützt sie meine **Darstellungsabsichten** (Verstehensweise von Texten, Sicht von Problemen usw.)?

Eine bewusste Wahl setzt voraus, dass man einen genügend breiten und differenzierten **Wortschatz** hat. Die Erweiterung des eigenen Wortschatzes im Unterrichtsgespräch, durch Lektüre, durch Überarbeitung von Übungsaufsätzen ist eine wichtige Voraussetzung für die Verbesserung der Sprachkompetenz.

Übung

Übung 12:

a) Untersuchen und beurteilen Sie die sprachliche Gestaltung auf der Wortebene in folgenden Ausschnitten aus Schüleraufsätzen. Überarbeiten Sie die Ausdrucksweise.

A (Aufgabenstellung s. S. 151)

Nach dem ersten Lesen fällt es einem poetischen Fachpublikum nicht schwer das Gedicht der Epoche des Barocks, und damit dem 17. Jahrhundert (1620 – 1700), exakt zuzuordnen. Viele Details in der Struktur des gesamten Gedichts, sowie in Wortwahl und auf inhaltlicher Ebene, auf die ich im Folgenden eingehen werde, sprechen eindeutig dafür. Außerdem liegt die Vermutung nahe, dass sich der Autor in Bezug auf den Zentralbegriff des Barock, Vanitas, hier für die Behandlung des Memento-Mori-Aspekts entschieden hat, also der bewussten Zurückhaltung von Genüssen im Leben, um nach dem Tod in einer besseren Welt wiedergeboren zu werden (Transzendenz).

B (literarische Erörterung zu „Kabale und Liebe")

Bei der Charakteristik der beiden Konfliktpartner, Luise und ihrem Vater, fällt auf, dass beide unterschiedlich im Verhalten, aber doch sehr ähnlich in den Wertvorstellungen sind. Luise ist zu Beginn der Szene sehr depressiv und traurig, da sie von Ferdinand getrennt lebt, was sich daran zeigt, dass sie „stumm [...] in dem finstersten Winkel des Zimmers, den Kopf auf den Arm gesunken", sitzt (S. 95, Z. 4 f.). Ihr Vater macht sich große Sorgen um sie, da er „ängstlich im Zimmer herum" leuchtet (S. 95, Z. 7). Er fürchtet um das Leben seiner Tochter, die er „zu abgöttisch" liebt (S. 95, Z. 16 f.). Als er seine Tochter bemerkt, ist er zugleich erfreut wie auch beunruhigt, da sie „einsam und ohne Licht" (S. 95, Z. 24) , d. h. in tiefer Trauer im Zimmer sitzt. Luise wird ironisch, da sie keinen anderen Ausweg weiß.

C (Aufgabenstellung s. S. 158)
Besonders aber, wenn man Werthers Selbstmord psychologisch begründen will, erkennt man, dass Goethe ihn als einen nahezu unzurechnungsfähigen Menschen keineswegs zum Idol der Leser machen will. Sieht man nämlich, dass das erste Buch aufgrund seiner anfangs relativ regelmäßigen Schreibfolge auf die seelische Ausgeglichenheit Werthers hinweist, kann man ihn also zu dieser Zeit einen nüchternen Betrachter seines Lebens nennen. Bemerkt man dann trotzdem seine Hinweise auf ein „oft schauderndes Herz" (S. 6, Z. 20) und auf die Tatsache, „oft [...] von süßer Melancholie zur verderblichen Leidenschaft über[zu]gehen", wird man rechtzeitig auf seine Emotionalität und die damit verbundenen Stimmungsschwankungen aufmerksam gemacht und dadurch auf spätere Überreaktionen Werthers vorbereitet.

D (Aufgabenstellung s. S. 143)
Dieser sogenannte „Gretchen-Konflikt" stellt auch den Problemgehalt der Szene dar. Faust würde Gretchen gerne vor dem drohenden Unheil, das auf die Beziehung und Fausts Triebreaktionen folgen wird, beschützen, merkt jedoch, dass er selbst und er allein ihr nicht mehr helfen kann. Dazu kommt seine Unfreiheit seit dem Teufelspakt, denn er ist nun dauerhaft an Mephistopheles, den Boten des Unheils, gebunden. Das zeigt die Bezeichnung des „Gefährten, den ich schon nicht mehr entbehren kann, wenn er gleich, kalt und frech, mich vor mir selbst erniedrigt". (V. 3243-3245)

b) Erstellen Sie auf der Grundlage der Korrekturen Ihrer Aufsätze ein Profil der Stärken und Schwächen Ihrer Ausdrucksweise. Halten Sie in „Merksätzen" fest, worauf Sie beim Schreiben von Prüfungsarbeiten achten müssen.

▶ **Lösung Seite 229**

Wichtig für die Qualität der sprachlichen Gestaltung ist auch die **Satzebene**. Bei der Überprüfung der Bauweise und Verknüpfung der Sätze können Sie fragen:

- Sind die Sätze klar **strukturiert** und damit **überschaubar**?
- Wird der Aussagekern durch die **Wortstellung** (Hervorhebung, Gewichtung) deutlich?
- Kann der Leser den Gedankengang, die Argumentation, die thematische Entfaltung durch die **sprachlichen Verknüpfungen** nachvollziehen (Konjunktionen, pronominale Bezüge)?
- Wird meine Sicht- und Verstehensweise durch **„Verstärker"** (Modalität, Sprechhandlungen) genügend deutlich?

Übung 13:

a) Überprüfen Sie den Zusammenhang zwischen thematischer Entfaltung, Gedankenführung und sprachlicher Gestaltung auf der Satzebene in folgenden Schlussabschnitten aus Schüleraufsätzen.

b) Wählen Sie eines der Beispiele und überarbeiten Sie die sprachliche Gestaltung.

A (Aufgabenstellung s. S. 158)

Durch all die dargelegten Argumente, die bestätigen, dass der Werther-Roman keine „Empfehlung des Selbst-Mordes“ ist, kann man also die Behauptung Ernestis durchaus als ungerechtfertigt betrachten. Auch die Entstehungsgeschichte des Buches erklärt hier einiges. Es ist allseits bekannt, dass Goethe in seinem Werk persönliche Erfahrungen verarbeitet hat und der Tod Werthers für ihn den Schlussstrich seiner Liebe zu Charlotte Buff aus Wetzlar symbolisieren sollte. Thomas Mann ließ sich von der teilweise autobiographischen Authentizität des Buches inspirieren und verfasste 1939 den Roman „Lotte in Weimar“, der auf einer Begegnung Goethes und Charlotte Buffs basiert, die 1816 tatsächlich stattgefunden hat. Interessant ist hierbei, dass die Charakterzüge Werthers, auch 40 Jahre nach dem Erscheinen des Romans, bei dem gereiften Goethe teilweise wieder zum Vorschein kommen, wie beispielsweise die Emotionalität: „Gefühl ist alles“ (Mann, S. 390). Auch die Todesdarstellung gleicht der des Werther-Romans, wenn man die Selbstmordthematik vernachlässigt: „und welch freundlicher Augenblick wird es sein, wenn wir [Goethe und Charlotte Buff] dereinst zusammen erwachen.“ (Mann, S. 390)

B (Aufgabenstellung s. S. 151)

Meiner Meinung nach war es infolge Emilias Erziehung fast zu erwarten, dass ihre Entscheidung zugunsten der Moralität ausfällt, da Tugend und Ehre immer das Wichtigste in ihrem Leben wie auch in dem ihres Vaters waren. Wenn man bedenkt, dass diese Einstellung die des gesamten Bürgertums zu dieser Zeit darstellt, kann man eher verstehen, dass sie den Tod einem Leben als Mätresse vorzieht. Am Beispiel Orsinas kann man sehen, wie schnell der Prinz sein Interesse an einer Geliebten verliert. Emilia wäre dann sicher tiefer Verachtung ihres gesellschaftlichen Standes ausgesetzt gewesen. Doch finde ich es auf keinen Fall richtig, Ehre und Moral höher zu achten als ein Menschenleben, denn auch zu ihrer Zeit wäre es Emilia wohl möglich gewesen, mit „verletzter Tugend“ weiterzuleben. Durch ihren Tod aber wird im Drama verdeutlicht, welch hohes, vielleicht zu hohes Ideal die Ehre in der Moral des Bürgertums darstellte. Meiner Ansicht nach hätte für Emilia allerdings immer noch die Alternative bestanden, offen mit dem Prinzen zu reden und ihm zu erklären, warum sie nicht seine Geliebte werden möchte. Vielleicht wäre es ihr gelungen, ihn zum Verständnis für ihre Moralvorstellung zu bewegen, und es hätte sich eine weniger tragische Lösung des Konflikts gefunden.

Ein anderer Ausweg hätte sich bestimmt aber auch gefunden, wenn das Bürgertum in dieser Zeit nicht eine so extreme Moralvorstellung vertreten hätte, die Emilia ja letztendlich in den Tod trieb.
Aus diesem Grund wäre wohl zu überlegen, ob Lessing nicht Kritik an der Ehrauffassung des Bürgertums üben wollte, indem er ein derart tragisches Ende für sein Drama wählte.

C (literarische Erörterung zu „Kabale und Liebe")

Das Stück [„Kabale und Liebe"] hat auf den Leser bzw. den Zuschauer eine tragische Wirkung, da sich Luise, egal ob sie sich für Ferdinands Liebe oder die Liebe zu ihrem Vater entscheidet, immer von einem Teil trennen muss. Da sich Luise entgegen ihrer Neigung, d.h. der Liebe zu Ferdinand, für ihre Pflicht entscheidet und bei ihren Eltern bleiben will, beweist sie Charaktergröße, was Ansehen, Bewunderung und Überraschung beim Publikum hervorruft und Sympathie und Mitgefühl für ihr ungerechtes Schicksal weckt.
Dass Luise als Hauptperson von Schiller gedacht war, die ein tragisches Schicksal durchlebt, zeigt sich auch daran, dass der Originaltitel des Stücks „Luise Millerin" war.

c) Erstellen Sie auf der Grundlage der Korrekturen Ihrer Aufsätze ein Profil der Stärken und Schwächen Ihrer syntaktischen Gestaltung. Halten Sie in „Merksätzen" fest, worauf Sie beim Schreiben von Prüfungsarbeiten achten müssen.

► **Lösung Seite 229 f.**

6.5 Checkliste für die Überprüfung und Überarbeitung von Aufsätzen

Der folgende Überblick bietet Ihnen eine Hilfe bei
- der Überprüfung und Überarbeitung Ihrer **Übungsaufsätze,**
- der Überprüfung und Verbesserung von **Prüfungsarbeiten.**

Info

Aspekt	Methoden der Überprüfung und Überarbeitung
Erfassen des Themas, der Aufgabenstellung	• Art der **Aufgabenstellung:** Interpretieren, Analysieren, Erörtern • **Vorgaben** des Themas: Texte, thematische Aspekte, Teilaufgaben usw. • **Schlüsselbegriffe**
Inhalt	• Relevanz der berücksichtigen Aspekte des Themas, der Erschließung und Analyse • Differenzierendes Eingehen auf wichtige Aspekte • Entfaltung der Analyseergebnisse, Argumente • Stützung der Aussagen und Argumente durch Textbelege, Fakten, Normen • klare Deutung von Texten, differenziertes Urteil • Einbringen fachlicher Kenntnisse
Aufbau, Textzusammenhang, gedankliche Entwicklung	• Klarer Aufbau in der Gliederung • Klarheit der Gedankenführung (Verknüpfungen, Überleitungen) • Schlüssigkeit der thematischen Entfaltung und Argumentation • Deutlichkeit der zentralen Aussagen • Adressatenbezug und deutliche Leserführung • Auswahl und Einbau von Textbelegen
sprachlich-stilistische Gestaltung	• der Textart adäquater Stil • differenzierte Wortwahl • richtige Verwendung von Fachbegriffen • angemessenes Verhältnis von Abstraktion und Anschaulichkeit • flüssiger, überschaubarer, abwechslungsreicher Satzbau • Unterstützung der Gedankenführung durch sprachliche Signale
Sprachrichtigkeit	• Rechtschreibung, Zeichensetzung • Grammatikalität (Flexionsformen) • Satzbau (Wortstellung, Satzklammer usw.) • Zitierweise

Wenn Sie bei **Übungsaufsätzen** Zeit für die Überarbeitung haben, können Sie **methodisch** so vorgehen:

- Lesen Sie den **ganzen Aufsatz** und überprüfen Sie Erfassung des Themas, Inhalt und Gedankenführung. Notieren Sie Stellen, die sie überarbeiten möchten.
- Lesen Sie die **einzelnen Absätze** und überprüfen Sie sprachliche Gestaltung und Sprachrichtigkeit.

Bei der **inhaltlichen Überarbeitung** sollten Sie vor allem auch darauf achten

- an welchen Stellen der Text durch **Verknappungen** gewinnt (Wiederholungen streichen, Belege bündeln usw.),
- an welchen Stellen Sie die **Darstellung mehr entfalten** müssen (Zitate erläutern, Belege deuten, kontextuieren usw.).

Trotz des Drucks in **Prüfungssituationen**, rechtzeitig fertig zu werden, sollten Sie sich unbedingt Zeit nehmen, die **Sprachrichtigkeit** zu überprüfen und zu korrigieren.

7. Prüfungsvorbereitung

Auf schriftliche Prüfungen sollten Sie sich gezielt und gründlich vorbereiten. Erfolg versprechend ist die Vorbereitung, wenn Sie

- **rechtzeitig** damit anfangen,
- über die **Anforderungen** genau informiert sind (Art der Aufgabenstellung, Lektüreschwerpunkte usw.),
- Ihre **Kenntnisse und Fähigkeiten** selbstkritisch **einschätzen,**
- einen **Plan** für die Erweiterung Ihre Kenntnisse und die Verbesserung ihrer Fähigkeiten festlegen (Zeitmanagement).

Die folgenden **Checklisten** sollen Ihnen dabei helfen, wie Sie

- Ihr **Wissen** reorganisieren, strukturieren und erweitern können,
- Ihre **Fähigkeiten im Umgang mit Texten und Problemstellungen** verbessern können,
- die **Schreibanforderungen** besser bewältigen,
- sich auf **Prüfungssituationen** vorbereiten können.

7.1 Prüfungsanforderungen und spezifische Regelungen klären

Über die in Ihrem Bundesland geltenden Prüfungsbestimmen, Modalitäten und Aufgabenstellungen werden Sie von den Lehrkräften informiert. Wenn sie sich nicht ganz sicher sind, können Sie aber auf den Webseiten des jeweiligen Kultusministeriums Ihre Informationen überprüfen und erweitern.

Bereich	Kontrollfragen
Prüfungsbestimmungen und -modalitäten	• Anzahl der vorgelegten Prüfungsaufgaben • Auswahlmöglichkeiten: durch Lehrkräfte, durch die Schüler • Prüfungszeit • Zugelassene Hilfsmittel (z. B. Rechtschreibwörterbuch, Pflichtlektüren) • Festgelegte Prüfungsschwerpunkte: Themen, Lektüren • Korrekturverfahren (Erst- und Zweitkorrektur) • usw.
Aufgabenarten	• Interpretation literarischer Texte (literarische Gattungen, vergleichende Interpretation; Verbindung mit einem Erörterungsauftrag usw.) • Textanalyse, Texterörterung • Literarische Erörterung • Problemerörterung (Essay) • Adressatenbezogenes Schreiben • Gestaltendes Interpretieren
Länderspezifische Aufgabenstellungen	• Grad der Ausdifferenzierung (Operatoren) • Spezifische Vorgaben (thematische Aspekte, Erschließungsaspekte usw.)
Spezifische Anforderungen	• Kenntnisse von Werken bei Themen und Lektüreschwerpunkten • Lektürekanon (Lehrplan)
Fachliche Anforderungen auf der Grundlage des jeweiligen Lehrplans	• Epochenüberblick • Gattungswissen • Thematisch-problemorientierte Sequenzen in den Jahrgangsstufen • usw.

Übung

Übung 1:

a) Klären Sie mit Hilfe der Checkliste die in Ihrem Bundesland geltenden Prüfungsbestimmungen und Modalitäten.

b) Notieren Sie in einer Übersicht die Festlegungen von Aufgabenarten und die Spezifizierung von Vorgaben für das Jahr Ihrer Abiturprüfung, z. B.

Info

Musterabitur Bayern 2011

Aufgabenart	Vorgaben
• Erschließung eines poetischen Textes I (lyrische Texte)	– Kontextmaterial – Erschließungsaspekt – aspektbezogener Vergleich mit einem anderen Werk
• Erschließung eines poetischen Textes II (dramatische Texte)	– Erschließungsaspekte – aspektbezogener Vergleich mit einem anderen Werk
• Erschließung eines poetischen Textes III (epische Texte)	– Erschließungsaspekt – aspektbezogener Vergleich mit einem anderen Werk
• Materialgestützte Erörterung	– Materialien (Sachtexte, Bild) – Problemstellung
• Verfassen einer Rede in Verbindung mit einer Textanalyse	– Redeanalyse mit Schwerpunkt – Kommunikationssituation und Redeanlass
• Verfassen einer vergleichenden Analyse von Sachtexten	– Analyseschwerpunkte – Erörternde Beurteilung
• Verfassen eines informativen Texts unter Verarbeitung vorgegebener Texte	– Art und Funktion des informierenden Textes
• Verfassen eines Kommentars in Verbindung mit einer Textanalyse	– Strukturierte Inhaltsangabe – Vorgaben zur Textsorte

c) Stellen Sie in einem Überblick festgelegte Prüfungsschwerpunkte zusammen.

z. B. Schwerpunktthemen Deutsch in Baden-Württemberg ab 2008
Themenfeld: Recht und Gerechtigkeit

- Friedrich Schiller, Die Räuber
- Heinrich v. Kleist, Michael Kohlhaas
- Franz Kafka, Der Prozess
- Lyrik: ab 2009 Liebeslyrik vom Barock bis zur Moderne

▶ **Weiterführende Hinweise zur Übung Seite 230**

7.2 Prüfungsschwerpunkte vorbereiten: Wissen reorganisieren, strukturieren und erweitern

In den meisten Bundesländern werden für die schriftliche Abiturprüfung **Themen- und Lektüreschwerpunkte** festgelegt. Diese sollten deshalb bei Ihrer inhaltlichen Prüfungsvorbereitung besonderes Gewicht haben. Sie sollten dabei

- die im Unterricht behandelten **Texte** der Lektüreschwerpunkte noch einmal **gründlich lesen,**
- die im Unterricht erarbeiteten **Erschließungs- und Interpretationsergebnisse rekapitulieren,**
- Ihr **Wissen über die Epochenkontexte** der Werke aktivieren,
- sich einen **Überblick** über die behandelten **thematischen Sequenzen** verschaffen.

Bevor Sie Ihre Kenntnisse durch weitere Informationen in Nachschlagewerken, durch Internetrecherche oder durch Lektürehilfen der verschiedenen Verlage erweitern, sollten Sie zunächst Ihre Notizen bei der Unterrichtsvorbereitung und Ihre Unterrichtsmitschriften sichten und ordnen.
Arbeitstechnische Hilfen dabei sind:

- Anlegen von **Übersichten** (z. B. in Form von Mindmaps)
- **Notizen** zu wichtigen Aspekten, Themen, Fachbegriffen und Stichwörtern auf **Karteikarten** (auch in Form von digitalen Datenbanken im Computer möglich)
- Festhalten von **Wissenslücken, Verstehensproblemen usw.** für weitergehende Informationen und Recherchen.

Übersichten erleichtern durch visuelle Unterstützung einen strukturierten Überblick, auf den Sie bei den schriftlichen Prüfungen zurückgreifen können. Sie können zu jedem der gelesenen Werke ein Blatt im DIN A4-Format anlegen (mit Hilfe des Computers auch durch ein Mindmapping Programm). Das Blatt könnte so aussehen:

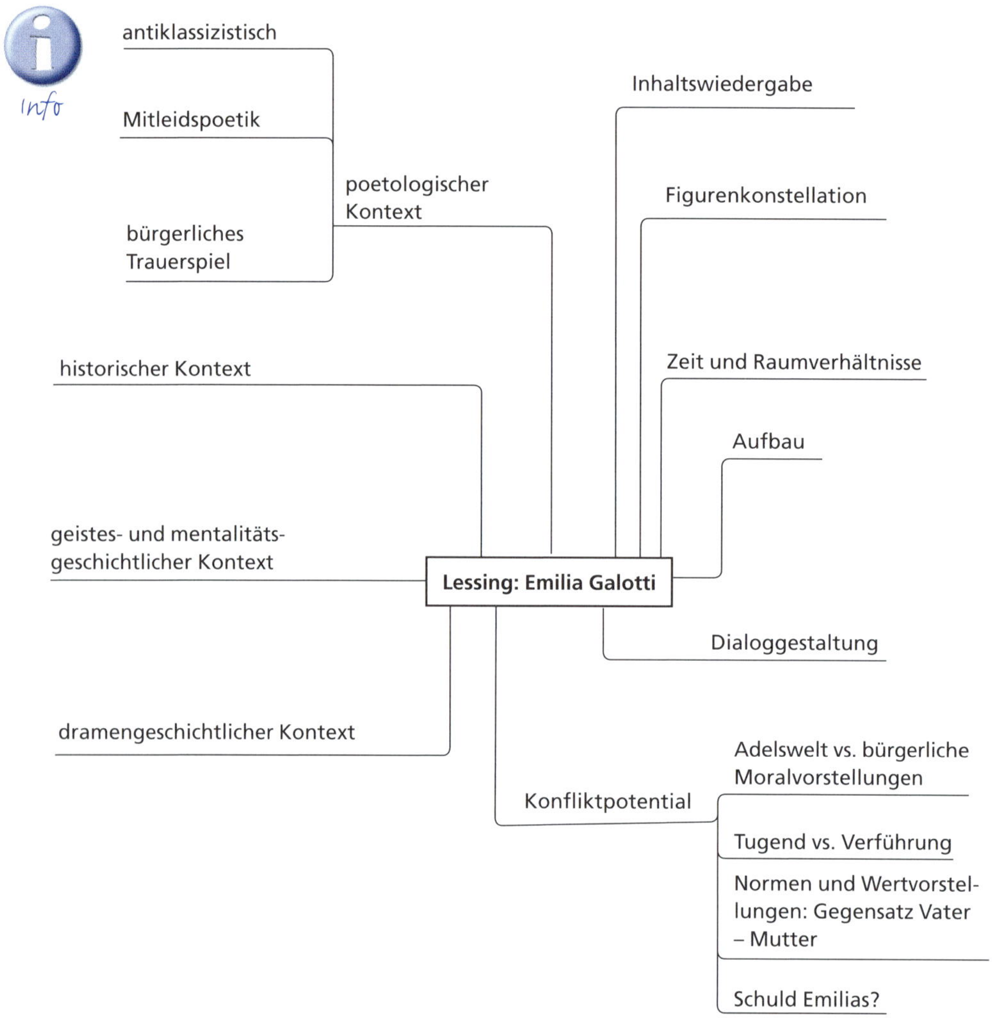

Zu den einzelnen Aspekten können Sie Karteikarten anlegen, auf denen Sie genauer notieren:

- **begriffliche Klärungen** (z. B. bürgerliches Trauerspiel)
- **Ergebnisse der Erschließung** (z. B. Merkmale der Dialoggestaltung)
- **textüberschreitende Kontexte** (Vernetzung mit anderen Texten, Materialien usw.)
- **Wissenslücken, Verstehensprobleme**

Durch Verweiszeichen können Sie die Karteikarten untereinander vernetzen.

bürgerliches Trauerspiel

- Dramengenre; entsteht in der 2. Hälfte d. 18. Jhs.; Thematisierung von Konflikten im Bereich der Familie, die sich aus den Gegensätzen zwischen den Wertvorstellungen des aufstrebenden Bürgertums und der Adelsgesellschaft im Absolutismus ergaben
- Konflikte zwischen
  - Vertretern des Adels und des Bürgertums
  - Generationen
  - Familiären Rollen
- Abgrenzung von Figurenkonstellationen, Konflikten und Dialoggestaltung im klassizistischen Drama

Bei der Erweiterung von Kenntnissen und beim Verstehen von Zusammenhängen kann die **Zusammenarbeit in kleineren Arbeitsgruppen** sinnvoll sein, weil Sie damit

- durch Verteilung von Informationsaufgaben Zeit sparen,
- Ergebnisse im Austausch differenzieren oder auch korrigieren können,
- in Diskussionen Ihre Verstehensfähigkeiten erweitern können.

Übung 2:

a) Notieren Sie auf einem Übersichtsblatt auf der Grundlage Ihrer Aufzeichnungen und Mitschriften zu einem Ihrer Lektüreschwerpunkte die im Unterricht behandelten Erschließungs- und Interpretationsaspekte.

b) Legen Sie zu den einzelnen Aspekten der Erschließung und Interpretation Karteikarten an.

c) Legen Sie nach der Sichtung Ihrer Wissenslücken und Verstehensprobleme fest, worüber Sie sich genauer informieren wollen.

Auch bei **themen- und gattungsbezogenen Schwerpunkten** ist der erste Schritt ein Überblick über die behandelten Texte, Epochenkontexte, Erschließungsschwerpunkte usw. Orientieren können Sie sich an folgendem Beispiel:

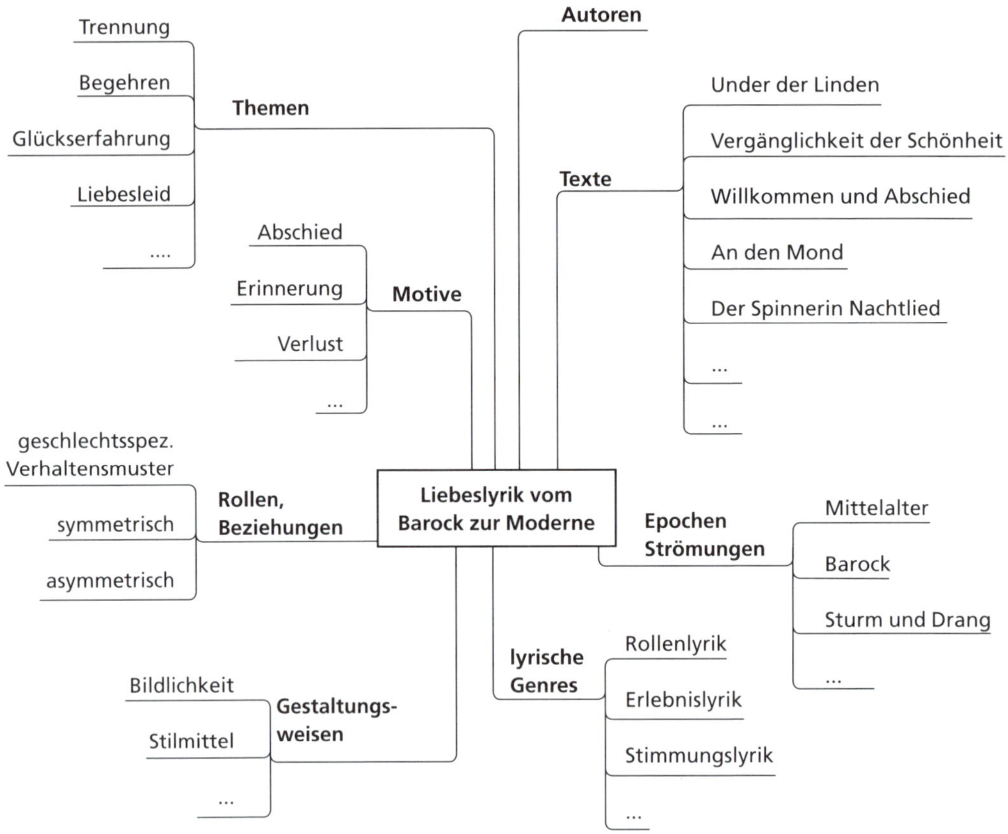

▶ **Weiterführende HInweise zur Übung Seite 230 f.**

Übung 3:

a) Legen Sie zu einem thematischen bzw. gattungsbezogenen Schwerpunkt, den Sie im Unterricht behandelt haben, eine Übersicht an.

b) Lesen Sie die behandelten Texte und Materialien noch einmal gründlich. Notieren Sie auf der Grundlage Ihrer Aufzeichnungen wichtige Erschließungsergebnisse zu einzelnen thematischen Aspekten, behandelten Texten usw. auf Karteikarten.

c) Beim Anlegen der Karteikarten haben Sie festgestellt, wo Sie Kenntnislücken oder Verstehensprobleme haben. Recherchieren Sie in Nachschlagewerken, Literaturgeschichten, im Internet usw. und ergänzen Sie die Karteikarten.

▶ **Weiterführende Hinweise zur Übung Seite 231**

7.3 Bearbeiten von Prüfungsaufgaben trainieren

7.3.1 Fähigkeiten richtig einschätzen

Um die Bearbeitung von Prüfungsaufgaben zu trainieren, müssen Sie Ihre Fähigkeiten richtig einschätzen. Grundlage dafür sind die Erfahrungen, die Sie bei den Übungsaufsätzen und Klassenarbeiten mit den Anforderungen der verschiedenen Aufgabenarten gemacht haben, und die Rückmeldungen der Lehrkräfte.
Bei der Einschätzung Ihrer Fähigkeiten können Sie sich an folgenden **Fragen** orientieren:

Anforderungsbereich	Kontrollfragen
• **Aufgabenart**	Was fällt mir leichter, was motiviert mich mehr, wo fühle ich mich sicher? – Interpretieren literarischer Texte – bestimmte literarische Gattungen (lyrische Texte, Prosa, Dramentexte) – Analysieren von Sachtexten – vergleichende Erschließung von literarischen oder Sachtexten – Erörtern im Anschluss an Texte – adressatenbezogenes Schreiben – gestaltendes Interpretieren
• **Arbeitsschritte**	Welche Aufgabenteile und Arbeitsschritte beherrsche ich gut, welche weniger? – Erfassen von Aufgabenstellungen – Finden von geeigneten Aspekten der Erschließung von Texten, Themen – Entwicklung eigener Verstehens- und Sichtweisen, Standpunkte – Ordnen der Stoffsammlung, Anfertigen von Gliederungen und Schreibplänen – Schreiben des Textes: Gedankenführung, Begründung eigener Verstehensweisen, sprachliche Gestaltung usw. – Überprüfung und Überarbeitung: Finden von Fehlern, Umformulieren usw.

Info

• **Fachliches Wissen**	Welches fachliche Wissen brauche ich für die verschiedenen Aufgabenarten? Wo habe ich gute, wo weniger gute Kenntnisse? – Fachbegriffe – Merkmale von literarischen Gattungen, nichtliterarischen Textsorten – literaturgeschichtliches Wissen: Epochenmerkmale, epochenübergreifende Themen, Motive, Gattungsentwicklung usw. – im Unterricht behandelte Themen zur Kultur und Lebenswelt – Sprache und Medien – usw.
• **Fachliches Können**	Welche Arbeitstechniken und Methoden beherrsche ich gut, welche weniger? – Techniken des Lesens – Methoden des Erschließens und Analysierens von Texten – textspezifische Erschließungsaspekte auswählen – Begründungs- und Argumentationstechniken – Stützen durch Textbelege, Zitieren – usw.
• **Sprachliche Fähigkeiten**	Wie schätze ich meine Schreibfähigkeiten ein? – Ausdrucksweise – gedankliche Entwicklung (Verknüpfungen) – Satzbau – aufgabenadäquater Stil – Sprachrichtigkeit

Aus der Einschätzung Ihrer Fähigkeiten können sich Präferenzen für die **Wahl von Aufgaben** ergeben: Sie wissen, ob Sie besser mit der Interpretation literarischer Texte, der Analyse von Sachtexten oder der Erörterung von Problemen zurecht kommen. Sie sollten Ihre Vorbereitung aber nicht zu eng auf bestimmte Aufgabentypen ausrichten, da Sie sonst Ihre Wahlmöglichkeiten zu sehr einschränken.

Übung

Übung 4:

a) Überprüfen Sie mit Hilfe der Checkliste Ihre Fähigkeiten bei der Bewältigung der verschiedenen Prüfungsaufgaben. Legen Sie eine Tabelle an: Kann ich gut, befriedigend, weniger gut, schlecht.

b) Stellen Sie eine Prioritätsliste auf, was Sie trainieren möchten.

▶ **Weiterführende Hinweise zur Übung Seite 231 f.**

7.3.2 Fähigkeiten gezielt trainieren

Die Fähigkeiten, die Sie für den Erfolg bei Prüfungsarbeiten und im schriftlichen Abitur benötigen, können Sie **langfristig trainieren**, indem Sie

- Kommentare, Korrekturbögen, Schlussbemerkungen und Korrekturen Ihrer Lehrkräfte als **Feedback** nutzen,
- den Blick für Ihre **Stärken und Schwächen** schärfen und ein Profil Ihrer Fähigkeiten gewinnen,
- häusliche **schriftliche Übungen** sorgfältig durchführen,
- Ihre Aufsätze der Klassenarbeiten **überarbeiten**,
- Ihre **Fortschritte** selbstkritisch beobachten.

Als **Vorbereitung für die schriftliche Abiturprüfung** können Sie darüber hinaus Aufgabenstellungen von Abiturprüfungen der letzten Jahre bearbeiten. Ihre Lehrkräfte können Sie darüber informieren, welche Arten von Aufgabenstellungen in Ihrem Prüfungsjahrgang zu erwarten sind.

Bei der Bearbeitung von Aufgabenstellungen helfen Ihnen die Schritte und Methoden, die in dieser Lernhilfe in den vorhergehenden Kapiteln erläutert wurden. Sie können dabei folgendermaßen vorgehen:

- **Aufgabenstellungen erfassen und Anforderungen** einschätzen
- Aufgabenteile und Arbeitsschritte auswählen, in denen Sie sich verbessern wollen, und diese **gezielt trainieren,**
- **Aufgabenstellungen** in der vorgegebenen Prüfungszeit bearbeiten, Ihre Texte überprüfen und überarbeiten.

Auch hier kann die **Zusammenarbeit mit Mitschülern** in kleineren Vorbereitungsgruppen sein. Sie können dabei

- Arbeitsschritte der **inhaltlichen Vorbereitung** (Texterschließung, Stoffsammlung bei Problemstellungen) gemeinsam durchführen und Ergebnisse protokollieren,
- **Gliederungen und Schreibpläne** diskutieren,
- Aufsätze in **Schreibkonferenzen** überprüfen, beurteilen und überarbeiten.

Übung 5:

a) Informieren Sie sich über Prüfungsaufgaben der letzten Jahre in Ihrem Bundesland (Lehrkräfte fragen, im Internet recherchieren)
b) Wählen Sie Aufgabenstellungen zu den verschiedenen Aufgabenarten aus und erschließen Sie diese (Vgl. S. 8 ff.).
c) Trainieren Sie bei verschiedenen Aufgabenstellungen Arbeitschritte, in denen Sie sich verbessern wollen. Schätzen Sie die Verbesserung Ihrer Fähigkeiten kritisch ein.

d) Bearbeiten Sie ausgewählte Prüfungsaufgaben unter Prüfungsbedingungen (Arbeitszeit, bereitgestellte Hilfsmittel). Tauschen Sie die Texte in Vorbereitungsgruppen aus und überprüfen Sie diese in Schreibkonferenzen. Überarbeiten Sie Ihre Texte.

▶ **Weiterführende Hinweise zur Übung Seite 232**

7.4 Einen Zeitplan aufstellen und einhalten

Eine gezielte Vorbereitung auf Prüfungen erfordert gutes Zeitmanagement und Disziplin beim Erledigen der Aufgaben. Sie sollten dabei

- **rechtzeitig** mit der Vorbereitung beginnen,
- Ihr **„Programm"** realistisch festlegen (Wiederholung von Kenntnissen, Trainieren von Schreibfähigkeiten usw.) und gezielt Schwerpunkte setzen,
- einen **genauen Zeitplan** für die Erledigung der verschiedenen Aufgaben festlegen,
- Ihre **Fortschritte** in jeder Phase **überprüfen**.

Notieren Sie bei jedem Trainingsschritt, wo Sie in dieser Lernhilfe dazu Informationen bekommen.

Arbeitsbereich 1: Fachwissen wiederholen, strukturieren und erweitern
Verfahren: Arbeit in Vorbereitungsgruppe

Zeitplan	Datum	…
Aufgabe	arbeitsteiliger Überblick über Lektüreschwerpunkte: 1. „Emilia Galotti"	Austausch und Überprüfung der Mindmaps in der Vorbereitungsgruppe
Arbeitszeit	3 Stunden	3 Stunden
Materialgrundlage	Aufzeichnungen im Heft, Arbeitsblätter	Mindmaps, Karteikarten
Überprüfung Ihres Lernfortschritts	Kenntnisse und Lücken einschätzen	Rechercheaufträge verteilen

Übung 6:

a) Erstellen Sie einen realistischen Zeitplan für die Wiederholung, Strukturierung und Erweiterung Ihres fachlichen Wissens im Bereich „Lektüreschwerpunkte".

b) Verteilen Sie die Aufgaben in einer Vorbereitungsgruppe. Überprüfen Sie die Ergebnisse (Mindmaps, Karteikarten, Handouts) und ergänzen Sie diese durch Recherchen. Tauschen Sie die überarbeiteten Materialien untereinander aus.

c) Eignen Sie sich das erarbeitete Fachwissen an. Kontrollieren Sie in zeitlichen Abständen, wie gut Sie die zusammengestellten Kenntnisse im Gedächtnis behalten.

▶ **Weiterführende Hinweise zur Übung Seite 232**

Übung 7:

a) Erstellen Sie ein „Trainingsprogramm" für die Bearbeitung von Abituraufgaben.
b) Überlegen und entscheiden Sie, ob Sie sich lieber allein oder in einer Kleingruppe vorbereiten möchten.
c) Erstellen Sie einen Plan für die Arbeit mit Abituraufgaben. Notieren Sie, wo Sie dabei in Ihrer Lernhilfe die notwendigen Hilfen finden.

Zeitplan	Datum	…
Aufgabe	Aufgabenstellungen recherchieren	Auswahl von Aufgabenstellungen erschließen
Arbeitszeit	2 Stunden	2 Stunden
Materialgrundlage	Archiv von Aufgabenstellungen an der Schule, Internet	Kopien oder Ausdruck von Aufgabenstellungen
Überprüfung Ihres Lernfortschritts		Vorgaben erkennen, Anforderungen einschätzen

▶ **Weiterführende Hinweise zur Übung Seite 232**

7.5 Tipps für die Abiturprüfung

Erfolg in Prüfungen ist nicht nur von fachlichem Wissen und Können abhängig, sondern auch von der Fähigkeit, in **Prüfungssituationen** das Beste aus sich herauszuholen. Folgende Tipps sollen Ihnen dabei helfen:

Arbeitsphase	**Hinweise**
Aufgabenstellungen auswählen	• sich Zeit nehmen und die Aufgabenstellungen ruhig und konzentriert lesen • Anforderungen und spezifische Vorgaben genau klären • Überprüfen, welches Wissen und Können Sie für die jeweilige Aufgabenstellung brauchen • bei der Wahl der Aufgabenstellung darauf achten, ob Sie – die Thematik motiviert und anspricht, – das notwendige Wissen haben, – die Aufgabenart beherrschen (Interpretation, Analyse, Erörterung)
Methodisch vorgehen	• genügend Zeit für die inhaltliche Arbeitsphase einplanen • Arbeitsschritte beachten • aufgabenspezifische Verfahren der Erschließung und Analyse von Texten sowie der Auseinandersetzung von Problemen anwenden • Interpretationshypothesen und Standpunkte entwickeln • Ergebnisse strukturiert notieren • Begründungen von Verstehensweisen und Standpunkten festhalten • Schreibplan entwerfen und überprüfen

Gedanklich konzentriert und sprachbewusst schreiben	• Schreibplan als gedankliche Route verwenden • Ziel der Darstellung im Auge behalten • Absätze nach dem Schreiben überprüfen: Zusammenhang mit dem Schreibplan, Gedankenführung • Teile des Aufsatzes nach dem Schreiben im Zusammenhang lesen und überprüfen • Den vollständigen Text im Zusammenhang lesen: – Ist der „rote Faden" erkennbar? – Wird meine Aussageabsicht deutlich? – Entspricht die sprachliche Gestaltung den Anforderungen? • Sprachliche Gestaltung und Gedankenführung wenn nötig verbessern • Sprachrichtigkeit konzentriert überprüfen und überlegt korrigieren
Auf äußere Form achten	• Sauber und leserlich schreiben • Übersichtlich gliedern • Sauber und für den Leser nachvollziehbar verbessern (Fehler, Ausdruckweise, Satzbau, Einfügungen am Schluss der Arbeit)

8. Lösungen

1. Mit Klausuren und Aufgaben kompetent umgehen

▶ Lösung zu Übung 1

Aufgabenstellung 1: adressatenbezogenes Schreiben; **Aufgabenstellung 2:** Gedichtinterpretation + Problemerörterung unter Bezugnahme auf einen literarischen Text (Lektüreschwerpunkt); **Aufgabenstellung 3:** freie Erörterung (literarisch-kultureller Bereich); **Aufgabenstellung 4:** Literarische Erörterung und Bezugnahme auf Lektüreschwerpunkte; **Aufgabenstellung 5:** Texterörterung; **Aufgabenstellung 6:** Analyse eines literarischen Textes + Vergleich mit dem Roman + literarische Erörterung

▶ Lösung zu Übung 2

Aufgabenstellung 1: informativen Text (Artikel in einem Schülerlexikon) verfassen; Einbeziehen von eigenen literaturgeschichtlichen Kenntnissen; Verwenden von Informationen aus vorgelegten Texten (Herder, Schiller); **Aufgabenstellung 2:** Analysieren (Gedicht; biographischer Hintergrund); sich auseinandersetzen mit einer Problemfrage (Täter als „letzte Zeugen"?), Eingehen auf Schlinks „Der Vorleser"); **Aufgabenstellung 3:** Erörtern einer Aussage Kafkas über Bedeutung des Lesens von Klassikern; **Aufgabenstellung 4:** Erörtern einer Auffassung Pascals (Macht und Gerechtigkeit); auf Texte der Schwerpunktlektüre beziehen (Kleist: Kohlhaas; Sophokles: Antigone); **Aufgabenstellung 5:** Herausarbeiten (argumentativer Aufbau einer Rezension); zusammenfassen (Sichtweise des Dramas „Der Besuch der alten Dame"); sich auseinandersetzen (Interpretationsangebot); **Aufgabenstellung 6:** Analysieren (Bild der Effi Briest); vergleichen (Figur im Roman); erörtern (gestaltender Umgang mit Literatur)

▶ Lösung zu Übung 3

Aufgabenstellung 1: Aufgabenteil 1: keine vorgegebenen Analyseaspekte – Aufgabenteil 2: auf den Schlusssatz eingehen, andere medienkritische Positionen und Texte einbeziehen; **Aufgabenstellung 2:** Gedichtinterpretation unter Berücksichtigung intertextueller Aspekte (traditionelle Motive, literarische Bezüge; Eingehen auf vorgelegte Texte); **Aufgabenstellung 3:** Gedichtinterpretation (Meckel) und Vergleich (Novalis) ohne vorgegebene Aspekte; **Aufgabenstellung 4:** Aufgabenteil 1: Erschließung und Interpretation eines epischen Textes, Eingehen auf Gesprächs- und Handlungsstrategien der Figuren – Aufgabenteil 2: Vergleich mit einem anderen (selbst gewählten) literarischen Text unter dem Thema „Versuchung"

▶ Lösung zu Übung 4

a) z. B. **Aufgabenstellung 5** (Rezension von Brock-Sulzer, S. 10): Wissen: gattungspoetologisches Wissen (Tragödie, Komödie, modernes Drama), Dürrenmatts Dramenpoetik, Epochenkontext – Textanalytische Fähigkeiten: Argumentationsanalyse, Verstehen des interpretatorischen Gehalts der Textstelle – Kenntnis und Verständnis eines literarischen Textes: gute Kenntnis von Dürrenmatts Drama „Der Besuch der alten Dame" (Figurenkonstellation, Handlung, Figurencharakterisierung; Problemgehalt, Deutung) – Schreibfähigkeiten: Darstellung von Analyseergebnissen, Sichtweise der Figuren zusammenfassen, Erörterndes Schreiben; **z. B. Aufgabenstellung 6** (Brückner: Effi an ihren Hund Rollo, S. 11): Wissen: Mittel der Figurencharakterisierung, Aspekte der Erschließung von Romanen, Fontanes Roman im Epochenkontext – Textanalytische Fähigkeiten: Analyse der Figurencharakterisierung in einem fiktiven Monolog, Erschließung der Figurencharakterisierung in Fontanes Roman – Kenntnis und Verständnis eines literarischen Textes: gute Kenntnis von Fontanes Roman „Effi Briest"; Charakterisierung der Figur der Effi; Problemgehalt, Deutung – Schreibfähigkeiten: Darstellung der Figurencharakterisierung in einem Monolog; vergleichende Gegenüberstellung der Zeichnung der Figuren; Problemerörterung

b) Möglichkeiten der Rekapitulation: Wissen in Stichworten notieren, strukturieren, visualisieren

2. Erschließen und Interpretieren literarischer Texte

▶ Lösung zu Übung 1

a) Scanning: themenorientierte Suche (Abtasten) nach bestimmten Informationen – Kursorisches Lesen: rascher inhaltlicher Überblick durch Achten auf Überschriften, Zwischenüberschriften, Schlüsselwörter – Intensives erschließendes Lesen: durch W-Fragen erschließen, Schlüsselwörter markieren, semantische Kartographie, nach Sinnabschnitten gliedern; Sinnabschnitte zusammenfassen

b) Vergleich auch mit Unterrichtswerken, mit denen Sie arbeiten; beim Vergleich achten auf: Zusammenfassung von Schritten, dadurch weniger Schritte; Ausdifferenzierung der Schritte (Untergliederung in Teilschritte, einzelne Methoden und Verfahren

c) Grundlage Ihrer Selbsteinschätzung: eigene Schreiberfahrungen bei Übungsaufsätzen und Klassenarbeiten; Korrekturen und Beurteilung durch Lehrkräfte oder auch Schreibkonferenzen; Feedback durch Lehrkräfte (Schlussbemerkungen; Beurteilungsbögen); Anlage eines Profils der eigenen Stärken und Schwächen (vgl. Kap. 6 und 7, S. 140, 180)

► **Lösung zu Übung 2**

a) **Art des Gedichtvergleichs:** Schwerpunkt der Analyse/Interpretation liegt auf „Vergänglichkeit der Schönheit"; bildet die Basis für den Vergleich; **vorgegebene Vergleichsschwerpunkte:** „Thematik", „Gestaltung der Thematik" (relativ offen); zuerst Erschließung und Interpretation des Gedichts „Vergänglichkeit der Schönheit" (erster Aufgabenteil), dann Gedichtvergleich (zweiter Aufgabenteil).

b) **erste Eindrücke, Beobachtungen:** Demonstration der Vergänglichkeit des schönen Körpers an Exempla, Memento-mori-Thematik; Kontrast zwischen der Vergänglichkeit der Schönheit und der Unvergänglichkeit des Herzens, Herz als Ort der wirklich wertvollen Gefühle, aber: keine religiöse Dimension wie in den Vanitas-Gedichten eines Andreas Gryphius; Lesen „mit dem Stift": Markieren von Schlüsselwörtern, Kommentierung in Randspalten, Verdeutlichung von Zusammenhängen, des Aufbaus usw.

Aufzählung der Elemente der Schönheit
↓
Verfall des Körpers, der Gegenstand des Begehrens ist
↕
Unvergänglichkeit des Herzens

Der Augen süßer Blitz, die Kräfte deiner Hand,
Für welchen solches fällt, die werden zeitlich weichen.
Das Haar, das izund kann des Goldes Glanz erreichen,
Tilgt endlich Tag und Jahr als ein gemeines Band.

Der wohlgesetzte Fuß, die lieblichen Gebärden,
Die werden teils zu Staub, teils nichts und nichtig werden.
Dann opfert keiner mehr der Gottheit deiner Pracht.

Dies und noch mehr als dies muss endlich untergehen.
Dein Herze kann allein zu aller Zeit bestehen,
Dieweil es die Natur aus Diamant gemacht.

Oppositionen:
jetzige Schönheit, Vergänglichkeit in der **Zukunft**

Wirkungen der Schönheit auf das lyrische Ich /die Männer
Deutung der **Metapher** „Diamant"?

c) **Verstehensweise A:** Deutung bleibt an der Oberfläche der Opposition, Ambivalenz der Bedeutungen von Diamant nicht berücksichtigt; epochenspezifische Spannung zwischen Carpe-diem-Haltung und Memento-mori-Appell nicht gesehen; **Verstehensweise B:** Funktion der Darstellung der Schönheit nicht erfasst → Aufforderung zum Liebesgenuss

► **Lösung zu Übung 3**

a) **Hoffmannswaldau:** Fragen zu: Zweck der Demonstration der Vergänglichkeit der Schönheit, Bedeutung von „Diamant", Beziehung zwischen

lyrischem Ich und Du, Geschlechterrollen, Bezug zu epochenspezifischen Themen, Motiven
Brecht: Fragen zu: Beziehung Mann und Frau, Geschlechterrollen, Wirkung der „Entdeckung" eines grauen Haares auf den Mann, warum Wiederholung der „Nacht", Bezug zu anderen Gedichten Brechts, z. B. „Erinnerung an die Marie A.", Epochenbezüge

Hoffmannswaldau: „Türöffner" sind: Bild des Todes als lüsternem Liebhaber → erotische Thematik Diamant ist nicht absolut „unvergänglich" → Ironiesignal; **Brecht:** „Türöffner" sind: Spannungsfeld zwischen der emotionalen Distanz („kühl", „nüchtern") und dem erotisch-sexuellen Begehren (des Mannes), Symbolik des Zwischen („Tür und Angel")

b) **Frage 1:** führt zum Hinterfragen der scheinbaren Memento-mori-Botschaft, öffnet den Blick auf die negativ beurteilte „Härte" des Herzens als „Sprödigkeit" gegenüber dem männlichen Begehren; **Frage 2:** rückt die Metapher des Diamanten in den Epochenkontext, Argument gegen die Memento-mori-Botschaft; **Frage 3:** lenkt den Blick auf erotische Signale, die auch im weiteren Verlauf deutlich werden; Begehren der Männer als „Opfer" am Altar der Schönheit

▶ **Lösung zu Übung 4**

a) Interpretation im Epochenkontext (textüberschreitend); Thematik und Gestaltungsweise beim Vergleich
b) Beispiele aus thematischen Sequenzen, Gattungslängsschnitten usw. wählen; Begriffe und Erschließungskategorien auf Karteikarten konkretisieren, z.B.

Rollenlyrik
– Lyrisches Ich nimmt eine Rolle an, die durch gattungsspezifische Muster der Epoche vorgegeben ist. – Beispiel: begehrendes männliches Ich, das um die Gunst der Geliebten wirbt; die Angebetete gibt dem Begehrenden (noch) nicht nach (Petrakismus); auch die Adressatin ist ein Rollen-Du – deutlicher Unterschied zur „Erlebnislyrik", die ein individuelles Erleben auf der Grundlage eigener Erfahrungen des Autors thematisiert Texte: Opitz, Ach Liebste, lass uns eilen ↔ Goethe, Willkommen und Abschied

c) Ergiebige Aspekte: Thematik, Motive; Sprechsituation, Sprecherrolle, Sprechhaltung; Intention, Wirkungsabsicht; Aufbau (thematisch, bildlich usw.); Bildlichkeit; Formelemente (Sonett, Metrik usw.); Epochenstil (Emblematik usw.)

d) **Thematik:** Vanitas ist nur bildliches Instrument der Argumentationsstrategie → Appell zum Carpe diem; **Sprechhaltung:** keine ernsthafte, religiös geprägte Memento-mori-Botschaft, sondern witziges, ironisches Spiel mit diesem Muster; **Aufbau:** steigernd auf eine Pointe hin, die sich erst bei genauerer Untersuchung zeigt; **Bildlichkeit:** vor allem Verwendung von Elementen der unbelebten Natur (Korall, Schnee, Blitz, Gold) bei der Darstellung der schönen Körperteile; relativ abstrakte Verben bei der Verdeutlichung der Vergänglichkeit: „zeitlich weichen", „nichts und nichtig werden"; **Formelemente:** Zäsur beim Alexandriner unterstützt nicht so häufig wie in Gryphius-Gedichten die inhaltliche Antithetik in Verszeilen

▶ Lösung zu Übung 5

a) z.B. Zusammenhang zwischen Sprecherrolle, Rollenbeziehung, Sprechhaltung, Intention; **Lyrisches Ich:** nur implizit (kein direktes Sprechen als „Ich"), erschließbar aus dem Adressatenbezug (viermal Possessivpronomen „dein"; einmal „dir"); **Lyrisches Du:** keine direkte Du-Anrede; sondern nur Nennen der Elemente („Der liebliche Korall"; bestimmter Artikel) der Schönheit und ihrer Wirkung auf das lyrische Ich; **Rollenbeziehung:** Rolle des begehrenden Mannes, Rolle der begehrten, aber sich (noch) nicht hingebenden Frau, Schönheit als „Gottheit", der die Männer „Opfer bringen"; **Sprechhaltung:** scheinbar neutrale Haltung des Bewusstmachens (Vergänglichkeit als Faktum), Kritik an der Sprödigkeit der Angebeteten wird zuerst in V. 11 deutlich: „Dann opfert keiner mehr der Gottheit deiner Pracht"; ironisch versteckte Kritik (Diamant) an der „Kälte" des Du; **Intention:** Erotische Situation am Anfang des Gedichts (Tod als Liebhaber) verweist bereits auf die Botschaft → rechtzeitiger Genuss sinnlicher Freuden mit dem lebenden Liebhaber; Aufforderung zum Liebesgenuss durch Demonstration der Vergänglichkeit der Schönheit des weiblichen Körpers → Carpe diem

b) Ergänzung: strophischer Aufbau. Die ersten drei Strophen schließen jeweils mit dem „Vergehen" eines Körperteils im Tod: weiße Schultern → „kalter Sand"; das goldene Haar → Auslöschung, Vernichtung („tilgt") als gewöhnliches „Band"; Folgen der Vergänglichkeit der Einzelelemente: Ende der Anbetung durch die Männer
Letzte Strophe: scheinbarer Gegensatz zwischen der vergänglichen körperlichen Schönheit und dem unvergänglichen Herzen; Leser muss die ironische Pointe erkennen

c) Vergleich als Möglichkeit, Ihre Verstehensweise zu bestätigen, zu differenzieren oder zu korrigieren

▶ Lösung zu Übung 6

a) **Vergänglichkeit** als zentrales Thema im Barock, dem Vergänglichen steht im christlich geprägten Weltbild (Schöpfungsordnung) das Ewige, Unvergängliche gegenüber (Seele des Menschen; Jenseits; Gott); aus der Erkenntnis der Vergänglichkeit resultiert das Bewusstsein der „vanitas" alles Irdischen, seiner Bedeutungslosigkeit „sub specie aeternitatis"; **zwei Haltungen als Antwort auf die Vergänglichkeit: Memento-mori** → Orientierung der Lebensführung am Ziel, das ewige Seelenheil zu erlangen; **Carpe diem** → Nützen, was das Leben bietet, weil es von der Vergänglichkeit bedroht ist; **Rollenbeziehung** geprägt durch den Petrarkismus: Preis weiblicher Schönheit durch Beschreibung der einzelnen Körperteile; Grundmuster: asymmetrische Beziehung zwischen einem begehrenden Mann und einer sich verweigernden Schönen

b) Vergleich mit Opitz: „Ach Liebste, lass uns eilen":
Gemeinsamkeiten: Aufforderung zum Liebesgenuss – Rollenbeziehung: Werben, Auffordern als männliche Rolle – „Begründung" durch die Vergänglichkeit der Jugend – Demonstration der Vergänglichkeit einzelner Körperteile (Schönheitskatalog; kulturelle Topoi); **Unterschiede:** Explizites lyrisches Ich – symmetrisches „Wir" – direktes Ansprechen: „Liebste, lass uns eilen" – direkte Aufforderung, ohne ironische Pointe – Reflexion des Ineinander von Geben und Verlieren

c) **Literarisch-kultureller Kontext:** Beispiel einer gelehrten Poesie, die Themen und Formen der literarischen Tradition (Petrarkismus, Schönheitstopoi, Rollenbeziehung der Geschlechter usw.) aufgreift und diese in einem ästhetischen Spiel variiert; **Geistige Grundlagen, epochenspezifische Themen:** Spannung im Bewusstsein und in der Mentalität → Bewusstsein der Vergänglichkeit löst die Haltung des Carpe diem aus; Diesseits als Möglichkeit der (erotischen) Sinnenlust, „Ewigkeit" nur in der ironischen Pointe thematisiert; Ausblenden der Orientierung des Lebens am ewigen Seelenheil; **Literarische Formen:** Sonett als verbreitetes Genre; emblematische Bildlichkeit, rhetorischer Stil

▶ Lösung zu Übung 7

a) Deutung der Herz-Metapher verfehlt die ironische Pointe und auch die Auffassung von „Liebe" im Epochenkontext: Polyvalenz von „Diamant" nicht erkannt; negative Dimension von Härte; Liebe ist nicht „unzerstörbar", sondern muss als erotisches Glück gelebt werden, bevor die Schönheit vergeht; „reine Liebe" ist ein Konstrukt, das erst in der zweiten Hälfte des 18. Jahrhunderts „entdeckt" wird; fehlende mentalitätsgeschichtliche Differenzierung

b), c) **Ergänzungsmöglichkeiten:** Begründung und Stützung → Rollenbeziehung: kein direktes Ansprechen des Du als einer Geliebten (im Gegensatz zu Opitz: „Ach Liebste"); kein symmetrisches „wir"; Appellcharakter muss vom Leser durch Signale entdeckt werden: erotische Szene in der 1. Strophe; Schönheit als „Gottheit", der die Männer opfern

▶ Lösung zu Übung 8

a) „Kühle" des Abschieds nach einer Liebesnacht; verabredete begrenzte Dauer der Begegnung: „denn so wars gedacht" (V. 7); Wiederholung der sexuellen Vereinigung unter der Bedingung: „Ists nur noch eine Nacht" (V. 9) – Reiz der Anzeichen des Älterwerdens der Frau? – Asymmetrie der Rollenbeziehung; Aktivität geht vom Mann aus, er setzt die Bedingungen
b) Welt- und Menschenbild: radikale Diesseitsorientierung bei Brecht (vgl. das Gedicht „Laßt euch nicht verführen"), damit keine Gegensätze mehr zwischen Diesseits/Jenseits – Auffassung von Liebe: Abgrenzung von der „romantischen" „reinen" Liebe (Unverwechselbarkeit, Einmaligkeit, Gefühlsintensität usw.)
c) Ergänzung durch Rollenmuster: Mann als der fordernde, die Initiative ergreifende Part; Frau als Objekt männlichen Begehrens → Tradition von Geschlechterrollen

▶ Lösung zu Übung 9

a) Besonders ergiebig sind: unterschiedliche Funktion des Motivs der Vergänglichkeit – Rollenbeziehungen – Sprechsituation, Sprechhaltung – Unterschiede in der Bildlichkeit – Verwendung der Sonettform – Stilunterschiede
b) z.B. **Bildlichkeit:** Verzicht auf „poetische" Metaphorik verstärkt den Prosacharakter des Stils; zentrales Bild: alltagssprachliche Wendung „zwischen Tür und Angel" – konkrete Situation beim Abschied an der Wohnungstür – metaphorische Bedeutung: Frau an der Alters-„Schwelle": graue Strähne als erstes Anzeichen des Älterwerdens
Verwendung der Sonettform: im Strophenbau Verwendung der strengen Komposition; freier Umgang mit dem Metrum (fünfhebige Jamben; nicht streng alternierend; Spannung zwischen metrischer und rhythmischer Betonung → verstärkt Prosacharakter des Stils
c) Vergleich mit Ihren eigenen Ergebnissen bei der Untersuchung der Beziehung; Leistung der Visualisierung mit Ihren eigenen Notizen vergleichen

▶ Lösung zu Übung 10

a)
– **Entwicklung von Brechts Lyrik:** Gedicht gehört in die Lyrik der 20er Jahre; zentrale Themen: Entindividualisierung der Beziehung der Geschlechter

(z.B. in „Erinnerung an die Marie A."); antibürgerliche, betont „männliche" Haltung und Perspektive Brechts; Provokation von Lesererwartungen, die durch das Genre „Liebeslyrik" geprägt sind (große Gefühle, Stimmungen usw.)
- **Epochenkontext:** Strömung der „Neuen Sachlichkeit"; Problematik tradierter Vorstellungen von „Liebe" durch Entwicklung der Gesellschaft (Großstadtleben) und Veränderungen des Welt- und Menschenbildes seit der Jahrhundertwende (Krise der Ich-Identität; Entpersonalisierung; Verfall der tradierten Werte usw.)
- z. B. Vergleich mit Kästners „Sachliche Romanze"; Rilkes „Liebes-Lied"

b)

Relevanz hängt von der Möglichkeit ab, enge Bezüge herzustellen, z.B.
- Wert- und Sinnkrise seit der Jahrhundertwende (vgl. Expressionismus, Benns „Morgue"-Gedichte)
- Großstadtleben („Distanz" und „Kühle" als Schutz gegen die Reizüberflutung; Beziehungen „auf Zeit"; Angebot an Vergnügungen usw.)
- Abkehr vom expressionistischen Stil in der „Neuen Sachlichkeit"; Distanz von Genretraditionen („Gebrauchslyrik")

c)

Mögliches **Vergleichskonzept:**
Vergleichshypothese: Reduktion der Vergänglichkeit, die im Barock wesentlicher Teil des Welt- und Menschenbildes ist, auf ein Stimulans männlichen Begehrens
Stützung und Begründung durch:
- <u>Sprechsituation:</u> erinnertes Gespräch mit einer Frau beim Abschied; Wahrnehmung einer grauen Strähne als Stimulans für sexuelle Lust
- <u>Sprechhaltung</u>: distanzierte Darstellung der Situation ↔ Kontrast zur Unmittelbarkeit der Darstellung des heftigen Begehrens („verschlug Begierde", V. 14)
- <u>Aufbau:</u>
  1. Strophe: Abschied an der Türschwelle; Entdeckung der Strähne
  2. Strophe: Sexuelle Aktivität des Mannes (V. 5) → Frage der Frau
  3. Strophe: „Erklärung" des Verhaltens; Reiz der Anzeichen des Älterwerdens
  4. Strophe: Aufforderung zur Wiederholung im Bewusstsein des Vergehens (der Schönheit; der Situation; der Beziehung)
- <u>Kontextuierung:</u> Veränderungen des Welt und Menschenbildes seit der Jahrhundertwende: „Gott ist tot" (Nietzsche"); Entromantisierung der „Liebe"; Vergänglichkeit der Beziehungen; Trennung von Sexualität und Liebe

▶ Lösung zu Übung 11

a) Aufgabenstellung legt eine Gliederung in zwei Blöcken nahe: **Teil 1:** Erschließung und Interpretation des Gedichts von Hoffmannswaldau; **Teil 2:** Vergleichende Interpretation des Brecht-Gedichts

b) Mögliche Auswahl und Reihenfolge in Teil 1: **Thematik:** Antithetik von Schönheit und Tod; **Sprechsituation, vordergründiger Appellcharakter:** Erkenntnis der Vergänglichkeit bewusst machen; **indirekter Appell als Pointe:** Ambivalenz von „Diamant"; Aufforderung zum Carpe diem; **gelehrtes Spiel mit Gestaltungsmitteln und Topoi:** Schönheitskataloge, Vergänglichkeits-Emblematik usw.

c) **Einleitung:** Hinführung zum Vergleich durch epochenübergreifende Thematik von „Verfall", „Vergänglichkeit"; **Schluss:** Verlängerung der Schönheit in der modernen Lebenswelt (Medizin, Kosmetik usw.)

▶ Lösung zu Übung 12

II. Vergänglichkeit und Flüchtigkeit der „Liebe" bei Brecht
  1. Situation „zwischen Tür und Angel"
    a) Liebesnacht als verabredeter Genuss
    b) „Entdeckung an einer jungen Frau"
    c) Stimulans des männlichen Begehrens
  2. Geschlechterbeziehung in einer „kalten" modernen Gesellschaft
    a) Desillusionierende „Kühle"
    b) Abschied von der „romantischen" Liebesauffassung
    c) „Liebe" als Beziehung zwischen Körpern
  3. Aufschub des Vergehens und Vergessens
    a) Steigerung des erotischen Moments durch das Bewusstsein des Vergehens
    b) Bewahrung des Erinnerns im Gedicht
    c) Strenge Form im sachlich kühlen Stil
III. „Liebe" und Erotik im geschichtlichen Wandel
  1. Spannungen und Polaritäten im Weltbild des Barock
  2. Entpersonalisierung der „Liebe" in der modernen Gesellschaft

Schluss: Verhältnis der beiden Gedichte zum Genre „Liebeslyrik"

▶ Lösung zu Übung 13

a) Vergleich im Anschluss an die Erschließung des Eichendorff-Textes – vorgegebene Aspekte: Epochenkontexte; Thematik „Kunst und Künstlertum" bei Eichendorff; Merkmale modernen Erzählens bei Rilke – Aufbau in zwei Teilen; zunächst getrennte Erschließung des Eichendorff-Textes; Schwerpunkt beim Vergleich liegt auf Veränderungen der Erzählweise

b) auffallende **romantische Motive:** Reisen, Begegnung mit Fremden als Impuls für überraschende Ereignisse; Künstlerfiguren und Kunstthematik; Verlockung als Reiz und Gefahr usw.
c) **Skizzierung** hält fest: Figurenkonstellation (Reisebekanntschaft) – Charakterisierung der Figur des Florio (Kindheitswünsche, Reisen als Erfüllung von Sehnsüchten) – Warnung durch Fortunato → Vorausdeutung – zentrales Motiv: Sage vom Venusberg → Verstärkung der Vorausdeutung

▶ Lösung zu Übung 14

a) **Mögliche Ergänzung von Erschließungsfragen:** Rolle Biancas in der Entwicklung der Sehnsüchte – Bianca als Kontrastfigur zu Verführerin Venus?
b) **Interpretationshypothese:** Spannungsverhältnis der Sehnsucht zwischen Glück der Wunscherfüllung (wie im „Taugenichts") und Gefährdung durch Verführung (vgl. auch das Gedicht „Die zwei Gesellen")

▶ Lösung zu Übung 15

a) Vorgegeben: **Eichendorff-Text:** Thematik „Kunst und Künstlertum" im Epochenkontext; **Rilke-Text:** „Strategie und Techniken des Erzählens" im Kontext des Epochenumbruchs um 1900
b) Zu Aspekten und Begriffen, die Sie genauer erläutern wollen, können Sie bei Ihrer Prüfungsvorbereitung (Kap. 7, S. 172 ff.) Karteikarten anlegen, z.B.:

Erzählverhalten
<u>auktorial:</u> der Erzähler tritt durch Kommentierung, Reflexion, Kommunikation mit dem Leser deutlich in Erscheinung; Beispiel: Thomas Mann, Zauberberg <u>neutral:</u> Erzähler tritt hinter das Erzählte zurück; Distanz eines außenstehenden Betrachters; Beispiel: Theodor Storm, Hans und Heinz Kirch <u>personal:</u> Erzähler verschwindet hinter einer Figur (persona = Maske); Leser nimmt das Geschehen aus der Perspektive dieser Figur wahr; Beispiel: Schnitzler, Fräulein Else; Kafka, Der Prozess

c) **Erzählte Welt:** Thematik, Motive, Figuren, Raumverhältnisse – **Aufbau:** Figurenkonstellation; Handlungsverlauf – **Strategie und Technik des Erzählens:** Erzählverhalten, Perspektive, Erzählhaltung – **Darbietungsformen:** Beschreibung; szenische Darstellung, Dialoggestaltung – **sprachliche Gestaltung**
d) wichtige Ergänzung: Aufbau, Erzähltechniken, sprachliche Gestaltung/Stil

▶ Lösung zu Übung 16

a) **Einführung des Lesers** in „Zoomtechnik“: Sommerabend, Weg nach Lucca, Begegnung mit dem Fremden, Begegnung mit Bianca → räumliche Situierung, Figurenkonstellation, Vorausdeutung durch Thematik und Motive
b) **Erzählerrolle, Erzählverhalten:** neutral, tritt hinter das Geschehen zurück – **Perspektive:** Florio als Protagonist, seine Erlebnisweise steht für den Leser im Vordergrund – **Erzählhaltung:** Poetisierung der erzählten Welt; Raum für Sehnsüchte und Phantasien
c) **Landschafts- und Naturdarstellung:** für Eichendorff typische Konstruktion von Raum und Landschaft aus topischen Elementen (realistisch unspezifische Charakterisierung durch Adjektive: „schön“, „wunderschön“ usw. und Substantive: Türme, Dächer usw.); Raum für die Erfüllung von Sehnsüchten – **Figurencharakterisierung:** Blick des Lesers wird aus der Perspektive Florios zuerst auf den Fremden gerichtet (fasziniert durch äußere Erscheinung und Verhalten); indirekte Charakterisierung Florios durch die Reaktion auf den Fremden und durch das Gespräch; vom Äußeren zum Inneren: sein Wesen zeigt sich in den Sehnsüchten und Wünschen – **Dialoggestaltung:** szenische Wiedergabe des Gesprächs verbunden mit Weiterführung der expliziten Figurencharakterisierung, z. B. „Dabei ruhten seine großen, geistreichen Augen ... (Z. 24).“ – **Zusammenhang:** Thematik der Gefährdung (romantischer) Sehnsucht bildet den Mittelpunkt der Erzählstrategie, auf den die anderen Gestaltungsmittel funktional bezogen sind.
d)

Aspekt	Gestaltungsweise	Textbelege
Raum und Szene • Atmosphäre des Sommerabends: Duft, Farben, Klänge • Atmosphäre der geselligen Unterhaltung: Fröhlichkeit, Buntheit, Fülle der wechselnden Bilder	Zentrale **Gestaltungselemente** sind die Bewegung, Licht und Klang • Der Duft „zittert“ über der Landschaft und der Stadt usw. (Z. 2–5) • Florio und der Fremde folgen „unvermerkt“ der Bewegung der Menschen (Z. 40) • Mädchenbilder „schweben“ (Z. 57 f.) • „Strom von Wagen und Reitern“ (Z. 69) • Florio „schweift ... umher“ (Z. 71 f.)	– „dunkelnden Abend“ (Z. 10) – „dämmernde Welt“ (Z. 25) – „fröhlich schallendes Reich“ (Z. 41) – „schimmernd hin und her bewegte“ (Z. 43) – „im lauen Abendgolde“ (Z. 53) – usw.

Stilmittel • Satzbaumuster • Wortarten • rhetorische Figuren	• Variable, übersichtlich gebaute Hypotaxen; häufig Partizip-Präsens-Konstruktionen • Dominanz der Verben der Bewegung • Raumgestaltung durch Präpositionen und Präfixe der Verben • Wenig anschauliche und konkretisierende Adjektive • Vergleiche	– „sich erfreuend an dem feinen Dufte, der ... zitterte, sowie an ..., welche ..." (Z. 2 ff.) – „in den dunkelnden Abend hineinreitend"; „in den letzten Abendgluten schimmernd hin und herbewegte"; „langsam und prächtig fortbewegte" – „von allen Seiten"; „unter den hohen Bäumen", "in die heitere Luft hinauslangte" – „schön" (sechsmal; davon zweimal „wunderschön": Landschaft, Jüngling, Augen – „komm ich mir vor, wie" (Z. 21)
Erzählstrategie Einführung des Lesers in eine „poetisierte" Welt als Raum für (das Ich gefährdende) Ereignisse, in denen Wünsche und Sehnsüchte in Erfüllung gehen	Motiv der Verlockung bildet den Mittelpunkt, auf den die verschiedenen Gestaltungsmittel funktional bezogen sind	Worte des Fremden über den Zauberberg; Warnung: „Hütet euch!" (Z. 37)

e) Visualisierung der Raumsymbolik: Überwölbung des Handlungsraums durch den „Himmelsdom" (Z. 22: göttliche Schöpfungsordnung) – Einbindung der Kunst (Musik, Dichtung) in das „Lob Gottes" (Z. 23) – die fröhliche Stimmung der situativen Einbettung steht den Andeutungen der Bedrohung durch Verführung kontrastiv gegenüber; Aktivierung von Wünschen – Bianca als Gegenpol zur Venus

▶ Lösung zu Übung 17

a) der „unheimliche Ritter Donato" als Kontrastfigur zu Fortunato – Fortgang der Handlung: Venusstatue → Gefahr der Verführung durch die Liebesgöttin; Rettung durch Fortunato; glückliches Ende in der (erfüllten) Liebe zu Bianca

b) **Autor:** Motiv der Gefährdung (romantischer) Sehnsüchte ein Grundthema Eichendorffs (Lyrik: „Die zwei Gesellen"; „Sehnsucht"; „Waldgespräch"; Erzählungen: „Das Schloss Dürande") – Bezüge zum „Happy End" im „Taugenichts" – christliches Weltbild; Distanz gegenüber einer schrankenlosen Subjektivität; Bewusstsein der Bedrohungen durch Revolution, Emanzipation der Sinnlichkeit; **Epoche:** Verlockung durch Wünsche, Sehnsüchte, Phantasien (Innenwelten) – Thematisierung des Unheimlichen, Dämonischen – Spannungen zwischen Revolution und Bewahrung in einer Epoche politisch-gesellschaftlicher Umbrüche

c) Ergänzungen zu **Epochenspezifische Themen** usw.: Gegensatz Künstler ↔ Philister – Weg nach innen (Traum, Fantasie) – Blick auf das Unbewusste, Unheimliche, Dämonische – Sehnsucht nach einer neuen Mythologie (Volksdichtung, Märchen, Sage) – Aufhebung von Spaltungen und Trennungen (Sinnlichkeit – Geist; Mensch – Natur; ...)
   Epochenspezifische Genres usw.: Verschmelzung von Genres und Gattungen – Formideal: das Fragmentarische, Unvollendete, ironische Brechung, Aphorismus, ... – Phantasieschöpfende Macht des Dichters; Kunst als Produkt souveräner Willkür in der Frühromantik – Romantisierung der Wirklichkeit durch die Kunst
   Politisch-gesellschaftlicher Kontext: Politische Umbrüche: Folgen der Franz. Revolution; Ende des deutschen Kaiserreichs; „Befreiungskriege"; neues Nationalbewusstsein – Gesellschaftliche Umbrüche: Bedeutungsverlust des Adels in der bürgerlichen Erwerbsgesellschaft → Spannung zwischen monarchisch-ständischer Ordnung und liberal-demokratischen Forderungen

d) <u>Interpretationskonzept:</u> Aufzeigen der Zusammenhänge zwischen dem <u>zentralen Motiv</u> der Gefährdung durch Sehnsüchte und Wünsche; Begründung durch zentrale Stellung des Motivs im Erzählanfang – Hinführung auf das Motiv durch <u>Gespräch</u> Florio – Fortunato: Kunst, Kindheitswünsche; Sage vom Venusberg – <u>Landschaft</u> als „poetischer" Handlungs- und Ereignisraum: Offenheit für das Fremde – <u>Figurenkonstellation:</u> Fortunato als Helferfigur; Bianca als potentielle Wunscherfüllung durch unschuldige Anmut – <u>Aufbau:</u> schrittweise Einführung des Lesers in die fiktive Welt und in das Gefährdungspotential – weitere Stützung der Deutung durch <u>Erzählweise</u> und sprachliche <u>Gestaltung</u> – Einordnung in <u>Epochenkontext</u>

▶ Lösung zu Übung 18

Vorgegebene Vergleichsaspekte: „Strategie und Techniken des Erzählens"; Epochenumbruch um 1900 als Hintergrund

▶ Lösung zu Übung 19

a) **Erste Eindrücke:** Gegensatz zwischen der Faszination von der Großstadt (Paris) in der Moderne (Künstler, Reisende) und der Erlebnisweise des Ich-Erzählers; **Wahrnehmungen:** Krankheit, Elend, Gerüche, Geräusche;
   Aber: Schockerfahrung als Lernprozess → Entdeckung des inneren Lebens; deutlicher Gegensatz zur fast märchenhaft poetischen Welt Eichendorffs

b) Weitere Vergleichsaspekte: **Aufbau:** fragmentarischer Charakter der Aufzeichnungen – **Erzählweise, Erzähltechniken:** Gegensätze zwischen traditionellem und „modernem" Erzählen

▶ **Lösung zu Übung 20**

a) **Vergleichshypothese:** Poetisierung der Wirklichkeit vs. Sehenlernen der Wirklichkeit (auch „Ästhetik des Hässlichen") als Antwort auf die Krisenerfahrungen um 1900; traditionelles vs. modernes Erzählen (Veränderungen des Erzählens als Antwort auf die Krisenerfahrungen – Konzentration auf wenige Vergleichsaspekte: 1. dargestellte Welt, 2. Thematik, Motive, 3. Erzählstrategie, 4. Erzähltechniken, 5. Kontextuierung: Epochenumbrüche 1800 und 1900
b) z.B. **Modernisierung des Erzählens:** keine lineare Erzählhandlung – assoziative Reihung von Beobachtungen, Eindrücken, Wahrnehmungen, Reflexionen in der fiktiven Form von tagebuchähnlichen Aufzeichnungen – Verknüpfung durch Motivnetze (Tod, Lärm, Stille usw.) – Einheit durch die Perspektive des erzählenden Ich – Mischung unterschiedlicher Darbietungsformen: Bericht, Schilderung, Kommentar usw.
c) Relevanz von **Epochenkontexten:** Krise des Ich (Auflösungen personaler Ganzheit; Ich als Durchgangsstadium von Sinneseindrücken) – Großstadterfahrung (Reizüberflutung) – Entdeckung des Unbewussten („Ich habe ein Inneres, von dem ich nicht wusste.", Z. 40 f.) – keine direkte Zuordnung zu literarischen Strömungen (Impressionismus, Fin de siècle)
d) Orientierung an der Aufgabenstellung legt den Schwerpunkt der **Veränderungen im Erzählen** vor dem Hintergrund des Epochenumbruchs um 1900 nahe:
   - Ausgangspunkt: Kontrast zwischen poetisierter Erzählwirklichkeit in der Romantik und moderner Lebenswelt der Großstadt
   - Gemeinsam: Sehnsüchte von zwei Künstlern auf dem Weg zu neuen Erfahrungen; völlig konträre Erfahrungssituationen am Anfang (Verlockungen durch Menschen und Situationen vs. Schockerfahrung durch die Großstadtrealität
   - Gegensatz der Thematik: Gefährdung durch Sehnsucht auf dem Weg ins Leben → Bedrohung durch Sinneseindrücke löst den Weg ins Innere aus
   - Umbruch in der Erzählweise; Modernisierung der Erzähltechniken als Antwort auf Krisenerfahrungen um 1900

▶ **Lösung zu Übung 21**

a) Grundschema: **Teil 1:** Interpretation des Anfangs von Eichendorffs „Marmorbild"; **Teil 2:** Vergleichende Interpretation des Rilke-Texts
b) Reihenfolge der Erschließungsaspekte ergibt sich aus dem Vergleichskonzept (s. Übung 20 d); von der Thematik bis zu den Darstellungsmitteln

c) **Einleitungsmöglichkeiten:** Literarische Antworten auf Epochenumbrüche um 1800 und um 1900 – Kunst und Künstlertum als Thema der Literatur – Entdeckungen und Gefährdungen des Ich; **Möglichkeiten für den Schluss:** Modernität der Romantik? – Ausblick auf spätere Darstellungen von Großstadtwahrnehmungen

▶ **Lösung zu Übung 22**

5. Erzählstrategie
   a) Poetisierung der „Welt" durch romantische „Versatzstücke"
   b) Authentische Darstellung der inneren Welt durch Reihung von Wahrnehmungen, Eindrücken, Reflexionen
6. Gestaltungsmittel des Erzählens
   a) Romantische Chiffren und „Zauberworte"
   b) Merkmale „modernen" Erzählens

II. Vergleichende historische Kontextuierung
1. Historischer Kontext
   a) Zeitalter der Restauration
   b) Umbrüche vor dem Ersten Weltkrieg
2. Geistig-kultureller Kontext
   a) Zwischen Restauration und Revolution
   b) Geistiger Umsturz um 1900
3. Literaturgeschichtlicher Kontext
   a) Spätromantik: Macht und Grenzen der Phantasie
   b) Pluralität der Stilrichtungen der Moderne

Schluss: Vom Gottvertrauen zur existenziellen Sinnsuche

▶ **Lösung zu Übung 23**

a) **Zwei Teilaufgaben:** Teil 1: Erschließung eines Szenenausschnitts – Teil 2: Vergleich der Behandlung der Thematik in einem selbst gewählten anderen Werk; **Vorgaben:** a) beim Erschließen: Inhalt, Aufbau, dramaturgische und sprachlich-stilistische Gestaltungsmittel; zentral: Gesprächsstrategie Wallensteins – b) Vergleich der Gestaltung des Gegensatzes zwischen Ideal und Wirklichkeit; **Vorgehensweise:** nach der Reihenfolge der Teilaufgaben

b) **Überredungs- und Beschwichtigungsdialog;** Gesprächslenkung durch die Strategie Wallensteins; moralische Bedenken von Max sollen als idealistisch, nicht der Wirklichkeit entsprechend hingestellt werden; Scheitern des Überredungsversuchs an der Integrität von Max

c) Weitere **Schlüsselwörter** und **thematische Aspekte:**
   - Max wird vor vollendete Tatsachen gestellt („des Kaisers Dienst entsagt", Z. 9)
   - Bündnis mit den Schweden

- Mündigkeit durch Zwang zur Wahl zwischen Wallenstein und seinem Herzen
- Streit der Pflichten
- Riss im Herzen zwischen der Bindung an das Vorbild Wallenstein und dem Gebot der Seele
- Treubruch Wallensteins ist Verrat an Idealen („Edles in der Freiheit", Z. 97)
- Gewalt als einziger Weg
- Antagonismus zwischen der Freiheit in der Gedankenwelt und der Notwendigkeit im realen Handeln; Erfolg verlangt Bündnis mit den bösen Mächten
- Chance der gewaltfreien Lösung
- Machtverzicht als letzte Möglichkeit
- Entscheidung ist gefallen

d) Skizze visualisiert (im Blick auf die Aufgabenstellung) den Problemgehalt; Figuren nur als Verkörperungen von Ideen; persönliche Beziehung und psychologische Dimension bleiben deshalb außen vor.

▶ Lösung zu Übung 24

a) Aufbau des Dialogs – dramaturgische Gestaltung – sprachlich-stilistische Gestaltung

b) Verbindung von **Ideendrama** (argumentativer Diskurs über das Spannungsverhältnis zwischen Ideal und Wirklichkeit) und **Beziehungsdrama** (Loslösung von Wallenstein als „Riss" in der Seele, der zu einem tragischen Ende führt)

▶ Lösung zu Übung 25

a) s. Lösung zu Übung 23 a

b) Beim Vergleich darauf achten, dass die Erschließungsaspekte unterschiedlich ausdifferenziert sein können.

c) **Thema, Problemgehalt:** Konfliktpotential, Auffassungen und Positionen der Figuren, Welt- und Menschenbild; Figuren: Konstellation, Beziehung, Gesprächserwartungen, Gesprächsstrategien, Gesprächsverhalten; **Dialogstruktur:** Dialogtypus, thematischer Aufbau, Gesprächsmuster; **sprachliche Gestaltung, Stil:** Schlüsselbegriffe, Dramenstil, Rhetorik

d) Zu ergänzen: Dialogstruktur, sprachliche Gestaltung, Stil

▶ Lösung zu Übung 26

a) **Rollen und Beziehungen der Figuren:** soziale Rollenbeziehung: kaiserlicher Feldherr zu Offizier (Oberst eines Reiterregiments); emotionale Beziehung: Wallenstein für Max bisher Vorbild und Richtschnur eigenen Handelns („Dir folgt ich unbedingt", Z. 45; „Ehrfurcht", Z. 71; „Gehorsam", Z. 72; „eines Gottes Antlitz", Z. 75 usw.); an Wallensteins Verrat zerbricht diese Beziehung; für Wallenstein ist Max trotz der Wertschätzung und Zuneigung nur ein Instrument im Machtkalkül; **Handlungszusammenhang:** szenenimmanente Erschließung → Information über das Bündnis mit den Schweden; Max soll für das Bündnis gewonnen werden; Erschließung aus dem Vorspann: Ziele Wallensteins, hat die Offiziere hinter sich gebracht; Gegensatz zwischen Max und seinem Vater (Gegenspieler Wallensteins); Max liebt Wallensteins Tochter; **Erwartungshaltungen:** Wallenstein: Max soll Notwendigkeit des „Verrats" einsehen; Ziel soll durch eine klare Gesprächsstrategie erreicht werden – Max: geht unvorbereitet in das Gespräch; wird von der Entscheidung Wallensteins überrascht; baut im Gesprächs Hoffnungen auf: Vermittlerrolle beim Frieden mit dem Kaiser; Machtverzicht

b) Max und Wallenstein als Repräsentanten gegensätzlicher Welt- und Menschenbilder (Glaube an humane Werte, die im moralischen Handeln verwirklicht werden können ↔ Interessendurchsetzung nur durch Bündnis mit den „falschen Mächten", Z. 145 – Bedeutung der Szene für das Spannungsverhältnis zwischen Macht und Moral, politisch-gesellschaftlicher Wirklichkeit und dem Reich der „Gedanken" (moralische Werte)

c) Wallensteins **Gesprächsstrategie** scheitert an der „Mündigkeit", zu der Max durch den Verrat gezwungen wird; er will seine Freiheit des moralischen Willens nicht dem scheinbaren Zwang der Notwendigkeit opfern – argumentative Grundlinie Wallensteins: Weil er selbst keine Wahl hat, muss sich auch Max in das Notwendige fügen; es gibt für Wallenstein kein Zurück mehr; Max entwickelt Mündigkeit im Problematisieren und Hinterfragen von Wallensteins Entscheidung und seiner Sicht der Wirklichkeit

d)

Dialogstruktur	• thematischer Aufbau: – Situation zwingt Max zur Entscheidung. – Einschätzung der Handlungsweise Wallensteins: „Notwendigkeit" oder „Verrat" – Moralisch idealistisches Urteil vs. „realistisches" Bild der Wirklichkeit – „Die Würfel sind gefallen." • Gesprächsstruktur – Lineare Entfaltung – Aufeinander Eingehen in der Thematik und Interaktion – Gesprächssteuerung geprägt durch Wallensteins Strategie • Gesprächserfolg – Max bricht das Gespräch ab. – Weiteres Verhalten bleibt offen.

Sprachliche Gestaltung, Stil	• Blankvers des klassischen Dramas • Einheitlicher hoher Stil der Figurenrede; Poetisierung des Stoffs • Argumentativer Stil (Hypotaxen; dichte semantische Vernetzung durch wiederkehrende Schlüsselwörter) • Sentenzen („Dem bösen Geist gehört die Erde ...“, Z. 139 f.) • Rhetorischer Stil: – „*Eng* ist die Welt, und das Gehirn ist *weit*“ (Z. 127; Chiasmus) – „Ist das ein guter Krieg ...“ (Z. 64; rhetorische Fragen) – usw.

e) Ausgehend von der Aufgabenstellung kann der Schwerpunkt auf die **Gesprächsstrategie** gelegt werden; ihr können die anderen Erschließungsaspekte funktional zugeordnet werden:
- Situation: Information nach der getroffenen Entscheidung
- Beziehung: Wallenstein kalkuliert die Verehrung und Treue seines Offiziers ein, weiß aber auch, dass er diesen damit in einen schweren Konflikt stürzt.
- Gesprächsverhalten: Wallenstein geht argumentativ auf Max ein, um diesem die Entscheidung zu erleichtern, bleibt aber bei seiner Strategie: Einsicht in die (scheinbare) Notwendigkeit
- thematischer Aufbau: ergibt sich aus der Reaktion von Max, seinem moralischen Widerstand; gipfelt in Wallensteins Weltbild: „Dem bösen Geist gehört die Erde, nicht dem guten.“
- sprachliche Gestaltung: hoher Stil, argumentative und begriffliche Vernetzung (Schlüsselwörter) unterstützen den Ideendiskurs

▶ Lösung zu Übung 27

a) Eine genauere Kontextuierung ist nur bei einer Kenntnis des Dramas möglich.
- Vorausgehende Szene: Wallenstein gibt Octavio Piccolomini, dem er trotz der Warnung einiger Offiziere vertraut, Anweisungen, wie er ihn bei seinem Bruch mit dem Kaiser unterstützen soll.
- Nachfolgende Szene: Gespräch Wallensteins mit seinen engsten Vertrauten, Illo und Terzky, die ihn warnen, Octavio zu vertrauen; Wallenstein zeigt sich hier sowohl als Opfer seiner Überzeugung, Menschen berechnen und damit instrumentalisieren zu können, als auch seines Glaubens an das Schicksal.
- Stellung der Szene im zweiten Akt: Kontrast zu den Szenen, in denen es dem Vater Octavio gelingt, Offiziere auf seine Seite zu bringen; der Akt endet mit einem Gespräch zwischen Vater und Sohn, in dem die

tragische Lage von Max verdeutlicht wird: Seine moralische Integrität hat ihn auch dem Vater entfremdet.

b) Ausgangspunkt für die Kontextuierung können Erschließungsergebnisse zu folgenden Aspekten sein: Thematik, Problemgehalt – Figurenkonstellation, Beziehung der Figuren – Aufbau der Szene und Dialoggestaltung
c) Ergänzungen zu **Epochenspezifische Themen** usw.: Bildung des Menschen zur Humanität – Bild des Menschen als Gegensatz von Geist und Natur, Vernunft und Triebnatur usw. – Freiheit im moralischen Handeln (Kant) – Spannung zwischen Individuum und historisch-gesellschaftlichen Verhältnissen – Erhebung des Menschen über die (geschichtliche) Macht des Wirklichen (Würde, „schöne Seele"); **Epochenspezifische Genres** usw.: Klassische Dramenform (Blankvers, strenge Architektur, hoher Stil) – Formideal: Ganzheit, Geschlossenheit, ästhetisches Vergnügen, Kunst ist nicht schöpferische Willkür des Genies, sondern orientiert sich an Gesetzen – Abgrenzung vom Subjektivismus der Frühromantik; **Politisch-gesellschaftlicher Kontext:** Aufstieg Napoleons – Zerfall des „Heiligen Römischen Reiches deutscher Nation" – verschiedene kulturelle Zentren (Wien, Berlin, Weimar)
d) <u>Interpretationsthese:</u> Szene zeigt den Gegensatz zwischen einer (scheinbar) realistischen Sicht der Wirklichkeit und dem Glauben an Moral und Menschlichkeit, an dem die Beziehung zwischen Max und Wallenstein zerbricht. Begründung durch: Thema und Problemgehalt des Gesprächs – Beziehung der Figuren – Situativer Kontext – Gesprächsstrategie Wallensteins – Dramaturgische und sprachliche Gestaltungsmittel – Epochenkontext

▶ Lösung zu Übung 28

a) Gegensatz zwischen Ideal und Wirklichkeit
b) Mögliche Vergleichstexte: Goethe, Iphigenie auf Tauris; Schiller, Don Carlos; Büchner, Dantons Tod; Hebbel, Agnes Bernauerin; Brecht, Der gute Mensch von Sezuan
c) Vergleichsmöglichkeiten können sich ergeben im Hinblick auf: Thema und Problemgehalt – Figurenkonstellationen – Konfliktsituationen – Konfliktlösungen – Welt und Menschenbild im Epochenkontext

▶ Lösung zu Übung 29

b) Vor allem: Welt und Menschenbild im Epochenkontext

▶ Lösung zu Übung 30

a) **Vergleichshypothese**: Iphigenie und Max sind Figuren, die mit „reinem" Herzen handeln wollen. Im Gegensatz zwischen dem Scheitern von Max und Iphigenies Konfliktlösung zeigt sich der Unterschied zwischen dem

„idealistischen" Humanitätsdrama Goethes und dem „realistischen" Geschichtsdrama Schillers

b) z.B. **Vergleichshypothese** zu „Wallensteins Tod" und „Der gute Mensch von Sezuan": Brecht stellt gegensätzliche Sicht- und Verhaltensweisen von Figuren in den Zusammenhang der gesellschaftlichen Verhältnisse; die Widersprüche liegen nicht in den Denkweisen, sondern in der Grundstruktur der (kapitalistischen) Gesellschaftsordnung; **Konfliktsituation:** Shen Te im Konflikt zwischen den moralischen Anforderungen (der Götter), „gut" zu handeln und dem Scheitern an dem Egoismus der Mitmenschen → Zwang zur Spaltung in den „guten Menschen" Shen Te und Shui Ta, der das Überleben Shen Tes sichert und selbst zum „Ausbeuter" wird.

c) **Vergleichskonzept**: **These:** Für Brecht ist der Gegensatz zwischen „Ideal" und „Wirklichkeit" nicht überzeitlich gegeben, sondern Ausdruck der gesellschaftlichen Widersprüche: Der Konflikt kann nicht durch das Individuum gelöst werden, sondern nur durch die Veränderung der gesellschaftlichen Ordnung; **Begründung und Stützung**, z. B. Figuren Brechts nicht mehr Repräsentanten von Weltbildern, sondern von Verhaltensweisen – moralische Forderungen sind nur der von den Göttern repräsentierte „Überbau", der die Widersprüche der Gesellschaft verschleiert – der Konflikt wird nicht mehr im rhetorisch überhöhten Diskurs ausgetragen – usw.

▶ Lösung zu Übung 31

a) Aufgabenstellung legt ein zweiteiliges Grundschema nahe: **Teil 1:** Erschließung und Interpretation der Szene aus „Wallensteins Tod"; **Teil 2:** Vergleichende Interpretation eines selbst gewählten literarischen Werks

b) Aufgabenstellung legt ein unterschiedliches Vorgehen in Teil 1 und Teil 2 nahe:
Teil 1: ausgewählte Erschließungsaspekte; Aufbau von der Thematik zur Gestaltung
Teil 2: Konzentration auf den Problemgehalt („Ideal und Wirklichkeit"); vergleichende Gegenüberstellung von Parallelen und Unterschieden

c) Einleitung: Gegensatz zwischen Ideal und Wirklichkeit als überzeitliches, mit dem Wesen des Menschen gegebenes Problem? – Humanitätsideal als Menschenbild der Klassik; Schluss: Humanität – ein unrealistisches Ideal?

▶ **Lösung zu Übung 32**

II. Vergleich mit der Behandlung des Problems in Goethes „Iphigenie"
   1. Parallelen und Gemeinsamkeiten
      a) Max und Iphigenie als Verkörperungen von Idealen
      b) „Reinheit" der Seele im Handeln
      c) Gegensatz zwischen „idealistischem" und „realistischem" Weltbild
      d) Argumentative Dialoge auf hoher Stilebene
   2. Unterschiede
      a) Stoff: Mythos und Geschichte
      b) Autonomes Handeln gegen Handlungsohnmacht
      c) Konfliktlösung: humane Utopie und Scheitern des Idealisten
III. Historische Kontexte
   1. Weimarer Klassik
      a) Menschenbild: Autonomie und Humanität
      b) Kunstideal: Vollendung durch ästhetische Formung
   2. Epochenumbruch in der Zeit der Französischen Revolution
      a) Schockerlebnis durch die Jakobinerherrschaft
      b) Bildung und Erziehung des Individuums durch Kunst
Schluss: „Kunstreligion" (Heine) als Gegenwelt im Epochenumbruch

3. Analysieren von Sachtexten

▶ **Lösung zu Übung 1**

a) Texte von Hage und Safranski vergleichend analysieren; unterschiedliche Sichtweisen und Wertungen herausarbeiten und beurteilen
Wissen: Instrumentarium der Analyse von Sachtexten; Überblick über Schillers Werk im Epochenkontext

b)

Hage	**Safranski**
Bild von Schiller: Literaturstar; Rebell; „emsige" Arbeit an seinem Werk; „Privat- und Leidensmann" (Z. 15, 43, 49) Kernaussage: Kein „wirkungsloser Klassiker" (Z. 24); Werk und Leben auch heute interessant	Bild von Schiller: Schöpferischer Enthusiasmus kämpf bis zuletzt gegen einen kranken Körper; Geist als „Organ der Freiheit" (Z. 16) Kernaussage: Sartre des späten 18. Jh.: Wille, sich selbst und die Welt zu gestalten

c) **Hage:** Wandel in der Rezeption von der Mythisierung zum Interesse am Menschen; Gefahr: Interesse am „Privatmann" verstellt die Auseinandersetzung mit dem Werk; **Safranski:** Wirkungsmöglichkeiten der Freiheit → Körper, Werk, Gesellschaft

▶ Lösung zu Übung 2

a) **Hage:** „Pflichtübung für Deutschlehrer" (Z. 22 f.); „keinen Schülerkopf mehr entflammen" (Z. 25); 200. Todestag: „kleine Buchindustrie" (Z. 46); **Safranski:** Jahr der Publikation: ein Jahr vor dem 200. Todestag; Buch zum Schiller-Jubiläum
b) **Hage:** Schiller verdient ein aktuelles Interesse an seinem Werk; Kritik an Veröffentlichungen, die sich nur für das Private interessieren; **Safranski:** „Idealismus" ist nicht verstaubt, sondern hoch aktuell; Interesse am Werk steht im Gegensatz zu der „Buchindustrie" (Hage)
c) Das eigene Bild ist mehr als die im Unterricht vermittelten Kenntnisse und Einsichten; es enthält einen individuellern, persönlichen Bezug (der natürlich auch Ablehnung oder geringes Interesse bedeuten kann); Grundlage: die gelesenen Texte
d) **Safranski**:
   - Aktueller Bezug: 200. Todestag; Faszination des „Idealismus"
   - Aspekte: Obduktion → erster Zugang zum „Idealismus", „Triumph" des Willens über den Körper; Freiheit als Wirkungsmöglichkeit, als Veränderung von Wirklichkeiten, auch durch Kampf gegen den eigenen Körper; Abenteuer der Freiheit → Sartre: „Der Mensch ist nur das, was er aus sich macht."
   - Position: Wiederentdeckung der Faszination des Idealismus
   - Medium: Monographie; Titel weckt Interesse: „Erfindung des Idealismus"

▶ Lösung zu Übung 3

a) Thematische Aspekte; Sichtweisen und Wertungen; textsortenspezifische Gestaltungsweisen
b) **Intention und Textstrategie:** beide: Interesse an Schiller wecken; Hage: Blick auf die Rezeptionsgeschichte; Safranski: reportageähnlicher Einstieg mit der Obduktion; **Sichtweisen und Wertungen:** Hage: Aktualisierung der Faszination der Zeitgenossen; Safranski: Idealismus ist spannend; **Sprachlich-stilistische Gestaltung:** Hage: journalistische Stilmittel (situativer Einstieg im Reportagestil; Verbindung verschiedener Stilebenen; Adressatenbezug durch rhetorische Fragen usw.; Safranski: spannender Einstieg; gut lesbare Hinführung zum Idealismus als einem Denkabenteuer
c) **Semantische Kartographie** zeigt, wie durch verzögerte Informationsvermittlung das Interesse geweckt wird; Schlüsselwort „Geniestreich" (Z. 2) wird schrittweise mit Informationen gefüllt.
d) Bestätigung der Kernaussagen durch die Strategien und Gestaltungsmittel; Texte laden den Leser zu einer Neuentdeckung Schillers in der heutigen Lebenswelt ein.

▶ **Lösung zu Übung 4**

a) Aufgabenstellung legt **zweiteiligen Aufbau** (entsprechend den Teilaufgaben) nahe. Möglicher Nachteil: Wiederholungen im zweiten Teil bei der Darlegung der Sichtweisen; diese könnten auch in Teil 1 behandelt werden; Teil 2 dann nur eigene Beurteilung

b)
2.3 Aufbau und Argumentation
2.3.1 Vom Panorama der Wirkungsgeschichte zum heutigen Interesse am Menschen
2.3.2 Induktive Annäherung an Schillers Idealismus
2.4 Darstellungsweise
2.4.1 Journalistischer Stil
2.4.2 Pointierter Sachstil
3. Vergleich der Sichtweisen und Wertungen
3.1 Gemeinsamkeiten:
3.1.1 Kein wirkungsloser Klassiker
3.1.2 Aktuelles Interesse
3.2 Unterschiede
3.2.1 Spannendes Leben
3.2.2 Faszinierendes Denken
4. Eigene Beurteilung der Sichtweisen und Wertungen
4.1 Marktorientierte Aktualisierung: 200. Todestag
4.2 Berechtigte Wiederentdeckung der Faszination „idealistischen" Denkens
5. Zukunftschancen der Wiederentdeckung in der heutigen Lebenswelt?

4. Erörterungen schreiben

▶ **Lösung zu Übung 1**

a), b) Auf**gabenstellung 1:** materialgestützte Erörterung; Thema: Sprachpflege, Lernbereich „Reflexion über Sprache"; Analyse von Text- und Bildmaterial; eigene Auseinandersetzung mit „Notwendigkeit", „Möglichkeiten" und „Grenzen"; **Aufgabenstellung 2:** Sachtextanalyse ohne Vorgabe von Aspekten (Teil 1) und literarische Erörterung (Teil 2); Thema: Literaturkanon; Anwendung von Kriterien (Text von Greiner) auf den im Unterricht behandelten Roman „Der Vorleser"; eigenes Urteil über den Roman; **Aufgabenstellung 3:** Literarische Erörterung ohne Textgrundlage; Sach- und Begriffserschließung von „Betrug" und „Intrige"; vergleichende thematisch-problemorientierte Erschließung an selbst gewählten literarischen Werken; literaturgeschichtliche Kontextuierung; **Aufgabenstellung 4:** freie Erörterung; Nachwirken der Vergangenheit, fächer- und sachübergreifend (Geschichte, Ethik, politische Bildung, Literatur, kulturelles Leben); eigenständige Sach- und Begriffserschließung; eigene Stellungnahme

▶ Lösung zu Übung 2

a) Teil 1: Argumentationsstruktur untersuchen und Position klären (Bekenntnis zu Werten des westlichen Lebensstils); Teil 2: Vorschlag erörtern, auch auf der Grundlage eigener Erfahrungen

b) **Wortbedeutung:** „Identität“: Bewusstsein einer Person von ihrem Selbst als Einheit (Ich-Identität → Psychologie); „kulturell“: durch die Kultur einer sozialen Gruppe bedingt, also durch Sprache, Überlieferung, Wertvorstellungen usw.
Sachaspekte: Zusammenhalt der Gruppe, Wir-Gefühl, Differenz zwischen dem Eigenen und dem Fremden – Sitten, Bräuche, Mythen usw. – Gruppenzugehörigkeit, Abgrenzung von anderen Gruppen, Ausgrenzung usw. – „Kampf der Kulturen“, Fundamentalismus usw.; **Sach- und Fachwissen:** Integration von Migranten – Parallelkulturen – Leitkultur – multikulturelle Gesellschaft

c) **Stichwörter**: multikulturelle Gesellschaft; Leitkultur; Identität von Migranten zwischen kultureller Identität des Herkunftslandes und neuer Lebenswelt; Kampf der Kulturen usw.

▶ Lösung zu Übung 3

A trifft die Kernaussage, weil die Botschaft, der Appell enthalten ist; B trifft nur einen Aspekt der Problemstellung

▶ Lösung zu Übung 4

a) Verlust von Werten und Normen durch Prozesse der Säkularisierung (Verschwinden der „Sünde“), Bedeutung von Bedürfnissen in der Freizeit-, Konsum- und Erlebnisgesellschaft; Frage nach neuen Werten für den Aufbau kultureller Identitäten; neuer Fundamentalismus als Herausforderung der westlichen Gesellschaft seit dem 11. Sept.; dadurch Verschärfung der kulturellen und gesellschaftlichen Gegensätze zwischen westlicher und arabischer Welt

b) Wiedergewinnung kultureller Identität als Antwort auf die Globalisierung und Integrationsprobleme gehört nicht in den engeren Diskussionszusammenhang; ergänzt werden müsste: Ersatz für das Schwinden der jahrhundertlang durch das Christentum geprägten Moral; Kritik islamistischer Fundamentalisten an der westlichen Lebenswelt; westliche Kultur als „Erlebnisgesellschaft“ (Schulze)

c) Einseitige Betonung der Chancen, aus der „Erlebnisgesellschaft“ eine neue Identität zu gewinnen

▶ Lösung zu Übung 5

a) Sichtweise: Denkmuster, Beschreibungskategorien – Wertvorstellungen – Berücksichtigung anderer Sichtweisen – Argumentationslinie, Art der Argumente – Argumentationstechniken

b), c) Ergänzung zum thematisch-gedanklichen Aufbau:

Erläuterung der westlichen Werte (Z. 39–72)	– Sicht Rushdies: Verbindung „sinnlicher" Lebensfreude und „vernünftiger" Haltungen (Z. 46) – bisher einseitige Orientierung im Westen an den institutionellen Grundlagen einer demokratischen Gesellschaft – Kennzeichen des westlichen Lebensstils: Pluralität individueller Entwürfe
Stützen des Appells nach einem offensiven Vertreten der westlichen Lebensart (Z. 73–102)	– Schwäche des Westens im Dialog der Kulturen: eigne Lebensart zu wenig offensiv – Gefahren für die westliche Welt durch fundamentalistische Kulturen – neue Herausforderung durch die Verurteilung unseres Lebensstils als „Sünde" (Z. 81) usw.
Kulturelle Identität im Bereich des „Privatlebens" verstärken (Z. 103–113)	– Privatleben als Realisierung der Möglichkeiten moderner Gesellschaften – Werte des „schönen Lebens" (Z. 49 f.) sind nicht abstrakt, sondern können konkret erfahren werden.

Argumentationsweise:

Argumentationsstrategien	
• Argumentationsmuster	– induktive Hinführung zum Appell, Begründung durch Erläuterung von Gegensätzen, Bekräftigung durch Charakterisierung des Lebensstils
• Eingehen auf mögliche Einwände, Abwägen	– keine Hinterfragung der eigenen Sichtweise; keine Problematisierung
Argumentationstechniken	
• Stützen von Argumenten	– Appell als Folgerung aus der Verschärfung des Konflikts
• Veranschaulichen von Argumenten	– Zitat von Rushdie – Einbau von Beispielen (Z. 73 ff.); konkrete Erläuterungen
• Rhetorische Taktiken	– Polarisierung; keine Differenzierung innerhalb der verschiedenen Kulturen – unhinterfragter Behauptungsstil – Aufwertung des westlichen Lebensstils als das richtige und schöne Leben

▶ Lösung zu Übung 6

a) Arbeitstechnische Möglichkeiten: unterschiedliche Farben benutzen; nicht zu lange Stellen markieren, sondern auf Schlüsselwörter beschränken
b) Problematischer Glücksbegriff: wird bereits im Titel des Essays sowie in dem Buchtitel „Die Sünde. Das schöne Leben und seine Feinde" deutlich; Ausblenden gesellschaftlicher und sozialer Probleme der „Erlebnisgesellschaft"
c) Kulturelle Identität muss mehr sein als der Spaß am schönen Leben, das man sich erst einmal leisten können muss; Notwendigkeit von Werten für die Entwicklung humaner Gesellschaftsordnung (z. B. Unterstützung der sozial Schwächeren)
d) Einseitig kritische Sicht; positiv zu sehen: Hinweis auf das Ungleichgewicht zwischen unkritischer Identifikation („Osten") und Unzufriedenheit („Westen"), Lebensstil bietet nicht nur Genuss-, sondern auch Identifikationsmöglichkeiten; Westen braucht eine Stärkung kultureller Identität

▶ Lösung zu Übung 7

a) Stärkung der kulturellen Identität ist wichtig, kann aber nicht nur aus dem sog. „schönen" (sündigen) Leben bezogen werden
b) – Das „schöne" Privatleben ist heute vielfältig, pluralistisch, teilweise auch widersprüchlich und fördert eher die Ausbildung von „Patchwork-Identitäten".
   – An der „sündigen" Erlebnisgesellschaft können nur die sozial besser Gestellten wirklich lustvoll partizipieren.
   – Privatleben fördert eher die Entpolitisierung und die Erosion sozialer Verantwortlichkeit.
   – Kulturelle Identität schließt die Bewahrung des kulturellen Erbes ein, das wenig mit der Spaßgesellschaft zu tun hat.
   – Um der egoistischen Bedürfnisbefriedigung (neuer Hedonismus) gegenzusteuern, muss man sich auf verbindliche Werte besinnen.
c) Z. B. Argument 1: <u>Begründung</u>: „Privatleben" zerfasert in ein Nebeneinander vieler Aktivitäten (Freizeit, Sport, Kultur) ohne Zusammenhang; <u>Stützung</u>: Aktivitäten werden oft nach dem Spaßfaktor und dem Lustgewinn ausgewählt, Bedürfnisse haben keinen Zusammenhang mehr mit der Entfaltung eines individuellen Persönlichkeitsprofils; <u>Folgerung</u>: Aus Patchwork-Identitäten entwickelt sich keine kulturelle Identität, die auf gemeinsamen Wertvorstellungen beruht.
d) Begründung durch Aufzeigen der negativen Folgen der Suche des Glücks im Privatleben

▶ Lösung zu Übung 8

a) Einfacher im Hinblick auf die Aufgabenstellung und die Durchführung ist Schema A; Schema B orientiert sich in den Oberpunkten an den zentralen Erschließungsaspekten

b)
3 Argumentationsweise
3.1 Überzeugungskraft durch Appellcharakter und anschauliche Begründung
3.2 Polarisierung und fehlende Differenzierung der Sichtweise
4 Eigene Position: Kulturelle Identität darf nicht auf das Privatleben reduziert werden.
4.1 Notwendige Kontrolle egozentrischer Selbstverwirklichung
4.2 Rückbesinnung auf Werte der politisch-gesellschaftlichen Entwicklung
5 Schluss: Dialog statt „Kampf" der Kulturen

▶ Lösung zu Übung 9

a) vgl. Lösung zu Übung 1 a)
b) Rekapitulation von Themen und Sequenzen im Unterricht zum Bereich „Reflexion über Sprache" – Erstellen eines Überblicks: Begriffsklärung; Sachaspekte; Problemfelder; aktuelle Erscheinungen der Sprachentwicklung, die kritisiert werden usw.
c) Ergänzt werden müssten: Institutionen und Aktivitäten von „Sprachpflege" (z.B. Goethe-Institut); Interessen verschiedener Gruppen an „Sprachpflege"; Zusammenhang mit anderen Problemfeldern, z.B. „kulturelle Identität"

▶ Lösung zu Übung 10

a) **Lexikon-Artikel:**
Begriffsdefinition: „Sprachlenkung"; Sachaspekte: Zielsetzung → Verbesserung von Sprachgebrauch und Sprachkompetenz (Unterschied?); Grundlagen: wissenschaftliche Sprachkritik (Problem: Unterschied „Sprachpflege" – „Sprachkritik"?); Kriterien und Bereiche von Sprachkritik: Funktion von Sprachgebrauch (z.B. kommunikativ), Änderungen von Sprachstrukturen usw.; Institutionen der Sprachpflege
„We kehr for you":
- Kontext: Imagekampagne der Berliner Stadtreinigung
- Witziger Umgang mit der englischen Wendung „to care for" durch Ersatz mit dem lautähnlichen Verb „kehren" und der deutschen Redewendung „etwas in Ordnung bringen" als Umschreibung für Straßenreinigung
- Frage, ob solche Sprachmischung ein Beispiel für die Notwendigkeit von „Sprachpflege" ist

b) Notwendigkeit: „atemberaubende Simplifizierung" (Z. 43) der deutschen Sprache durch den Einfluss des „globalisierten Englisch" (Z. 42)
   Möglichkeiten: Gegensteuerung durch die „Macht" der einzelnen Sprecher
   Grenzen: nicht thematisiert
c) **Thematische Aspekte:**
   - Gefahren durch den heutigen Sprachimport eines „globalisierten Englisch"
     - Psychologische Motive: Selbstinszenierung als modern
     - Bereiche: Management, Wissenschaft, Politik usw.
   - Zukunft der deutschen Sprache
     - Aufgabe der einzelnen Sprachverwender
     - Weiterleben selbst als „tote Sprache" durch die „kanonischen Autoren" (Z. 100)

   Sachinformationen:
   - Beispiele für Einfluss des Lateinischen und Französischen im semantischen Bereich
   - Beispiele für den problematischen Einfluss des „globalisierten Englisch"
   - Prägung der Syntax des Deutschen durch lateinische Satzkonstruktionen
   - Im Vergleich zum Englischen relativ geringe Zahl von Sprechen des Deutschen (100 Millionen)
   - Beispiele für modernen Sprachimport im Bereich des Managements

▶ Lösung zu Übung 11

a) – Sammeln von Beispielen aus dem eigenen Erfahrungsbereich im semantischen („feeling") und syntaktischen Bereich (Wortbildung, Syntax; z. B. „Es macht keinen Sinn") sowie im Bereich von Wendungen (z. B. Werbesprache: „Powered by emotion")
   – Bedrohung der Sprache beurteilen: Kriterien für Bedrohung überlegen (z. B. Verschwinden von Wörtern; Reduktion der semantischen Differenzierung usw.)
b) **Möglichkeiten:** Gegensteuerung im Schulunterricht durch Einfluss auf den Sprachgebrauch (Motto: Sag's auf Deutsch); Bewusstmachen (und Kritik) des Einflusses in den Medien; politische Einflussnahme auf den öffentlichen Sprachgebrauch (Verwaltung)
   Grenzen: sprachpolitisch belastete Vergangenheit (Sprachpurismus im Dritten Reich); keine mit Frankreich vergleichbare Instanz mit Autorität (Académie Française) usw.
c) Mögliche **Position**: Problematik, den Prozess der Sprachentwicklung, bei dem viele Faktoren eine Rolle spielen, institutionell zu reglementieren

Argumente:
- Sprachnormen spiegeln immer nur eine Phase im Entwicklungsprozess; sie dürfen deshalb nicht zum absoluten Maßstab für die Beurteilung von Veränderungen werden.
- Vorstellung einer „Reinheit" der Sprache ist ideologisch belastet und problematisch.
- Auswirkungen des „Sprachimports" auf die Sprache und den Sprachgebrauch werden einseitig negativ gesehen.

d)
- Beurteilung der Notwendigkeit: sinnvolle Differenzierung des Sprachgebrauchs der verschiedenen Sprachverwender; aber: Einfluss des öffentlichen Sprachgebrauchs (Medien, Werbung usw.) zu wenig berücksichtigt
- Beurteilung der Sprachnormen: fehlende Berücksichtigung von Kriterien der Sprachkritik (vgl. Lexikon-Artikel)
- Beurteilung der Möglichkeiten und Grenzen: Verantwortung des einzelnen Sprachverwenders

► Lösung zu Übung 12

a) Keine Trennung in textanalytischen und erörternden Teil sinnvoll; Auseinandersetzung mit der Position von Jessen erfolgt innerhalb der eigenen Problemerörterung; vorgegebene Aspekte können als Gliederungspunkte verwendet werden.

b) Gliederung nach Sachaspekten (Ping-Pong-Schema) sinnvoll; Notizen entsprechend nach den vorgegebenen Aspekten „Notwendigkeit", „Möglichkeiten", „Grenzen" ordnen.

c)
- Gliederung folgt den vorgegebenen Aspekten; logisch falsche Zuordnung: Punkt 2 „Notwendigkeit der Sprachpflege" gehört zu Punkt 3 „Problem der Sprachpflege"; denn Notwendigkeit ist kein Faktum, sondern ein Ergebnis von Einschätzungen und Beurteilungen
- Überschneidung der Punkte 2.1 und 2.2
- Punkt 4 wichtig für die eigene Auseinandersetzung, deshalb nicht in den Schluss

► Lösung zu Übung 13

a) **Erörterung**: systematischer gedanklicher Aufbau nach verschiedenen Mustern (Sanduhr-Schema; Ping-Pong-Schema); genaue Entfaltung der Argumente in gedanklichen Schritten; durch Abwägung gewonnene Stellungnahme

Essay: stärker subjektiv geprägter Zugriff auf das Thema; großer Spielraum im Aufbau; Auswahl der Aspekte hängt mehr von der eigenen Sichtweise ab; keine vorgegebenen Schritte der argumentativen Entfaltung, aber: Plausibilität und Adressatenbezug der gedanklichen Entwicklung;

Stil ist weniger der sachlichen Objektivität verpflichtet, sondern soll Einfallsreichtum, Originalität, Witz der Sichtweise spiegeln

b) Schreibplan:
   - keine Orientierung an den Begriffen „Notwendigkeit", „Möglichkeiten", „Grenzen"
   - keine Abwägung des Für und Wider
   - Aufbau folgt selbst gewählten Sachaspekten
   - Unterpunkte decken nicht alle Aspekte ab
   - Stil stärker adressatenbezogen (Interesse wecken) und mehr Ausdruck der eigenen Einschätzung, Sichtweise

▶ Lösung zu Übung 14

a) **Aufgabenstellung 1:** freie Erörterung einer Aussage des Schriftstellers Grünbein über die Notwendigkeit und Bedeutung des Schreibens (und des Mediums der Schriftlichkeit) für den Ausdruck des Inneren (Traum); Vorgaben: Einbringen der eigenen Leseerfahrungen; Problemkontext: Funktionen der Literatur in der postmodernen Kultur und Lebenswelt; **Aufgabenstellung 2:** freie literarische Erörterung der Thematisierung von „Verfall" an selbst gewählten literarischen Werken; Berücksichtigung des jeweiligen Epochenkontexts; **Aufgabenstellung 3:** Gedichtinterpretation verbunden mit einer problembezogenen Erörterung zur Frage der Leistungsfähigkeit poetischer Sprache im Unterschied zur rhetorischen; Thema: Auseinandersetzung mit einer „problematischen Wirklichkeit"; **Aufgabenstellung 4:** Interpretation einer Dramenszene verbunden mit einer Auseinandersetzung mit dem verschiedenen „Lebenseinstellungen" der Figuren; **Aufgabenstellung 5:** Erschließung und Interpretation einer Dramenszene unter vorgegebenen Aspekten; verbunden mit der Gestaltung „geschlechtsspezifischer Gegensätze" in einem selbst gewählten anderen Werk.

b) Erschließen und Interpretieren literarische Texte: Aufgabenstellung 2 (frei gewählt); Aufgabenstellung 3 (vorgegeben); Aufgabenstellung 4 (vorgegeben); Aufgabenstellung 5 (Teil 1: vorgegeben, Teil 2: frei gewählt)
   Auseinandersetzung mit Themen und Problemen: Aufgabenstellungen 1, 3, 4

c) besondere Anforderungen und Schwierigkeiten:
   - guter Überblick über Thematik, Problemgehalt und Gestaltungsweise literarischer Texte
   - gute Kenntnis der ausgewählten literarischen Werke
   - große Eigenständigkeit bei der vergleichenden Erschließung (Wahl der Aspekte, Aufbau)

▶ Lösung zu Übung 15

a) Bei textbezogenen Aufgabenstellungen: Schritte 1 bis 3 gleich; Unterschied in Schritt 4; beim Erörtern ohne Textgrundlage: Schritte 2 und 3 spezifisch für die Problemerörterung
b) Schritte wie beim Aufgabentyp: „Textüberschreitendes Erschließen und Erörtern"

▶ Lösung zu Übung 16

a) Eigene Position: Weltbild ist nicht „realistisch", sondern „pessimistisch"; Handeln und Erfolg werden von einem sozialdarwinistischen Modell bestimmt: „Kampf ums Dasein"; Begründung:
   - Bedeutung sittlicher und humaner Werte für das Handeln von Individuen
   - Politisch-gesellschaftliche Wirklichkeit funktioniert nach scheinbaren ewigen Gesetzen.
   - Erfolg ist nicht zwangsläufig das Ergebnis von Kalkül und Berechnung.
   - Machtmenschen wie Wallenstein scheitern an ihrem eigenen Weltbild, indem sie selbst Opfer von Betrug, Verstellung, rücksichtsloser Interessenpolitik werden.
b) Mögliche Aufbaumuster von Teil 2: aspektorientierte Erörterung des Für und Wider; Pro- und Contra-Schema
c) Schreibplan von Teil 2:

II. Geschichtspessimismus verhindert eine an humanen Werten orientierte politisch-gesellschaftliche Entwicklung
   1. Für Wallensteins Sichtweise spricht:
      a) Geschichte belegt, dass das Handeln der „Großen" durch das Streben nach Macht und Erfolg bestimmt wird.
      b) Interessendurchsetzung durch Mittel, die nicht humanen Maßstäben entsprechen
      c) „Ideale" als Rationalisierung oder Verschleierung egoistischer Interessen
   2. Gegen Wallensteins Sichtweise spricht:
      a) Sozialdarwinistisches Weltbild dient der Rechtfertigung der rücksichtslosen Durchsetzung eigener Interessen.
      b) Zerstörung von Kooperation und Vertrauen im Zusammenleben
      c) Geschichte zeigt, dass das Handeln des Einzelnen auch von Idealen und Werten bestimmt wird.
   3. Max und Wallenstein verfehlen durch Fixierung auf ihr einseitiges Welt- und Menschenbild die Möglichkeiten humaner Konfliktlösung.

C. Schluss: Schillers „Wallenstein" – eine Antwort auf die Enttäuschung durch die Ideale der Französischen Revolution?

▶ **Lösung zu Übung 17**

a) **Aufgabenstellung 1:** freie Erörterung der Frage, ob die Erscheinungsformen des „Flaggezeigens" bei der Weltmeisterschaft Signale für einen „ Patriotismus" in der Zukunft sind; Einschätzung und Beurteilung, nicht Stellungnahme; **Aufgabenstellung 2:** Auseinandersetzung mit der Auffassung Scheffers („Medien als Lebenssteigerung"); eigene Medienerfahrungen berücksichtigen; A**ufgabenstellung 3:** Erörtern des Für und Wider verschiedener „Heldenvorstellungen in der Geschichte der Menschheit"; belegen durch historische und literarische Kenntnisse zum Rahmenthema

b) z. B. **Aufgabenstellung 1**: Grass-Zitat

Arbeitsschritte	**Methoden**
1 Themenstellung untersuchen und Begriffe klären	– Fragestellung: beurteilende Sachfrage, ob man die Verhaltensweisen währen der WM als Zeichen eines neuen Patriotismus sehen kann; keine Frage nach dem Wert von Patriotismus – Begriffsklärung, auch durch Abgrenzung von „Nationalgefühl", „Nationalismus", „Nationalstolz" – größere Zusammenhänge: Folgen des Dritten Reichs (Diktatur, Niederlage, Holocaust) für das nationale Selbstwertgefühl; Entwicklung nach dem zweiten Weltkrieg (Spaltung Deutschlands usw.); „Verfassungspatriotismus" (Habermas) – Denkmuster: Bedeutung nationaler und kultureller Identität in der pluralistischen Gesellschaft; Solidargemeinschaft usw.
2 Problemerschließung und Stoffsammlung	– W-Fragen: z.B. Einschätzung des „Flagge-Zeigens" (nur Hedonismus und rheinischer Karneval, so der Historiker Wehler); braucht Patriotismus Geschichtsbewusstsein?; Sport als Ersatzpatriotismus? usw. – eigenes Wissen rekapitulieren und ordnen: geschichtliche Entwicklung des Nationalgefühls in Deutschland; Erscheinungsformen; Gefahren usw. – (auch problematische) Funktionen des Patriotismus: Instrumentalisierung für Machtpolitik; Überlegenheitsgefühl usw.
3 Eigene Position, Sichtweise entwickeln	– Stoffsammlung anlegen und für die eigene Auseinandersetzung auswerten – Problembereiche: • Einschätzung der Verhaltensweisen bei der WM • andere Anzeichen eines „neuen Patriotismus" • Ausblick in die zukünftige Entwicklung Eigene Position: WM-Euphorie nur Ausdruck der Entwicklung einer Event-Gesellschaft
4 Gliederung	Dialektische Erörterung, am leichtesten nach dem Sanduhr-Modell

5. Adressatenbezogenes Schreiben und gestaltendes Interpretieren

▶ **Lösung zu Übung 1**

Aufgabenstellung 1: Adressatenbezogenes Schreiben; Textsorte: Gutachten über die Flugschrift „Der hessische Landbote" (Fortsetzung des vorgelegten Textes); sprachliche Anpassung an den Stil; Grundlage: Kenntnis des „Hessischen Landboten"; literaturgeschichtliches Wissen (Biographie Büchners; politisch-kulturelle Situation im Vormärz); **Aufgabenstellung 2:** Gestaltendes Erschließen und Interpretieren im Anschluss an eine Texterschließung (Ausschnitt aus „Werther"); Teil 1: Situierung des Gesprächs zwischen Werther und Lotte; Bild der Figuren; Teil 2: Brief Lottes über ihre Situation und Gefühlslage; Teil 3: Gestalterische Entscheidungen erläutern; **Aufgabenstellung 3:** Adressatenbezogenes Schreiben im Anschluss an die Analyse des Ausschnitts einer Rede zur Schillerfeier (vorgegebener Aspekt: Argumentationsstruktur); Eröffnungsrede zum Treffen der bayerischen Schultheatergruppen; Eingehen auf die Rede Köhlers, Position zur Bedeutung des Schultheaters heute; Einbeziehen literaturgeschichtlicher Kenntnisse und Erfahrungen;

▶ **Lösung zu Übung 2**

z. B. Rede zur Eröffnung der Schultheatertage; Anforderungen der Textsorte: Berücksichtigung der verschiedenen Bedingungsfaktoren einer Rede (Anlass, Situation, Zuhörer, Rolle des Redners, Erwartungshaltungen des Publikums, die durch Anlass und Thema geprägt sind); klares inhaltliches Redekonzept (Redeabsicht; Eingehen auf wichtige Aspekte des Themas; eigene Position, gedankliche Linie); Ausarbeitung der Rede für den mündlichen Vortrag

▶ **Lösung zu Übung 3**

a) Dreiteilige Aufgabenstellung: 1. Zeitungsartikel analysieren (Thematik, Textstrategie, Intention); 2. Abiturrede verfassen (Auseinandersetzung mit Schule und Lernen in der Informationsgesellschaft); 3. Konzeption, Strategie und Intention der Rede erläutern

b) – **Problemstellung**: „Informationsbeschaffung" im Internet zeigt die Probleme der Aneignung und geistigen Verarbeitung von Wissen in der Informationsgesellschaft; Aufgaben von Schule und Lernen in dieser Situation
   – **Sichtweise und Position**: referiert und unterstützt die These eines Erziehungswissenschaftlers, der Zugriff auf Informationen im Internet beeinträchtige die Entwicklung eines abstrakten Denkens und methodisch bewusster Wissensaneignung→ Schule muss wieder mehr zu kognitiv bestimmen Lernformen zurückkehren usw.

c) Beispielsweise Zusammenhang mit anderen Besinnungen auf Zeiten, in der Schule und Lernen scheinbar noch in Ordnung waren (Disziplin, ehemaliger Schulleiter Bueb); zu einfache Problemlösung; lässt Funktion des Lernens für die Persönlichkeitsentwicklung außer Acht

▶ Lösung zu Übung 4

a) Mögliche Aspekte: Diskussionszusammenhang; Position des Verfassers; Kernaussage; Argumentationsweise
b) **Problemgehalt**: zu weit formuliert, das ist der Diskussionszusammenhang; negative Auswirkungen der Verfügbarkeit von Informationen im Internet auf kognitive Fähigkeiten oder eine Veränderung des schulischen Lernens; **Kernthesen**: Reduzierung auf weniger Thesen:
   - Informationsbeschaffung („Surfen") im Internet beeinträchtigt die Entwicklung von Konzentrationsfähigkeiten und problemorientiertem Denken.
   - Schule muss zu erkenntnisorientierten Lernformen zurückkehren.

▶ Lösung zu Übung 5

a) Mögliche **Aspekte** der Auseinandersetzung: positive Seiten der „Wissensgesellschaft" im digitalen Zeitalter; Lernchancen beim „Surfen" (erfolgreiches Suchen braucht Methoden; fördert Denken in Sachaspekten, begrifflichen Hierarchien usw.); neue Aufgaben der Schule im Zeitalter der digitalen Revolution usw.
b) Mögliche eigene **Position**: statt Rückkehr zu tradierten Lernformen Auseinandersetzung der Schule mit den Chancen und Gefahren des Internetzeitalters; **Argumente**:
   - Wissenskanon wird der immer rascheren Veränderung von Wissen in der Informationsgesellschaft nicht gerecht.
   - Digitale Revolution zwingt zu neuen Lernformen (Förderung von Selbstständigkeit, Selbstverantwortung im Umgang mit Information; Arbeitsteiligkeit und Teamfähigkeit usw.)
   - Demokratisierung des Wissens
c) Bedingungsfaktoren der **Kommunikationssituation**:
   - <u>Publikum</u>: Mitschüler, Eltern, Lehrer, Direktorat, evtl. auch Vertreter der Schulverwaltung
   - <u>Erwartungshaltungen</u>: a) inhaltlich: Rückblick auf Bedeutung von Schule und Lernen aus der Sichtweise eines Abiturienten („Was hat mir was gebracht?"); Ausblick in die Zukunft; b) Umgang mit der Redesituation: eigenständige Sichtweise; kritisches Urteil usw.
   - Eigene <u>Rolle als Redner</u>: Verantwortung für die situative Angemessenheit der Rede (Abitur<u>feier</u>) im Inhalt und Stil

- Dauer der Rede („Was kann in der zur Verfügung stehenden Zeit angesprochen werden?")
- usw.

d) Mündlicher Text, möglichst freier Vortrag; gebunden an die Bedingungen der Redesituation; Intentionen: Sachverhalte darstellen, Standpunkte beziehen, auffordern und appellieren usw.); Adressatenbezug; Einsatz von Redestrategien und rhetorischen Mitteln

e) Ergänzungsmöglichkeit:

Eigene Position:
- Vergleich unterschiedlicher Informationen fördert die Kritikfähigkeit; Rückkehr zur traditionellen Wissensvermittlung wird den Anforderungen der modernen Lebenswelt nicht gerecht.
- Kognitives Lernen muss durch andere Bereiche ergänzt werden: affektive und soziale Dimension.
- Bezug zur Lebenswelt ermöglicht Einsichten in den Sinn von Wissen.

Redeaufbau:
- Redeanlass
- Schule und Lernen in der öffentlichen Diskussion
- Position und Forderungen eines Erziehungswissenschaftlers
- Beurteilung der Kritik
- Rückblick auf die eigenen Erfahrungen
- Verbesserungsvorschläge aus Schülersicht
- Dank an Eltern und Lehrer

▶ Lösung zu Übung 6

a) Teil 1: fehlende Hinführung; Argumentationsstruktur bleibt auf der Ebene der thematischen Aspekte (Gefahr der Inhaltswiedergabe); Teil 2: Redekonzept zu wenig situations- und adressatenbezogen; Bezug zur Rede Köhlers kommt zu früh, bereits zu Beginn auf das Treffen eingehen; Dramentheorie nicht funktional eingebunden

b) Beim Aufbau beachten: Situationsbezug; Adressatenbezug; klare Zielsetzung (Aussageabsicht); enger Bezug zwischen der Wahl thematischer Aspekte und der Zielsetzung

c) **Gliederung**:

1. Begrüßung und Situationsbezug
2. Hinführung: Kritische Stimmen in der öffentlichen Diskussion zur Entwicklung schulischen Lernen in der modernen Lebenswelt
3. Schule als Gegenstand der Kritik
3.1 Rückgang der Disziplin
3.2 Fehlende Leistungsbereitschaft
3.3 Geringere Anforderungen an Wissen, Können und abstraktes Denkvermögen (Ladenthin)
4. Forderungen nach Wiederbesinnung auf tradierte Lernformen und Bildungsziele

4.1 Kanonisierung von Wissen 4.2 Abkehr vom „Spaßfaktor" 4.3 Höhere Anforderungen in den Kernfächern 5. Beurteilung der Kritik auf der Grundlage eigener Erfahrungen 5.1 Kein Niveauverlust bei den Anforderungen an Abiturienten 5.2 Beitrag zur Persönlichkeitsbildung wichtiger als kanonisches Wissen 5.3 Kompetenzen müssen den Veränderungen der modernen Lebenswelt angepasst werden. 6. Verbesserungsvorschläge aus der Sicht eines Abiturienten 6.1 Mehr Eigenverantwortlichkeit des Lernens in der Oberstufe 6.2 Stärkere Problemorientierung in manchen Fächern 6.3 Bessere Vorbereitung auf Beruf und Studium 7. Persönlicher Rückblick, Dank und Abschied

▶ Lösung zu Übung 7

a) Gestaltung eines inneren Monologs der Frau v. Briest nach dem Gespräch mit ihrem Mann ohne Vorgabe einer spezifischen Situation; Aufgreifen von Themen und Problemaspekten des Gesprächs; Reflexion der Gestaltung des inneren Monologs

b) – unmittelbarer Ausdruck der Gefühle, Stimmungen, Überlegungen usw. einer literarischen Figur
- situative Einbindung in den Handlungszusammenhang (Auslöser, Konsequenzen für die Figur, für das Geschehen)
- Aufbau und sprachliche Gestaltung hängen eng mit der Figurencharakterisierung zusammen: thematische Kohärenz oder assoziative Reihung; klare gedankliche Entwicklung oder Brüche; distanziert reflektierende oder emotionale Sprechhaltung → Unterschied in der Wortwahl, Syntax

▶ Lösung zu Übung 8

a) Besonders wichtig das Gespräch zwischen Mutter und Tochter im letzten Kapitel: Zurücknahme der Vorwürfe gegen Innstetten (nach dem Besuch von Effis Tochter; 33. Kap.); zentraler Problemgehalt ist die Frage nach der „Schuld" (Effis; Innstettens; der Eltern, die Effi nach der Scheidung nicht zu sich geholt hatten)

b) **Gesprächsauslöser:** Reaktion Rollos auf den Tod Effis; Gesprächsinitiative durch Frau v. Briest; Vergleich mit Wirkung auf die Eltern („noch tiefer gegangen als uns"); **Gesprächsthemen:** Kreatur ist mitfühlender (Briest: „Instinkt" (Z. 19) sei „das Beste", Z. 22); Schuld der Eltern (Frau v. Briest): zu wenig Erziehung zu moralischer Festigkeit; zu jung; **Figurencharakterisierung:** Frau v. Briest: glaubt, die richtigen Fragen zu stellen, fragt nach ihrer eigenen Schuld; Herr v. Briest: hält Schuldfragen nicht für sinnvoll; Komplexität der Zusammenhänge: „ein zu weites Feld" (Z. 41); **Gesprächsverhalten** der Figuren entspricht ihrer Charakterisierung im Roman: keine Entwicklung

c) Fragen der Mutter klammern tiefer liegende Ursachen aus; bleibt gefangen in ihren Denkmustern (Bedeutung von Moral, Festigkeit der Prinzipien usw.)

▶ Lösung zu Übung 9

a) Zu ergänzen: Stellung des Gesprächs im Romankontext; Bezüge zur Figurencharakterisierung
b) Z. B. Kontextuierung durch andere Gespräche:
   - Mutter – Tochter (Zurücknahme der Vorwürfe gegen Innstetten), letztes Kapitel
   - Innstetten – Wüllersdorf (verlorenes Glück und Resignation durch die Trennung), 35. Kapitel
   - Eheleute Briest beim Entschluss, Effi heimzuholen (34. Kapitel): Frau v. Briest ändert Ihre Haltung (Liebe zur Tochter ↔ Rücksicht auf die Gesellschaft)
c) Ergänzung durch Bezüge zur Charakterisierung der Figur im 34. Kapitel (Anzeichen von Selbstvorwürfen wegen der „Verbannung"; und durch das Verhalten gegenüber der Tochter nach deren Rückkehr (kurze Idylle) – dadurch relativiert der Erzähler eine zu kritische Sicht der Mutter

▶ Lösung zu Übung 10

a) „in Zucht nehmen" (Z. 33): Vermittlung moralischer Normen, die einen Fehltritt vermieden hätten (durch die Eltern, vor allem den Vater, durch den Pastor) – „zu jung" (Z. 37): Interesse der Mutter an der Heirat ohne Rücksicht auf das Alter, die Reife Effis; Karriereinteressen usw.)
b) Mögliche **Situationen**: am Abend in ihrem Zimmer nach der Landpartie; unmittelbar nach dem Gespräch; während des Schweigens, das nach dem Gespräch eintritt
c) **Inhalt:** Einschätzung der Charaktereigenschaften Innstettens – Fehler bei der Erziehung der Tochter zu moralischer Festigkeit (Pastor Niemeyer, Ehemann, sie selbst) – Verwöhnung der Tochter durch die Eltern; **Aufbau:** Fragt sich, warum sie die Heirat der Tochter mit Innstetten wollte – macht sich bewusst, dass sie Risken für das Eheglück unterschätzt hat (Altersunterschied, Charakterunterschiede, Folgen von Innstettens „Ehrgeiz" für seine Beziehung zu Effi – sieht die Ursachen von Effis Fehltritt im Fehlen moralischer Festigkeit – macht Briest, aber auch sich selbst Vorwürfe, Effi zu sehr verwöhnt und zu wenig moralisch erzogen zu haben – Verlust an eigener Lebensfreude durch den Tod der Tochter; **Sprache und Stil:** gedanklich-entwickelnde Suche nach Antworten – im Stil eher kühl, distanziert – Schluss resignativ

▶ Lösung zu Übung 11

a) individuelle Lösung
b) Unausgewogenheit in der Ausdifferenzierung der Gliederungspunkte bei den drei Aufgabenteilen, vor allem bei Teilaufgabe drei

6. Was Sie beim Schreiben können sollten

▶ Lösung zu Übung 1

a) Text A: **Sprachrichtigkeit:** Zeichensetzung: schwer(,) das (besser Komma, Z. 12); Barocks, und (kein Komma, Z. 13); Gedichts, sowie (kein Komma, Z. 14); werde sprechen (Komma, S. 16); Leben um (besser Komma, S. 19); ausfallen, und (kein Komma, Z. 36) – Grammatik: kann (könne, Z. 11); „in Wortwahl" (der, S. 15); „in Struktur und Thema" (der; im, Z. 21 f.); „und Zusammenhang" (ein, Z. 33); „männlich Hand" … (z. B. „Hand"); „weiblich ‚streichen' … (z. B. „streichen"; Z. 35 f.) – Ausdruck: „spezielle Besonderheiten" (tautologisch, Z. 22 f.); „mit Memento-Mori" (mit dem Memento-Mori-Thema, Z. 41) – Satzbau: „mit den … und umarmender Reim" (dem umarmenden Reim, Z. 31 f.); **Textzusammenhang**: Aufbau: wenig verbundene Reihung einzelner Erschließungsaspekte – Thematische Entfaltung: zentrale, für das Sinnverständnis wichtige Aussagen kaum entfaltet – gedankliche und sprachliche Verknüpfung: weitgehend reihende Verknüpfung „In den ersten beiden Strophen…"; „In der dritten Strophe…, Z. 5 ff.) – Adressatenbezug: Verstehensprozess müsste für den Leser deutlicher werden (nur Aneinanderreihung von Beobachtungen); **Gedankliche Klarheit und Schlüssigkeit**: Darlegung, Erläuterung von Sachverhalten: weitgehend präzise Beschreibung von Formelementen, wenig abstrakte Erläuterung von Zusammenhängen – Begründung, Stützung: Zusammenhang zwischen Einzelbeobachtungen und Interpretationsthese fehlt – Klarheit der Sichtweise: Verstehensweise wird zu wenig deutlich; **Sprachlich-stilistische Gestaltung**: Wortwahl, Wortschatz: Wortwahl öfter der Sache oder dem Stil nicht angemessen („Zerfall", Z. 3; „erklärt", Z. 3; „Verfallsformen", Z. 6 f.; „wiedergeboren"; Z. 20; „funktionieren", Z. 35; „gleichzuziehen", Z. 40 f.) – Satzbau: „Verfallsformen eben jener" (Z. 6 f.) – Stil: Bemühen, sich gewählt auszudrücken, führt zu sprachlichen Mängeln („besagter", Z. 5; „poetischen Fachpublikum", Z. 12; „Transzendenz", Z. 20; „identifizieren", Z. 25)

Text B: Textzusammenhang: Aufbau: klare Entwicklung der Verstehensweise – Thematische Entfaltung: Fokus liegt auf der Herausarbeitung der Pointe und damit des Carpe-diem-Appells – gedankliche und sprachliche Verknüpfung: gedankliche Schritte durch sprachliche Mittel gut nachvollziehbar – Adressatenbezug: ausgeprägter, teilweise sehr lenkender Adressatenbezug (viele Fragen); **Gedankliche Klarheit und Schlüssigkeit:** gute Erläuterung von Erschließungsergebnissen, die funktional auf die Interpretationsthese bezogen sind – Begründung, Stützung: Stützung durch gut ausgewählte Textstellen – Klarheit der Sichtweise: Verstehensweise bildet den roten Faden

b) bessere Verdeutlichung der Verstehensweise (Interpretationsthese) – engerer Zusammenhang zwischen Textbeschreibung und Deutung – gedankliche Zusammenhänge durch sprachliche Mittel der Verknüpfung verdeutlichen – Verbesserung der stilistischen Qualität (Ausdruck, Satzbau) – Fehler im Bereich der Sprachrichtigkeit verbessern

▶ Lösung zu Übung 2

a) Z.B. Ergebnisse der Erschließung genauer und übersichtlicher festhalten; Interpretationshypothesen oder eigene Sichtweise klarer in Thesen formulieren; Gliederung stärker in Unterpunkten ausdifferenzieren; auf roten Faden beim Schreiben des Textes achten usw.

b) Z.B. Überblick über Erschließungsaspekte merken; Erschließungsmethoden gezielt anwenden; Ordnung der Stoffsammlung üben; Ausformulierung von Schreibplänen üben usw.

▶ Lösung zu Übung 3

a)
- **Markieren im Text und Randnotizen**: Aufbau, S. 24; thematische Erschließung, S. 5, 21; sprachlich-stilistische Analyse, S. 80
- **Schaubilder, Skizzen**: semantische Analyse, S. 24; Figurenbeziehung, thematische Motive und Motivzusammenhänge, S. 29, 36; funktionale Zusammenhänge einzelner Gestaltungselemente, S. 41; Gestaltungsmittel des Erzählens, Visualisierung des Problemgehalts, S. 56; Kontextuierung, S. 26, 43, 62; Auswahl von Erschließungsaspekten, S. 79, 130; Begriffs- und Sacherschließung, S. 102;
- **in tabellarischer Form**: aspektorientierte Erschließungsergebnisse und Belege, S. 40 f., 103; Figurencharakterisierung, S. 59 f., 131; thematisch-gedanklicher Aufbau, Argumentationsweise, S. 91 f.; Beurteilung eines Textes, S. 94; Begründung der eigenen Position, S. 106; Gestaltungsüberlegungen in tabellarischer Form, S. 131; Gestaltungskonzept, S. 133
- **vergleichende Gegenüberstellung**: erstes Textverständnis, S. 76; Einordnung von Texten, S. 77

b)
- Überprüfung der **Gliederung** des Schüleraufsatzes:
  - Nummerierungsschema: traditionell, übersichtlich durch Einrücken
  - Aufbaumuster: Teil 1: Szenenerschließung, aspektorientiert; Teil 2: problembezogene Erörterung einer Deutung, dialektisch
  - Ausdifferenzierung: informativ, sehr differenziert; ermöglicht gute Orientierung bei der Ausführung; aber: teilweise Überschneidungen (B I., B. II: Bedeutung – Problemgehalt
  - Formulierung der Gliederungspunkte: „Höhle als Systole" (Begriff zu wenig klar); „Gretchen-Konflikt durch Mephisto" (Kausalzusammenhang unklar); Wortwahl („Schutzwunsch", „Rettungswunsch")

- Überarbeitung des Schreibplans

A. Einleitung: Altruismus und Egoismus als Grundlage unseres Handelns
B. Erschließung und Interpretation der Szene „Wald und Höhle"
  I. Ort und Funktion der Szene im Handlungszusammenhang
    1. Schuldgefühle und Reflexion
    2. Retardierendes Moment in der Gretchen-Tragödie
  II. Figurenkonstellation und Aufbau
    1. Fausts Abhängigkeit von Mephisto
    2. Steigernde Komposition
  III. Mittel der dramaturgischen und sprachlichen Gestaltung
    1. Charakterisierung der Figuren durch die Verssprache
    2. Dialogstruktur
    3. Sprachliche Bilder
C. Erörterung der Deutung R. Sudaus
  I. Argumente, die für die Deutung sprechen
    1. Triebabhängigkeit in der Liebe zu Gretchen
    2. Blindheit gegenüber der Strategie Mephistos
  II. Argumente, die gegen die Deutung sprechen
    1. Einfühlung in das Schicksal Gretchens
    2. Versuche, Gretchen zu retten
  III. Urteil: Gespaltenheit Fausts zwischen Liebe und Trieben
D. Schluss: Vielschichtigkeit der Faustfigur provoziert kontroverse Deutungen

c) Überblick über abgedruckte **Gliederungen, Schreibpläne**: Kap. 2: Ü 12, S. 31; Ü 22, S. 47 f.; Ü 32, S. 68; Kap. 3: Ü 4, S. 81; Kap. 4: Ü 8, S. 96; Ü 12, S. 108 f.; Kap. 5: Ü 6, S. 126; Ü 11, S. 134; Kap. 6, Ü 3, S. 143); Strukturierung der eigenen Erfahrungen nach den verschiedenen Anforderungen, z.B. Wahl eines Aufbauschemas, das der Aufgabenstellung entspricht; Ausdifferenzierung, Formulierung der Gliederungspunkte usw.

d) **Merksätze**:
- Aufbauschema wählen, das der Aufgabenart entspricht (Interpretation, Erörterung)
- In der Aufgabenstellung vorgegebene Aspekte (der Erschließung, der Thematik) aufgreifen
- Funktionen von Einleitung und Schluss beachten
- Aussagekraft der Formulierungen
- Logische Überschneidungen vermeiden
- Übersichtlichkeit in der Nummerierung
- Zeichensetzung

▶ Lösung zu Übung 4

a) z.B.

Markierung	Funktion
„scheint das Thema“ (Z. 1)	Weckt Interesse am Thema, um das es wirklich geht
„auf den ersten Blick“ (Z. 2)	Deutet an, dass sich genaueres Hinsehen lohnt
„Wer auch nur ...“(Z. 5)	Anknüpfen an die Kenntnisse des Lesers
„Wer ....beginnt“ (Z. 11)	Hinweis auf Erschließungsverfahren, die weniger zielführend sind
„Auffallend ist ...“ (Z. 13) ...	Einbindung des Lesers in die genauere Wahrnehmung des Textes

b) Beispiele können aus der Untersuchung von Text B gewählt oder durch eigene Beispiele ergänzt werden. Weitere Aspekte, z. B.:

Verdeutlichen, ob	
– **informiert,**	„Anders als in den ...Vanitas-Gedichten eines Andreas Gryphius“ (Z. 15 f.)
– **analysiert,**	„Bedeutungsgehalt der Metapher“(Z. 19)
– **gedeutet,**	„Hinter dem scheinbaren Lob ... Unempfindlichkeit des Du“ (Z. 23 f.) „als geistreich witzige Pointe lesen“ (Z. 50)
– **gewertet wird**	„hineininterpretiert“ (Text B, S. 146; Z. 2)

c) **z. B. Einleitung A:** an allgemeine Denkmuster und Vorstellungen anknüpfen: „Altruismus und Egoismus sind ...“ (Z. 1 f.) – Einordnung in übergreifende Themen: „ein häufig behandeltes Thema in der Literatur“ (Z. 6 f.) – Problemgehalt: „Dies wird in .... deutlich“ (Z. 10 f.); **Verbesserungsmöglichkeiten:** Hinführung auf R. Sudaus Sicht und Beurteilung der Faust-Figur im zweiten Abschnitt – Hinweis auf Problematik der Sichtweise

▶ Lösung zu Übung 5

a) **Wortwahl:** „kaltblütigen Krieger“ (Z. 5; trotz Anführungszeichen völlig schiefe Bezeichnung); „Schutzwunsch“ (Z. 7; unübliche Wortbildung); „Fülle der Triebreaktionen“, Z. 15; Begriffe passen nicht zusammen); **Satzbau:** relativ komplex, teilweise bessere Übersichtlichkeit sinnvoll (erstes Satzgefüge; nach „bestimmen“ neuer Satz, Z. 2), teilweise zu wenig flüssig („ihn im Kerker verzweifelt Gretchen zu retten versuchen lässt“ (Z. 12 f.), schwerfällige Infinitivkonstruktion)

b) 1. Abschnitt: R. Sudaus Beurteilung Fausts als kaltsinnigen Titanen ist durchaus nachvollziehbar, da dessen Handeln oft durch unkontrollierte Triebe bestimmt wird. Das zeigt sich etwa in der Szene „Gartenhäuschen“, wenn Faust Gretchen ohne Rücksicht auf die Situation und damalige Vorstellungen von Moral einfach küsst. Schwerer wiegt die Mitschuld am Tod von Gretchens Mutter und die Tötung ihres Bruders, die zeigt, wie wenig verantwortlich Faust ist, wenn er Folgen seines Handelns nicht bedenkt.

▶ Lösung zu Übung 6

a) Schüler-Gliederung des vollständigen Aufsatzes

1. Darstellung von Konflikten des Bürgertums in bürgerlichen Trauerspielen
2. Konflikt Emilias zwischen Sinnlichkeit und Moralität
2.1 Sinnliche Gefühle Emilias
2.1.1 Erste Begegnung mit dem Prinzen
2.1.2 Gespräch in der Kirche
2.1.3 Angst Emilias, dem Prinzen nachzugeben
2.2 Moral Emilias
2.2.1 Moralvorstellung Odoardos
2.2.2 Autorität Odoardos gegenüber seiner Tochter
2.2.3 Moralischer Konflikt Emilias durch den Prinzen
2.2.3.1 Liebesgeständnis in der Kirche
2.2.3.2 Erneutes Liebesgeständnis nach dem Überfall
2.2.3.3 Weigerung Emilias, die Geliebte des Prinzen zu werden
2.3 Gegenüberstellung von Emilias Moral und ihren Gefühlen
2.4 Beurteilung des Verhaltens Emilias
2.4.1 Verhalten in der Kirche
2.4.2 Verhalten auf Dosalo nach dem Überfall
2.4.3 Entscheidung für den Tod als letzten Ausweg

3. Kritik Lessings an der Ehrauffassung des Bürgertums

b) Klare Hinführung zum Thema, ausgehend vom Epochenkontext und der Entwicklung eines neuen Genres – gut nachvollziehbare Entfaltung von Erschließungsschritten, z. B. 3. Abschnitt (Z. 13-20): These: Gefühle Emilias gegenüber dem Prinzen; Begründung: bei der ersten Begegnung geschmeichelt; Stützung durch Textbelege; Weiterführung durch Äußerungen im Gespräch mit der Mutter (Z. 18-20) – sprachliche Verstärker, z. B.: „wesentliches Merkmal" (Z. 4; Gewichtung); „soll im Folgenden" (Z. 11; Hinweis auf das zentrale Problem, um das es in der Arbeit geht); „zwar ..., doch" (Z. 13 f.; Berücksichtigung eines möglichen Einwands)

c) letzter Abschnitt des Textausschnitts (Z. 130-146):
Gedankenentwicklung bei der Darlegung der Entscheidung für den Tod nicht ganz klar;

– „dies nicht mehr möglich" (Z. 130)	fürchtet, ihre Ehre nicht bewahren zu können
– „stellt beharrlich klar" (Z. 133)	macht Ihrem Vater deutlich, dass
– „nicht nachzugeben gedenkt" (Z. 134)	dass sie sich gegen die Gewalt wehren will
„die Geliebte des Prinzen zu werden" (Z. 139)	sie kann der Gewalt trotzen, aber nicht der Verführung

▶ Lösung zu Übung 7

a) Gedankenführung entspricht den Entfaltungsschritten; Konkretisierung durch Beispiele könnte die Anschaulichkeit erhöhen – inhaltliche Alternativen: Begründung nicht durch (negative) Folgen, sondern durch positive Auswirkung auf die Persönlichkeitsbildung (Ganzheitlichkeit der Fähigkeiten)

b) Die Entwicklung der westlichen Lebenswelt ist durch ein Klima der sozialen Kälte geprägt, das sich nicht nur an der Gefühlsarmut jugendlicher Gewalttäter zeigt, sondern auch in einem fehlenden Mitgefühl mit den sozial Schwächeren. Es ist daher bedenklich, wenn Pädagogen eine stärkere Orientierung des Lernens an einem Wissenskanon und kognitiven Fähigkeiten fordern. Ohne affektive und soziale Kompetenzen werden durch eine solche Lernschule nur Leistungsdruck und Konkurrenzdenken gefördert. Aufgabe der Schule ist es gerade deshalb, Wissensvermittlung durch soziale und affektive Lernformen in eine umfassende Persönlichkeitsbildung zu integrieren, um solchen Entwicklungen gegenzusteuern.

c) **These:** kulturelle Identität kann sich nicht aus dem Privatleben entwickeln – **Begründung:** Privatleben durch die Vielfalt von Konsumbedürfnissen und Freizeitaktivitäten geprägt – **Stützung durch Folgen:** Entstehung von Patchwork-Identitäten – **Rückführung:** daraus kann keine kulturelle Identität entstehen – **Folgerung:** gemeinsame Werte und Normen

d) Veranschaulichungsmöglichkeiten für „Leistungsdruck" und „Konkurrenzdenken" durch eigene Schulerfahrungen

▶ Lösung zu Übung 8

a) **Argumentationsschritte:** <u>These:</u> Gestaltung der Sterbeszene widerspricht der Behauptung, Goethes „Werther" sei eine Empfehlung des Selbstmordes – <u>Begründung 1:</u> abschreckende Wirkung durch drastische Darstellung – Stützung durch Textbelege – Deutung der Belege – <u>Begründung 2:</u> Trauer der Betroffenen (Albert, Lotte) – Stützung durch Textbelege – <u>Rückführung:</u> Rücksichtslosigkeit eines Selbstmörders

b) In sich schlüssige Argumentation, die von der Funktion der Gestaltungsweise als Abwehr von Überidentifikation mit der Werther-Figur ausgeht.

▶ Lösung zu Übung 9

a) Teilweise keine syntaktische Einbindung, sondern am Ende des Satzes in Klammer – korrekte syntaktische Einbindung in Z. 9 – 12 – Verwendung von Zitaten: Z. 3 f.: unklarer Bezug zur vorhergehenden Aussage (Darstellungsweise des Protagonisten müsste vor dem Zitat mehr erläutert werden); Z. 9 ff.: Einbau von Zitatfetzen stört den Fluss der Darstellung; besser Stelle aus dem Vorwort in eigener Formulierung wiedergeben

b) Argumentative Verwendung des Vorworts zu wenig entfaltet und interpretatorisch einseitig; Büchlein als „Freund“, keine Warnung vor Identifikation mit Werther

▶ Lösung zu Übung 10

a) **Sprachrichtigkeit:** nur Hinweis auf den Tempusgebrauch, sonst keine Konkretisierung, sondern Appell, darauf mehr zu achten; korrekter Umgang mit Zitaten; **Sprachliche Qualität:** konkret nur der Hinweis auf umgangssprachliche Formulierungen; **inhaltliche Qualität:** sehr eingehende Beurteilung, positiv: Figurencharakterisierung (mit Einschränkung: zu wenig umfassend); Berücksichtigung wichtiger Aspekte, aber Schwächen in Differenzierung und Entfaltung, negativ: Aussagen blieben auf einer inhaltlichen Ebene, zu wenig Deutung; fehlende Deutungshypothese; keine klare Zielrichtung; wichtige Erschließungsaspekte fehlen oder sind zu oberflächlich behandelt usw.
b) Übersicht nach Beurteilungsbereichen gliedern, evtl. in tabellarischer Form anlegen

▶ Lösung zu Übung 11

a) Fehlerprofil am besten in tabellarischer Form anlegen; Häufigkeit der Fehler berücksichtigen; Regeln wiederholen oder nachschlagen (Rechtschreibwörterbuch; Anhänge von Lernmitteln)
b) Fehlerprofil (Häufigkeit) ermöglicht eine bessere Wahrnehmung; verhindert, dass Sie zu viel übersehen – wichtiger Schritt: Korrektur der Lehrkraft genau beachten, um aus Fehlern zu lernen

▶ Lösung zu Übung 12

a) **Text A:** „poetisches Fachpublikum“; „Zurückhaltung von Genüssen“; „wiedergeboren“; **Text B:** „Konfliktpartner“; „depressiv“; „von Ferdinand getrennt lebt“; „Zugleich erfreut wie auch“; **Text C:** „nahezu unzurechnungsfähigen Menschen“; „relativ regelmäßigen Schreibweise“; „Überreaktionen“; **Text D:** „Triebreaktionen“; „Boten des Unheils“;
b) z. B. umgangssprachliche Wendungen vermeiden; falscher Gebrauch von Fremdwörtern usw.

▶ Lösung zu Übung 13

a) **Text A:** zu wenig klare Gedankenführung beim Heranziehen von Th. Manns „Lotte in Weimar“ (Z. 12 ff.); nachvollziehbarer Beleg für den autobiographischen Hintergrund des „Werther“, aber ohne genügend erkennbaren Bezug zum Thema der Arbeit; wenig Unterstützung durch sprachliche Verknüpfungen; **Text B:** Unterstützung der klaren Gedankenführung durch syntaktische Verknüpfungen, z. B. Konjunktionalsätze; ausgeprägte Rezipientenführung durch sprachliche Verstärker: „Meiner Meinung nach ...“, Z. 1; „Wenn man bedenkt ...“ (Z. 3 f.); **Text C:** klare, wenn auch wenig entfaltete Schlusseinschätzung des tragischen Schicksals der Hauptfigur; konjunktionale Verknüpfungen

b) Z. B. **Text A**: Die dargelegten Argumente widerlegen die Behauptung Ernestis, der Werther-Roman sei eine „Empfehlung des Selbst-Mordes“. Auch der biographische Hintergrund des Romans zeigt, dass unglückliche Beziehungen auch anders verarbeitet werden können: in der Bewältigung einer Krise durch Schreiben. In seinem Roman „Lotte in Weimar“ hat Thomas Mann diesen biographischen Hintergrund verarbeitet. Auch 40 Jahre nach dem Erscheinen des Romans zeigen sich bei dem gereiften Goethe Züge der Emotionalität Werthers: „Gefühl ist alles“ (Mann, S. 390).

c) Z. B.: auf übersichtlichen Satzbau achten – gedankliche Bezüge durch konjunktionale Verknüpfungen verdeutlichen usw.

7. Prüfungsvorbereitung

▶ Weiterführende Hinweise zur Übung 1

a) Recherchemöglichkeiten im Internet: Deutscher Bildungsserver (http://www.bildungsserver.de/zeigen.html?seite=6301); Länderinstitutionen, z. B. Staatsinstitut für Schulqualität und Bildungsforschung München (http://www.isb.bayern.de/isb/index.aspx?MNav=0&QNav=11&TNav=0&INav=0); Website „Abiturlösungen“ (http://www.abiturloesungen.de/); Verwendung von Suchmaschinen (z.B. Suchbegriff: Abiturprüfungen); Prüfungsaufgaben mit Lösungen bei Verlagen
b) Zur Klärung von Vorgaben vgl. Kap. 1, S. 11 ff.; die Kenntnis der Vorgaben ist wichtig, wenn Sie die Bearbeitung von Prüfungsaufgaben gezielt trainieren, vgl. Kap. 7.3, S. 179 ff..
c) Im Internet auch als Informationen der Kultusministerien oder bildungsbezogener Institutionen, z.B. Landesbildungsserver Baden-Württemberg (http://www.schule-bw.de/schularten/gymnasium/zentralepruefungen/abitur/richtlinien)

▶ Weiterführende Hinweise zur Übung 2

a) Vgl. Mindmap zur „Emilia Galotti“, S. 176
b) Karteikarten können Sie auch als digitale Datenbank mit Hilfe eines Datenbankprogramms (z.B. FileMaker) erstellen und verwalten. Sie können dann zum Beispiel nach Stichwörtern suchen, Karteikarten unter bestimmten Gruppen organisieren usw.

c) Die Übersicht erleichtert eine tabellarische Form, in der Sie Spalten für die „Aufgaben" und die geplanten Arbeiten anlegen, z.B. zum Themenbereich „Liebeslyrik"

Aufgabe	Arbeiten
Erlebnislyrik	– Begriff im Sachlexikon nachschlagen (knapp auch bei Wikipedia); – an einem behandelten Gedicht konketisieren (Notizen) – von anderen Formen der Liebeslyrik abgrenzen (z. B. Petrarkismus, Minnesang)

▶ **Weiterführende Hinweise zur Übung 3**

a) z. B. zum thematischen Schwerpunkt „Soziales Drama" (Niedersachsen 2010):
- Verbindliche Lektüre (Hauptmann: Die Ratten; Horvath: Geschichten aus dem Wienerwald)
- Im Unterricht behandelte Aspekte: „Milieu und Sozialcharakter der Dramatis Personae"; „Dramenkonzeption: Tragödie und Volksstück"; „Das soziale Drama als literarisches Modell von Wirklichkeit" (Vorgaben Niedersachsen)
- Untergliederung der Aspekte nach den Unterrichtsergebnissen

b) z.B. „Sozialcharakter" der Figuren im sozialen Drama

Soziales Drama
Figurenkonzeption
• kleinbürgerliches oder proletarisches Milieu • Determination im Denken und Verhalten durch die sozialen Verhältnisse • Relativ geringes Reflexionsvermögen über die eigene Lage, Handlungsweisen • Milieubedingte Sprache und Kommunikation Beispiel in den „Ratten": Frau John • ....

c) z. B. Symbolik des Rattenmotivs:

Die Ratten sind „die Chiffre einer ‚unterminierten' und verfallenden Gesellschaft, in der die betrügerische Manipulation der Frau John paradoxerweise die einzige menschliche Regung ist."
[Kindlers Literaturlexikon, dtv 1974, Bd. 18, S. 8025]

▶ **Weiterführende Hinweise zur Übung 4**

a) Die Checkliste sollte nicht systematisch „abgearbeitet" werden, sondern dient nur der Orientierung. Sie sollten vor allem eine eigene Liste auf der Grundlage der eigenen Erfahrungen (Kommentare der Lehrkräfte, Bearbeitung von Prüfungsaufgaben) erstellen.

b) Die Prioritätsliste sollte im Umfang und im zeitlichen Aufwand realistisch sein. Nehmen Sie sich lieber weniger vor und erledigen Sie diese Ausgaben auch sorgfältig.

▶ Weiterführende Hinweise zur Übung 5

a) Vgl. Hinweis zu Übung 1a.
b) Eine solche Auswahl ist vor allem bei der Vorbereitung auf die zentrale Abiturprüfung sinnvoll. Sie sollten dabei sich aber fragen, welche Aufgabentypen Sie bei der Abiturprüfung wählen möchten.
c) Beispielsweise: Begriffe klären; komplexe Themen durch W-Fragen erschließen usw.
d) Individuelle Auswahl

▶ Weiterführende Hinweise zur Übung 6

a) Bei der Planung Ihrer Arbeit sollten Sie darauf achten, dass Sie immer den sachsystematischen Überblick behalten. Grundlage dafür sind die angelegten Mindmaps, die aber durch Erweiterung Ihres Wissens in der Vorbereitung ergänzt werden können.
b) Der Vorteil von Arbeitsgruppen besteht neben der Verteilung der Arbeiten vor allem auch in der Überprüfung von Ergebnissen.
c) Bei der Aneignung von Wissen können Sie auf persönliche Erfahrungen zurückgreifen: Karteikarten kann man z.B. wie beim Vokabellernen verwenden (Karteikartenbox mit Einteilungsrastern, wie gut es bereits sitzt usw.); Entscheidend ist aber in der Oberstufe, dass Sie sich immer Zusammenhänge bewusst machen, die Vernetzung also mit im Gedächtnis behalten. Auf diese Weise entsteht eine Gedankenlandkarte im Kopf.

▶ Weiterführende Hinweise zur Übung 7

a) Den Schwerpunkt sollten dabei vor allem die Aufgabentypen bilden, die Sie in der Abiturprüfung bevorzugt wählen möchten.
b) Individuelle Planung
c) Der Aufbau der Kapitel nach Lernschritten ermöglicht eine rasche Orientierung für die Arbeit mit Abituraufgaben.